Bartholomäus Grill
AFRIKA!

Bartholomäus Grill

AFRIKA!

RÜCKBLICKE IN DIE ZUKUNFT
EINES KONTINENTS

Siedler

Klimaneutral
Druckprodukt
ClimatePartner.com/14044-1912-1001

MIX
Papier aus verantwor-
tungsvollen Quellen
FSC® C014496

Penguin Random House Verlagsgruppe FSC® N001967

1. Auflage
Copyright © 2021 by Siedler Verlag, München
in der Penguin Random House Verlagsgruppe GmbH,
Neumarkter Str. 28, 81673 München

Umschlaggestaltung: Büro Jorge Schmidt, München
Umschlagabbildung: © Eric Lafforgue/Art in All of Us/Corbis via
Getty Images
Lektorat und Satz: Ditta Ahmadi, Berlin
Druck und Bindung: GGP Media GmbH, Pößneck
Printed in Germany
ISBN 978-3-8275-0145-5
www.siedler-verlag.de

INHALT

ADIEU, AFRIKA!

Am Ende einer langen Dienstreise

Eigentlich wollten wir ein kleines Kulturhaus im Dorf Longido bauen, eine Begegnungsstätte für die Massai, ein Volk von Halbnomaden, das keinen Platz mehr hat im modernen Tansania. Wir, das waren neun junge Leute aus Deutschland, Dritte-Welt-Bewegte, wie man damals, im Jahr 1980, sagte. Wir wollten Afrika retten. Unter der glühenden Sonne stellten wir Lehmziegel für das geplante Gebäude her, mussten aber bald feststellen, dass kein einziger Einheimischer mithalf. In ihren Augen waren wir naive Weißnasen, die sie mit einem sinnlosen Projekt beglücken wollten. Dabei stammte die Idee von einem ortsansässigen Massai, von Esto Mollel, der in Australien Soziologie studiert und sich ehrgeizige Entwicklungspläne für seine rückständige Region im Norden Tansanias ausgedacht hatte: Straßen, Kliniken, Staudämme. Das Kulturzentrum sollte der Anfang sein. Am Ende unserer dreiwöchigen Bemühungen war nicht ein Haus der Begegnung entstanden, sondern ein Hühnerstall im Garten unseres Gastgebers. Esto Mollel wurde zu einem guten Freund und war mein erster Mwalimu: ein Lehrer, der mir Afrika erklärte. Er ist im Januar 2000 im Alter von nur 52 Jahren verstorben, aber der Hühnerstall steht noch immer, unweit von seinem Grab. Als ich Ende 2019 das morsche Gemäuer besichtigte, kam es mir vor wie ein Sinnbild für die Entwicklung Afrikas, für einen Kontinent, der nach dem Ende der Kolonialzeit in den frühen 1960er Jahren mit hochfliegenden Erwartungen in die Unabhängigkeit aufgebrochen war – und sechs Jahrzehnte später eher bescheidene Fortschritte erzielt hat.

In Tansania betrat ich im August 1980 erstmals afrikanischen Boden, hier sollte eine lange Liebesgeschichte beginnen, und von hier aus blicke ich zurück auf meine Zeit in Afrika: Es war ein Wechselbad der Gefühle, ein ständiges Hin- und Herpendeln zwischen Zuversicht und Enttäuschung, Hoffnung und Pessimismus.

Longido vor vierzig Jahren: ein langweiliges Nest unweit der Grenze zu Kenia, zweitausend Einwohner, zwei Buschschänken, kein Telefon, kein Strom, keine Trinkwasserversorgung. Mittlerweile leben hier siebenmal so viele Menschen, und Rose Mollel, Estos Witwe, schwärmt von den Errungenschaften. »Wir haben jetzt Elektrizität und fließendes Wasser. Und sogar eine kleine Klinik mit einem OP-Raum. Die Hauptstraße ist geteert, es gibt zwei Tankstellen und Funktürme für unsere Mobiltelefone.« Dazu ein Dutzend Spelunken, jede Menge sozialer Konflikte, mehr Wohlstand für wenige, mehr Armut für viele, weil es an Arbeitsplätzen mangelt.

Seit meinem ersten Besuch der örtlichen Primary School – Rose war seinerzeit Schulleiterin – hat sich die Zahl der Grundschüler auf 1118 nahezu verdoppelt. Die Klassenzimmer sind so ärmlich ausgestattet wie eh und je: primitive Pulte und Holzbänke, zersplitterte Schiefertafeln, Fenster ohne Scheiben, heißes Blechdach. »Wir haben gute Lehrprogramme, aber keine Lehrmittel«, sagt Julieth Godfrey. Die 57-jährige Lehrerin unterrichtet Mathematik. Sie zeigt auf ein Wandbild im Schulhof: ein Computer mit Zubehör, beschrieben in Kisuaheli: Skrini (Bildschirm), Kibodi (Tastatur), Waya (Kabel). Die Kinder kennen Computer nur als Zeichnung. Es gebe nur einen Rechner in der Schule, den nutze aber ausschließlich die Verwaltung, sagt Godfrey. »Es heißt, Bildung sei das wichtigste Mittel, um die Armut zu überwinden. Aber wir sind noch weit von diesem Ziel entfernt.«

An Longido lässt sich ein Paradoxon studieren, das exemplarisch ist für Afrika: Der Kontinent ist vorangekommen – und gleichzeitig stehen geblieben.

Afrika retten: Inspektion des Hühnerstalls, den unsere Solidaritätsgruppe im August 1980 aus selbst gemachten Lehmziegeln baute.

Computer nur als Wandbild: mit der Lehrerin Julieth Godfrey in Longido.

In den vergangenen vier Jahrzehnten bin ich ungefähr zwei Millionen Kilometer innerhalb Afrikas geflogen und gefahren, um aus über fünfzig Ländern zu berichten. Nach all den ereignisreichen Jahren werde ich oft gefragt: Hat sich die Lage zwischen Khartum und Kapstadt, Dakar und Daressalam in dieser Zeitspanne verbessert? Oder geht es, wie häufig zu hören ist, stetig bergab? Meine Antwort lautet: sowohl als auch.

Aber schon die Frage ist falsch gestellt. Afrika wird oft als ein einziges Land wahrgenommen, als monolithische Krisenmasse, nicht als vielfältiger Erdteil mit 54 Nationen, die sich höchst unterschiedlich entwickelt haben. Es gibt eine Reihe von Failed States, durch Bürgerkriege ruinierte Staaten wie Südsudan oder Somalia. Es gibt mit Bodenschätzen gesegnete Länder wie Nigeria oder Angola, die ihren Reichtum verprassen. Länder wie Simbabwe oder Gambia, die von Gewaltherrschern zerstört wurden. Länder wie Südafrika, die sich in einer gefährlichen Abwärtsspirale befinden, oder wie Kenia, die sich irgendwie durchwursteln. Politisch stabile Länder wie Namibia, Ghana oder Senegal. Schließlich Länder, die wirtschaftlich erfolgreich sind: Botswana, Äthiopien, Ruanda, Tansania. Doch allerorten schlagen sich Millionen von Afrikanern und Afrikanerinnen mit den immer gleichen Problemen herum: mit Armut, Arbeitslosigkeit und Krankheit, mit der Unfähigkeit und Gier korrupter Eliten, mit Verteilungskämpfen um knappe Ressourcen, die durch die schnelle Zunahme der Bevölkerung und den Klimawandel verschärft werden. Von A wie Alphabetisierungsrate bis Z wie Zahnarztdichte – im globalen Vergleich ist Afrika in vielen Bereichen nach wie vor das Schlusslicht. Das kommt mir doch irgendwie bekannt vor, mögen sich Leser und Leserinnen sagen, die mein Buch *Ach, Afrika* kennen, denn darin stand schon 2003 der gleiche Befund. Seither hat sich an der schwierigen Gesamtlage wenig verändert.

Ich habe mit afrikanischen Ökonomen, Sozialwissenschaftlern und Historikern über die Ursachen debattiert, gelegentlich auch gestritten. Auffällig waren zwei diametral entgegengesetzte Sichtweisen. Da war einmal das große Lamento über den Zustand ihrer Staaten, über das Versagen der politischen Klasse, ja, über deren Verrat an ihren Völkern. Eine zum Klassiker gewordene Streitschrift der Kamerunerin Axelle Kabou liest sich wie eine Selbstbezichtigung: Die Afrikaner und Afrikanerinnen hätten ihre Misere größtenteils selbst herbeigeführt. Warum, verdammt noch mal, schaffen sie es nicht, sich aus eigener Kraft zu entwickeln? Noch krasser drückt es der simbabwische Publizist Kwame Muzawazi aus:»Der wahre Feind Afrikas im 21. Jahrhundert ist nicht der Kolonialismus: Es ist der schwarze Mann selbst, seine eigene Passivität, seine lethargische Herangehensweise an die eigenen Angelegenheiten ... wir bewegen uns per Autopilot ins Nirgendwo.«

Die zweite Erklärung sieht Afrika immer und überall als Opfer, stets sind finstere Außenmächte für alle Übel verantwortlich, die Ex-Kolonialmächte, die Weltbank, die multinationalen Konzerne, die weißen Rassisten und so weiter. Der gegenwärtige Zustand des Kontinents könne»der niederträchtigen Geschichte des imperialen Westens angelastet werden«, postuliert der kenianische Schriftsteller Ngugi wa Thiong'o. Ein apodiktisches Urteil, das an den Offizier in Kafkas Erzählung *In der Strafkolonie* erinnert:»Der Grundsatz, nach dem ich entscheide, ist: Die Schuld ist immer zweifellos.« Die herrschenden Eliten Afrikas übernehmen solche Generalanklagen gerne, denn sie lenken vom eigenen Versagen ab, wecken im reichen Norden Schuldgefühle und bestärken die internationale Hilfsindustrie in ihrem häufig sinnlosen Aktivismus. Die Einwände afrikanischer Kritiker stoßen hingegen auf taube Ohren, Afrikaner und Afrikanerinnen werden viktimisiert, sie haben Opfer zu sein.

Beide Positionen – selbst verschuldet versus fremdverschuldet – greifen zu kurz. Denn es ist eine Mischung aus internen und externen Faktoren, die Afrika so große Probleme bereitet: einerseits die Spätfolgen des Kolonialismus und das räuberische

Weltwirtschaftssystem, das der global entfesselte Kapitalismus noch räuberischer macht, andererseits die schlechte Regierungsführung in vielen Ländern und, drittens, die Synergien, die sich daraus ergeben, die Kollusion der einheimischen Machteliten mit ausländischen Partnern – mit Ölmultis, Bergbaumagnaten, Waffenhändlern, Steuerhinterziehern, Strategieberatern, Anwälten, Wirtschaftsprüfern und Bankern –, die helfen, die gestohlenen Milliarden in Steueroasen zu schleusen.

Axelle Kabou argumentiert stellenweise grobschlächtig, ihre Generalisierungen – »die Afrikaner« – sind ärgerlich. Doch bei allen Einschränkungen stimme ich ihrem Befund zu: Machtmissbrauch, Inkompetenz, Planlosigkeit und endemische Korruption sind die größten Entwicklungshemmnisse. Die politischen Eliten regieren seit der Unabhängigkeit souveräne Staaten, doch in vielen Fällen sind sie weder willens noch fähig, diese in eine bessere Zukunft zu führen. Ihre Herrschaft muss sich nicht legitimieren, sie beruht auf dem Recht des Stärkeren. Sie plündern ihre Nationen, bereichern sich maßlos und scheren sich einen Teufel um das Wohlergehen der Allgemeinheit. Die vielleicht größte Enttäuschung ist, dass auch meine Wahlheimat Südafrika in den Abgrund gewirtschaftet wird – das reichste Land des Kontinents, das nach der Überwindung der Apartheid ein leuchtendes Vorbild für Afrika war. Millionen von Südafrikanern, die in einer friedlichen Revolution für Freiheit, Gleichheit und Versöhnung gekämpft haben, sind desillusioniert. Spätestens in der Amtszeit von Präsident Jacob Zuma mussten sie feststellen, dass sie von einer Diebesbande regiert werden. Die einstigen Befreier haben nichts aus den postkolonialen Fehlentwicklungen gelernt, es ist, als würde sich die Geschichte wiederholen.

In den Gründerjahren war der Kontinent noch von den Nachwehen der Unabhängigkeit geprägt, in vielen jungen Staaten herrschten üble Militärdiktaturen, die sich von ihren ideologischen

Verbündeten in Moskau, Washington oder Paris alimentieren ließen. Es kam serienweise zu Staatsstreichen, Despoten wurden gestürzt, neue Despoten stiegen auf. Als ich 1993 nach Südafrika übersiedelte, schien eine neue Epoche heraufzudämmern. In Berlin war die Mauer gefallen, der Kalte Krieg ging zu Ende. Das Rassistenregime der Apartheid, die letzte Bastion kolonialer Herrschaft, musste kapitulierten, Namibia war unabhängig geworden, überall auf dem Kontinent erscholl der Ruf nach Freiheit. Nationalkonferenzen arbeiteten fortschrittliche Verfassungen aus, in zahlreichen Ländern wurden Mehrparteiensysteme eingeführt. Doch der »Wind of Change« war nur ein laues Lüftchen. Schon bald erwies sich die von breiten Volksbewegungen erstrittene Demokratie nur als Fassade, hinter der die alten Machtstrukturen fortdauerten. Es galt und gilt jene Dialektik, die der französische Entwicklungsexperte Jean-Pierre Foirry formuliert hat: »Ein Land ist nicht nur arm, weil es schlecht regiert wird; es wird auch schlecht regiert, weil es arm ist.«

Dennoch habe ich Afrika nie als Weltsozialfall oder K-Kontinent abgeschrieben, als verlorenen Kontinent der Kriege, Krankheiten und Katastrophen. Umgekehrt gehörte ich aber auch nicht zu den blauäugigen Chronisten, die die Verhältnisse auf diesem Erdteil gern beschönigen und kleine Erfolgsgeschichten zum großen Aufbruch hochjubeln. Ich habe vielmehr versucht, zwischen den Untergangspropheten und den Romantikern ein Afrorealist zu bleiben. Mein Leitspruch: Die Lage ist ernst, aber keineswegs aussichtslos. Denn Afrika birgt gewaltige Potenziale: Es zählt zu den rohstoffreichsten Kontinenten der Erde, es hat fruchtbares, aber großflächig untergenutztes oder brachliegendes Agrarland. Und es hat eine junge, schnell wachsende Bevölkerung. Schon im Jahr 2050, wenn geschätzte 2,5 Milliarden Menschen in Afrika leben werden, wird dieser Erdteil jeden vierten Weltbürger beheimaten. Europa wird die Umbrüche auf dem Nachbarkontinent nicht mehr ignorieren können und seine Festungspolitik durch echte Kooperation ersetzen müssen – jenseits der Angst vor der angeblichen verheerenden »Bevölkerungsexplosion« und einer anschwellenden »Flut« von Migranten und Flüchtlingen.

Das Zerrbild, das sich die Außenwelt von Afrika macht, ist nach wie vor geprägt von den in der Kolonialära entstandenen Klischees und Stereotypen. Diese Wahrnehmungsraster blenden die enormen Entwicklungssprünge in jüngster Vergangenheit aus. Sie sind vor allem auf die steigenden Rohstoffpreise zurückzuführen, die vielerorts einen wirtschaftlichen Aufschwung auslösten. Einstige Armenhäuser wie Äthiopien verzeichneten zeitweise die höchsten Wachstumsraten der Welt. »Afrika hebt ab«, titelte der britische *Economist*, das einflussreiche Wirtschaftsmagazin, das noch ein paar Jahre zuvor den Niedergang des Erdteils prophezeit hatte. Gleichzeitig öffnete die digitale Revolution neue Horizonte. Vor vierzig Jahren suchte ich oft vergeblich nach einem Festnetzanschluss. Unterdessen nutzen über eine Milliarde Afrikaner ganz selbstverständlich Handys und Smartphones. In Nairobis »Silicon Savannah« und den IT-Hubs anderer afrikanischer Metropolen wurde eine Reihe von innovativen Diensten und Apps entwickelt. Zum Beispiel M-Pesa, ein bargeldloses Zahlungssystem per Mobiltelefon, das inzwischen weltweit genutzt wird. In den Bereichen Bildung, Gesundheit und Landwirtschaft finden mittlerweile viele digitale Instrumente Anwendung. Sie beschleunigen einen Prozess, den man *Leapfrogging* nennt: Afrika überspringt einfach Phasen der Industrialisierung und landet direkt im Informationszeitalter. Die rasante Ausbreitung der sozialen Medien verändert auch die Politik und beflügelt demokratische Bewegungen. Ohne diese Kommunikationskanäle wäre etwa der Sturz der Diktatur im Sudan im Jahr 2018 nicht möglich gewesen.

Wenn Historiker dereinst auf die Zeit nach der Jahrtausendwende zurückblicken, werden sie eine weitere fundamentale Veränderung in Afrika registrieren, eine geradezu tektonische Verschiebung, die ein neuer Global Player ausgelöst hat: China. Die aufstrebende Wirtschaftsweltmacht hat die traditionellen Handelspartner aus Europa und Nordamerika abgehängt, sie beutet die Bodenschätze des Erdteils im großen Stil aus und überschwemmt seine Märkte mit Billigwaren. China führt den zweiten Wettlauf um Afrikas Reichtümer an (der erste fand in der Kolonialära statt), aber auch andere Länder nehmen neuerdings daran teil, Japan, Indien, Südkorea, Brasilien, Russland, die Türkei, arabische Staaten. Der senegalesische Kommentator Adama Gaye befürchtet einen »zweiten Kolonialismus«, der vom Reich der Mitte angeführt wird. In seiner Kampfschrift *Der Drache und der Strauß* ist Afrika, der flugunfähige Vogel, dem alles verschlingenden Lindwurm aus dem Fernen Osten wehrlos ausgeliefert. Doch China, gesteuert von einer imperialistisch auftrumpfenden Kommunistischen Partei, investiert auch Milliardensummen in die marode Infrastruktur Afrikas, in Straßen, Bahnlinien, Flug- und Seehäfen, Pipelines, Staudämme, Mobilfunknetze. Wie auch immer man die mitunter ziemlich rücksichtslose Expansionsstrategie Pekings bewerten mag, eines lässt sich schwerlich bestreiten: Mit seinen Megaprojekten hat China in den letzten zwanzig Jahren wirtschaftlich mehr bewegt als die westliche Entwicklungshilfe in sechzig Jahren. Plötzlich riefen einem die Kinder in den hintersten Dörfern »China! China!« nach – als hätte der weiße Mann seine Schuldigkeit getan.

»West is best«, das war einmal. Jetzt heißt die Devise: »Look East!« Die Zusammenarbeit mit dem machtstrotzenden »Bruder« aus Fernost verschafft den in Misskredit geratenen afrikanischen Herrschern üppige Finanzmittel und neue Legitimität. Sie kopieren das erfolgreiche Modell der chinesischen Entwicklungsdiktatur und müssen sich nicht mehr herumschlagen mit den lästigen Konditionen westlicher Partnerländer (Menschenrechte, Transparenz, Umweltauflagen, Arbeitsschutz usw.), die deren Konzerne oft selbst unterlaufen. Die liberale Demokratie hat ohnehin an Attraktivität verloren, weil sie in vielen Gesellschaften das

Versprechen von mehr Wohlstand für alle nicht einlösen konnte. Ein Politiker aus Burundi brachte dieses Dilemma auf den Punkt: »Brauchen wir drei Parteien oder drei Mahlzeiten am Tag?«

Afrikanische Lösungen für afrikanische Probleme: Dieses Motto hat sich die Afrikanische Union auf ihre Fahnen geschrieben. In der Agenda 2063 kündigt sie die radikalsten Reformen an, die je angepackt wurden, sie will sogar eine panafrikanische Freihandelszone schaffen, einen Kontinent ohne Grenzen, der dann, gemessen an der Zahl seiner Staaten, der größte integrierte Wirtschaftsraum der Welt wäre. Ob der Aktionsplan wieder nur eine leere Versprechung bleibt, wird sich zeigen. Denn die Erblasten sind enorm: Der Erdteil leidet immer noch unter den Nachwirkungen des Kolonialismus; er ist nach wie vor marginalisiert, hat auf der geopolitischen Bühne wenig zu melden und wird in einem ungerechten Weltwirtschaftssystem massiv benachteiligt: Afrika liefert Rohstoffe und unverarbeitete Agrarerzeugnisse, die Wertschöpfung findet anderswo statt. Zudem wird seine fragile Landwirtschaft durch Billigimporte aus der EU schwer geschädigt. Hinzu kommen neue, beunruhigende Herausforderungen: der Klimawandel, unter dessen Folgen die Afrikaner am meisten leiden, obwohl sie am wenigsten zu den Ursachen beitragen; der islamistische Terrorismus, der sich in den Armutszonen des Sahel ausbreitet; schließlich die Überbevölkerung in einigen Regionen.

Andererseits: Gerade das schnelle Bevölkerungswachstum könnte vom Fluch zum Segen werden, wie der Aufstieg der asiatischen Tigerstaaten lehrt. Dort hat die hohe Zahl von arbeitsfähigen jungen Menschen bei einem geringen Anteil von Alten einen wirtschaftlichen Aufschwung ausgelöst, der wiederum zu einem Rückgang der Geburtenraten führte. Die »demografische Dividende« setzt allerdings eine weitsichtige Wirtschaftspolitik und nachhaltige Strategien in den Bereichen Bildung, Gesundheit und Familienplanung voraus. Sollte es kommenden Generationen gelingen, fundamentale Reformen zu verwirklichen, könnte sich

Afrika in einen Kontinent ungeahnter Möglichkeiten verwandeln. Davon ist jedenfalls eine neue, selbstbewusste Bewegung von afrikanischen Intellektuellen und Vordenkern des Postkolonialismus überzeugt. In seinem Buch *Afrotopia* fordert etwa der senegalesische Sozialwissenschaftler Felwine Sarr seine Landsleute auf, endlich nachzuholen, was sie seit der Unabhängigkeit versäumt haben: die geistige Selbstermächtigung, um nach Jahrhunderten der Ausbeutung und Demütigung ihren Minderwertigkeitskomplex zu überwinden und ihr Schicksal in die eigene Hand zu nehmen.

Zugleich aber gilt, was uns die sambische Wirtschaftswissenschaftlerin Dambisa Moyo ins Stammbuch schreibt: »Die Welt muss sich engagieren und helfen, die Probleme Afrikas zu lösen, denn sie werden eher früher als später zu globalen Problemen werden.« So gesehen läuft Afrika, der benachteiligte Süden überhaupt, der Globalisierung nicht hinterher, sondern voraus. Schon während der Kolonialära war der Kontinent ein regelrechtes Laboratorium, in dem die Europäer repressive Verwaltungsapparate, polizeistaatliche Methoden, militärische Strategien und Formen brutaler Arbeitsdisziplin erprobten; sie versklavten die Menschen, bauten Konzentrationslager, trennten Wohngebiete nach Rassen, führten medizinische Experimente durch, entwickelten Maßnahmen zur Bevölkerungskontrolle, Sozialhygiene und Seuchenbekämpfung. Die Geschichte der Moderne sei ein welthistorischer Prozess, der sowohl von ihren Peripherien als auch von ihren Zentren her erzählt werden könne, befinden die südafrikanischen Anthropologen Jean und John Comaroff. Der globale Süden, insbesondere Afrika, erscheint in diesem Narrativ als unterdrückte Kehrseite des Nordens. In der südlichen Hemisphäre zeichne sich die Dynamik, die unseren Planeten bedrohe, früher ab: der enthemmte Kapitalismus, der beschleunigte Raubbau an der Natur, die Plünderung von Gemeingütern, das schwindende Vertrauen in staatliche Institutionen, die Unregierbarkeit von Megacitys, die massenhafte Zunahme des Homo sacer, des Wegwerfmenschen, der in der weltweiten Produktions- und Konsumschlacht nicht mehr gebraucht wird. Die rigiden wirtschaftlichen Strukturanpassungsprogramme, die die Europäische Union unter deutschem Kommando Griechenland aufgezwungen hat, mussten afrikanische Staaten schon viel früher über sich ergehen lassen. Und in den verheerenden Aids-Jahrzehnten haben Millionen von Afrikanern und Afrikanerinnen längst die Erfahrung einer tödlichen Pandemie gemacht, die wir jetzt, im Zeitalter von Corona, erstmals teilen.

In den folgenden Kapiteln will ich noch einmal Streiflichter auf meine Zeit in Afrika werfen und das Augenmerk auf die großen Herausforderungen der Gegenwart lenken: Klimawandel, Bevölkerungswachstum, Ernährungskrise, Migration, Krieg und Terror. Es sind Parameter für die Vermessung der Zukunft. Zugegeben, ich schaute manchmal in Abgründe, die mich zutiefst pessimistisch stimmten. Und dennoch wirken die positiven Eindrücke und Erfahrungen stärker nach, die unerschütterliche Zuversicht, mit der afrikanische Menschen existenzielle Krisen bewältigen, die uns Europäer in den Wahnsinn treiben würden, die Schönheit ihrer Kulturen, die Kraft der Versöhnung, der Gemeinsinn, das heitere Alltagsleben, das nicht in unser Bild vom leidenden, hungernden, verzweifelten Erdteil passen will. Dieses Buch ist auch der Versuch eines Rechenschaftsberichts über mein Verhältnis zu Afrika, über die Lektionen, die ich gelernt habe, und darüber, wie mich der Kontinent verändert hat, auf dem ich fast die Hälfte meines Lebens verbracht habe.

Kapstadt, im Frühjahr 2021

EVAS KINDER

Auf den Spuren unserer Urahnen
im Süden Afrikas

Dies ist eine lange Reise. Sie führt uns weit in die Vergangenheit Afrikas, bis in die Altsteinzeit, und von dort wieder zurück in die Gegenwart, ins Büro des Friedensnobelpreisträgers Desmond Tutu in Kapstadt. Sie beginnt im Herbst 2009 irgendwo in der unermesslichen Weite der Wüste Kalahari, wo sechs mit Rinden gedeckte Rundhütten stehen. Hier lebt ein Mann namens !Gubi mit seiner Sippe. Seine Frau und die Töchter sitzen im Halbkreis und nähen Lendenschurze aus Wildhäuten. Nackte, staubüberpuderte Kinder hüpfen um die glimmende Feuerstelle und mustern die hellhäutigen Besucher. /Aaban, der älteste Sohn von !Gubi, prüft die Spitzen seiner Giftpfeile. Er will auf die Jagd gehen, die Großfamilie hat seit zehn Tagen kein frisches Fleisch mehr gegessen. Aber die Schatten sind noch zu kurz an diesem glutheißen Nachmittag. Kam//'ai, die älteste Tochter, kichert, weil wir uns ständig die Zunge brechen. Wir können die Namen der Familienmitglieder nicht aussprechen und nur mit Hilfsbuchstaben schreiben. Die Schrägstriche und Sonderzeichen stehen für wunderliche Klick- und Klacklaute; sie klingen wie das Schnalzen der Fuhrknechte oder das Ploppen von Korken.

!Gubi hat sich unter einem blühenden Mankettibaum niedergelassen, ein klein gewachsener, feingliedriger Mann mit straffen Muskeln. Er mag achtzig Jahre alt sein, in seinem zerfurchten Gesicht kann man das hohe Alter ahnen. Wann genau er geboren wurde, kann er nicht sagen, in der Kultur seines Volkes, der San, wird die Zeit nicht nach Jahren gemessen. Und was die Weißen wollten, die eines Tages kamen und ihm Blut abzapften, weiß er auch nicht so genau. Erst dachte !Gubi, sie würden die üblichen

Gesundheitstests durchführen, Tuberkulose, Infektionskrankheiten, Aids. Aber diesmal ging es um etwas ganz anderes. »Sie wollten wissen, wie mein Blut aussieht«, sagt !Gubi. Er deutet auf seine Armbeuge. »Hier haben sie hineingestochen.« Jetzt gehört er neben weltberühmten Wissenschaftlern wie dem Biochemiker Craig Venter oder dem Molekularbiologen James Watson zu den acht Menschen, deren Erbgut vollständig entziffert wurde.

Die Gendaten der afrikanischen Jäger und Sammlerinnen sind ein unschätzbarer Gewinn für die Wissenschaft vom Menschen. Sie können den San etwas zurückgeben, was sie wohl dringender benötigen als alles andere: Würde. Und Stolz auf ihre Herkunft. Die Botschaft aus den Erbmolekülen lautet: Die kleinen Leute mit der Klicksprache sind gleichsam die Kinder von Adam und Eva. Natürlich haben auch sie 200 000 Jahre evolutionärer Veränderung hinter sich, seit sich die Spezies Homo sapiens in Afrika entwickelte. Doch in ihren Erbanlagen, das zeigen die Tests der Forscher, schlummert ein besonderer Schatz: Sie tragen viel von der ursprünglichen genetischen Vielfalt unserer Urahnen in sich. !Gubi repräsentiert die älteste Abstammungslinie der Menschheit. Das ist kein »Verdienst« seiner Ethnie, sondern eher das Resultat ihres tragischen Schicksals: Die Untergruppen der San haben sich kaum vermischt, erst, weil sie geografisch isoliert lebten, dann, weil sie nicht nur von den Weißen, sondern ebenso von den Schwarzen diskriminiert wurden. Bei einer der Blutabnahmen erkundigte sich eine Frau misstrauisch: »Wollt ihr etwa beweisen, dass wir Affen sind?«

Ob die Hautfarbe der Bewohner Afrikas schwarz oder braun war, die europäischen Völkerkundler machten da keinen Unterschied. Schon 1790 fabulierte der Göttinger Philosoph und Ethnograf Christoph Meiners über die Natur der »Neger«: Sie seien »wegen ihrer Dummheit zur Knechtschaft geboren« und hätten nichts zum Fortschritt der Menschheit beigetragen. In seinen Schriften stand »der Afrikaner« dem Tier näher als dem Menschen, er war nur ein primitiver Wilder, ohne Geschichte, ohne Schrift, ohne Rechenkunst. Stattdessen: Kannibalismus, Vielweiberei, Götzenglaube. Derlei »Weltweisheiten« sollten im 19. Jahrhundert von Pseudowissenschaftlern wie Arthur de Gobineau oder Houston Stewart Chamberlain zur modernen Rassenlehre vertieft und von den kolonialen Herrenmenschen in die Praxis umgesetzt werden. In Südafrika klassifizierte das Apartheidregime Schwarze und sogenannte Coloureds, Farbige, als minderwertige Rassen, und noch eine Ebene darunter wurden die indigenen Völker eingeordnet, die San und die Khoikhoi, die man Buschmänner und Hottentotten nannte.

Der koloniale Blick ist bis heute ungebrochen und universell. In den Vereinigten Staaten, in Brasilien, in Großbritannien, in den Banlieues von Paris, wo immer afrikanische Auswanderer oder die Nachfahren verschleppter Sklaven leben, überall stehen sie auf der untersten Stufe der sozialen Hierarchie, überall werden sie systematisch benachteiligt, erniedrigt, beleidigt, eingesperrt, umgebracht. Die weltweite Verachtung schwarzer Menschen gründet auf rassistischen Konstruktionen, die sich in das Bewusstsein weißer Menschen eingesenkt haben. Eine Mail in schlechtem Deutsch, die ich von einem *Spiegel*-Leser aus Hawaii erhielt, sagt alles: »Überall wo Neger auftreten, geht die Zivilisation kaputt und Elend regiert. Neger sind das Ende alles guten Lebens, und ihr Eindringen nach Europa ist langfristig schlimmer als sämtliche Weltkriege.«

Die Ureinwohner Afrikas wandern seit Jahrtausenden durch die Wüsten, Savannen und karstigen Gebirge im Süden des Kontinents. Sie folgen dem Mondlicht und den Sternen, den Regenwolken, Trockenflussläufen und Tierfährten, und sie hinterlassen grandiose Felsmalereien. Die Männer jagen mit Pfeil und Bogen nach Giraffen, Antilopen oder Stachelschweinen. Die Frauen sind die Hauptversorgerinnen der Gemeinschaft, sie nehmen uns zum

Sammeln mit. Busch, Busch, nichts als Busch. Trampelpfade von irgendwo nach nirgendwo. Dichtes Strauchwerk, mannshohe Termitenhügel, dornige Akazien, trockenes Geäst, heudürre Gräser unter sengender Hitze. Kein Wasser. Kein Schatten. Kein Lebenszeichen. Sogar das Gesirr der Insekten ist verstummt. Wir haben längst die Orientierung verloren. Von Zeit zu Zeit drehen sich die Frauen nach uns um. Sie kichern über die schweißnassen Bleichgesichter, die blind wie die Engerlinge hinter ihnen herstapfen. Sie huschen ins Dickicht, saugen Saft aus Wurzeln, zerkauen Lianen, pflücken hier eine Handvoll quittengelber Beeren, ernten dort ein paar Baumfrüchte, wo wir Europäer nur lebensfeindliche Wildnis sehen. Für die Sammlerinnen ist der Busch ein Garten, und sie haben von klein auf gelernt, ihn wie ein Buch zu lesen. Die Nahrung ihres Volkes besteht zu achtzig Prozent aus Feldkost: Mankettinüsse und Baobabfrüchte, Wurzeln und Zwiebeln, Beeren und Zuckerpflaumen, Melonen, Trüffeln, Buschgurken und allerlei Grünzeug. Sie kennen zweihundert essbare Wildpflanzen. Der vegetarische Speiseplan wird durch Vogeleier, Echsen, Schildkröten, Raupen, Würmer und Käfer ergänzt. //Xukxa holt mit ihrem Grabstock – ein Eisenstab mit geplätteter Spitze – N/uih aus der Erde, einen Wurzelstrang mit runden Knollen, die nach rohen Erbsen schmecken. Tcoqa hat N/ama gesammelt, eine Abart der Süßkartoffel. //Uce hält stolz eine Delikatesse hoch: Sieht aus wie ein Krake mit regenwurmdicken, spargelbleichen Tentakeln, schmeckt nach Bambussprossen. Die Tragetücher sind prall gefüllt, Zeit zur Heimkehr.

Vor rund tausend Jahren, als Bantuvölker aus dem Norden einwanderten und um Land und Nahrung konkurrierten, sollten die stillen Tage der Jäger und Sammlerinnen zu Ende gehen. Im 19. Jahrhundert drangen die weißen Invasoren aus dem Süden vor: Missionare und Kolonialoffiziere, Diamantensucher, Elfenbeinhändler, Großwildjäger, Siedler. Die Ureinwohner hatten der geballten Macht der Europäer und Afrikaner nichts entgegenzusetzen. Sie wurden versklavt oder abgedrängt in die unwirtlichen Randzonen der Kalahari und nahezu ausgerottet. Sie verloren ihre Jagdgründe, ihre Wasserstellen – und ihre Zukunft. Viele ihrer nach Sprachen und Dialekten unterteilten Gruppen haben sich den Kulturen schwarzer Ackerbauern und Viehzüchter angepasst, sie treiben Handel mit ihnen und übernehmen deren Wirtschaftsweisen, soziale Hierarchien und Glaubensrituale. Doch die letzten traditionellen Sippen leben nach wie vor in egalitären Gemeinschaften, Männer und Frauen haben feste Aufgaben und Rollen. Alle sind gleichgestellt, alle müssen alles teilen, um in einer extremen Umwelt zu überleben. Die sesshaften San hausen in slumartigen Dörfern in Botswana, Südafrika und Namibia. Oder in Reservaten, in die sie zwangsumgesiedelt wurden, weil man in ihren Lebensräumen Bodenschätze entdeckt oder sie für den Tourismus erschlossen hatte. Sie wurden und werden von vielen Afrikanern und Europäern als Menschen zweiter Klasse angesehen und behandelt. Trotz ihrer Zehntausende Jahre alten Kultur gehören die San zu den bedrohten Völkern, die keine politische Stimme haben. Sie zählen nur noch rund 100 000 Menschen. Die Mehrheit ist bitterarm und kann weder lesen noch schreiben – ehedem freie Nomaden, herabgewürdigt zu Sozialhilfeempfängern.

!Gubi verdrießt besonders, dass er nicht mehr jagen kann. Das liegt an seinen lädierten Knien, vor allem aber daran, dass er keine *n!ore* mehr hat. Dieses Wort bezeichnet den »Platz, der dir Nahrung und Wasser gibt«. Das Land wird jetzt von weißen Farmern oder von der Regierung beansprucht, die es schwarzen Volksgruppen wie den Herero oder Tswana zugeteilt hat. Landbesitz? Das klingt in den Ohren von !Gubi so absurd, als würde jemand die Sonnenstrahlen oder die Luft zum Atmen sein Eigen nennen. Auch die Vorstellung von Zäunen und Grenzen läuft seinem Weltbild zuwider, zum Beispiel die Trennlinie zwischen Botswana und Namibia, die vom Lagerplatz seiner Großfamilie nur ein paar Kilometer entfernt ist. »Die Bäume, die Büsche, die Tiere, alles ist gleich. Eine Grenze ist erst da, wo ich nicht mehr weitergehen kann, am Ufer des Meeres oder in den hohen Bergen.« Neulich wurde sein Sohn /Aaban am Sperrzaun von botswanischen Wildhütern festgenommen; er hatte im Nachbarland einen Springbock erlegt. Sie konfiszierten die Beute und sperrten ihn ein. »Mein Großvater hat mir erzählt, dass wir die allerersten Menschen hier waren«, sagt !Gubi. »Wie kann das, was wir schon immer getan haben, ein Verbrechen sein?«

Blasiert, kühl, misstrauisch, fantasielos. Aber auch: mutig, entschlossen, zäh. Diese Charakterlehre stammt vom Wiener Naturhistoriker Viktor Lebzelter, der die San 1926 bis 1928 heimsuchte. Dreißig Jahre später lieferte Laurens van der Post das Gegenstück. Der Südafrikaner schwärmte von den »herzensreinen« Steinzeitmenschen, von ihrer »wilden Tierhaftigkeit«, von der »echten Weiblichkeit« der Frauen. Und manche dieser edlen Wilden mit dem lustigen Pfefferkornhaar, der aprikosengelben Haut und dem dunklen Augengrund von Antilopen schienen gar einen Heiligenschein zu tragen. Ethnokitsch pur, nachzulesen in dem Buch *Die verlorene Welt der Kalahari.* Immerhin belegt es: Die Romantik ist eine Tochter der Zerstörung. Vergebens versuchen die Dichter zu retten, was ihre Raubzivilisation zerstört hat.

Unterdessen dämmert es, die glutrote riesige Sonnenscheibe versinkt im Busch. Sie setzt sich zum Essen auf die Erde, sagen die San. !Gubi kauert am Feuer und schmaucht eine Pfeife. Sein größter Wunsch? Er muss nicht lange überlegen. »Ein Platz, an dem wir in Frieden gelassen werden.«

Seit mindestens 200 000 Jahren ist Afrika die Heimat der Menschen, sie existieren dort länger als auf jedem anderen Kontinent. Deshalb sind Afrikaner und Afrikanerinnen genetisch, kulturell und sprachlich so vielfältig – der Erdteil beherbergt bis heute zweitausend ethnische Gruppen und ein Drittel der bekannten Sprachen. Die gesamte nichtafrikanische Weltbevölkerung hingegen stammt von kleinen Migrantengruppen ab, die vor höchstens 100 000 Jahren aus ihren Ursprungsgebieten auswanderten und nur einen Bruchteil des biologischen und kulturellen Reichtums mit sich nahmen. »Das ist, als wenn man aus einem Topf mit Tausenden verschiedenfarbigen Kugeln eine Handvoll herausnimmt«, sagt Wolfgang Enard vom Max-Planck-Institut für Evolutionäre Genetik in Leipzig.

Bislang haben die Wissenschaftler sich vor allem mit dieser Stichprobe befasst – den Genen von Europäern und Asiaten. Mit der Dekodierung des Erbguts der San schauen sie nun erstmals in den ganzen Topf. »Wir sehen, dass die Unterschiede zwischen zwei Buschmännern größer sind als zwischen einem Europäer und einem Asiaten«, sagt Enard. Genetische und linguistische Untersuchungen deuten darauf hin, dass sich die San schon vor 35 000 Jahren von einer Menschengruppe abgespalten haben, aus der auch die Pygmäen und zwei weitere Urvölker hervorgingen.

Auf ihrer Passage in die Gegenwart haben die San eine Menge genetischer Veränderungen durchgemacht. !Gubi besitzt rund eine Million kleine Unterschiede in seinen Erbmolekülen, die bei keinem anderen Menschen zuvor gefunden wurden. Und trotz der tiefen Verwurzelung seiner Ethnie im menschlichen Stammbaum sind diese genetischen Besonderheiten erst in jüngerer Zeit neu entstanden. Für die Wissenschaft sind solche Befunde wichtig. Sie zeigen, wie ungeahnt groß der genetische Reichtum der Menschheit in Wahrheit ist. Für die San hingegen könnte eine andere Erkenntnis bedeutender sein: Sie sind, das beweisen ihre Gendaten, ausgesprochen moderne Menschen. »!Gubi«, sagt die amerikanische Populationsgenetikerin Katherine Pollard von der University of California in San Francisco, »ist alles andere als ein genetisches Fossil.« Sein Erbgut sei ebenso wie das anderer Menschen ein Resultat dramatischer Wandlungen seit der Entstehung unserer Spezies.

Unsere Reise führt tausend Kilometer weiter, nach Tsumkwe, ans Nordende der Kalahari. Es ist das Verwaltungszentrum des Distrikts, der den Ju/'hoansi zugeteilt wurde, der größten Untergruppe der San. Ein tristes Nest, Polizei, Gericht, Krankenstation, Tankstelle, Kirchen, Funkmast, zwei Läden. Am Rande der Siedlung treffen wir D#kgao, die Testperson TK1. Ein paar Windschirme aus zerschlissenen Decken, das Gelände ringsum übersät von Müll, Plastiktüten, Scherben, rostigen Blechteilen – das Camp sieht verwahrlost wie ein Notlager aus.

D#kgao erhält pro Monat umgerechnet rund 45 Euro Altersrente. Das muss für seine vier Söhne, drei Töchter und eine Schar von Enkelkindern reichen. Hin und wieder geht ein Gemsbock in eine der Eisenfallen, die Frauen verkaufen Schmuck an Touristen, irgendwie kommt man durch. D#kgao, ein drahtiger Alter, aus dessen Augen der Schalk blitzt, ist jedenfalls ganz zufrieden. Es klingt auch nicht larmoyant, wenn er beklagt, dass die Jungen vergessen haben, wie man jagt und sammelt. So ist die neue Zeit eben, das moderne Leben in Tsumkwe. Die Leute schauen Fernsehen, kurven in Gebrauchtautos herum, essen tiefgefrorene Kudu-Steaks, trinken Alkohol.

120 Shebeens, illegale Kneipen, soll es in Tsumkwe geben. Welche Folgen das hat, konnte ich bei einer früheren Exkursion besichtigen. Es war gerade Zahltag, die San kamen aus dem Umland, um ihre Rente abzuholen – und marschierten mit ihrer Gefolgschaft schnurstracks in eine der Freiluftschänken, die meistens von Herero-Frauen betrieben werden. Binnen zehn Minuten waren die Zecher sturzbesoffen. Sie torkelten, lallten, stammelten, schrien, prügelten sich, und irgendwann sanken sie mit irrem Grinsen in den Staub. Sie hatten vergessen, wie sie heißen, wo sie leben, wer sie sind. Sesshaftigkeit und Sucht zerstören ihre Kultur.

Tjum!kui, »Platz des Todes«, nennen die Ju/'hoansi ihre »Hauptstadt«. Es ist ein Ort, an dem das Orakel von =Oma G/aqo wahr wird. Diesen steinalten, blinden Mann traf ich damals in

»Unsere Zeit ist vorbei«: Der blinde alte Mann namens =Oma G/aqo prophezeit den Untergang seiner jahrtausendealten Kultur.

einer Siedlung namens !Ao=’a. Er erzählte vom guten Leben in seiner Jugend. Als er noch wie eine Gazelle rennen und dem Wild nachpirschen konnte. Als das Land noch unendlich und jungfräulich war. Aber dann sind die Schwarzen mit ihren Viehherden gekommen und die Weißen mit ihren Gesetzen und Gewehren. Schließlich wurden die Leute »eingepflanzt«, und die Kinder und Kindeskinder kennen die Zeit der Wanderungen nur noch aus Erzählungen. Irgendwann ist das Licht in =Oma G/aqos Augen erloschen. Er saß da wie Teiresias, der griechische Seher, hob beschwörend seine Arme und starrte mit leerem Blick in einen Dornbusch: »Unsere Zeit ist vorbei.« Ein Jahr später ging der alte Mann zu den Ahnen.

»So viel Blut haben sie genommen«, erzählt D#kgao und zeigt zwei Glieder seines Zeigefingers. »Sie sagten, dass sie es mit dem Blut der Weißen vergleichen werden. Sie wollen herausfinden, wer die stärksten Menschen sind.« D#kgao ist sehr gespannt auf das Ergebnis.

»Die Forscher haben versprochen wiederzukommen. Ich warte geduldig.« Die Forscher haben ihr Versprechen gehalten. Sie kehrten zurück und erzählten D#kgao, !Gubi und den anderen, was sie herausgefunden haben, all das Neue, das sie nun wissen über die San und den Rest der Menschheit. Eigentlich ist es eine ganz einfache Wahrheit: Jeder Mensch, ob ein Jäger und Sammler in der Kalahari, ein Filmstar in Hollywood oder ein Banker in Frankfurt, ist etwas ganz Besonderes. Und doch sind sie alle gleich.

Die Reise in die Frühzeit endet zweitausend Kilometer südlich von Tsumkwe, in Milnerton, einem Stadtteil von Kapstadt. Dort treffen wir den ehemaligen anglikanischen Erzbischof Desmond Tutu, der als Vorkämpfer gegen das weiße Rassistenregime weltberühmt wurde und den Friedensnobelpreis erhielt. Tutu ist die Testperson ABT, sein Genom wurde stellvertretend für afrikanische Bantu-Völker entschlüsselt. Das Ergebnis überrascht ihn nicht. »Die Menschheit ist eine große Familie. Jetzt ist wissenschaftlich bewiesen, was wir Theologen immer gesagt haben.« Der damals 78-jährige Kirchenmann wippt vergnügt in seinem Stuhl auf und ab. »Wir sind die Regenbogen-Nation«, prangt auf einem bunten Wandteppich hinter ihm – es ist die multiethnische Vision von Nelson Mandela. »Das Regime der Apartheid hat immer gesagt, die Khoikhoi und San seien nur Primitive. Sie sind unsere Ahnen, und dafür müssen wir dankbar sein.«

ACHTUNG, BULLDOZER!

Der Kampf um die Demokratie in Tansania

Als die Boeing 707 der Scandinavian Airlines im August 1980 in Daressalam aufsetzte, ahnte ich noch nicht, dass diese Reise meinen beruflichen Weg vorherbestimmen würde: Tansania sollte, wie schon in der Einleitung erwähnt, zum Land meiner »Initiation« als Afrika-Korrespondent werden. Aber damals verlor ich noch keinen Gedanken an die journalistische Laufbahn.

Die Ankunft fühlte sich so an, als sei ein Kindheitstraum in Erfüllung gegangen: Endlich war ich in Afrika, auf diesem wunderlichen Kontinent, von dem schon mein Großvater und mein Vater geschwärmt hatten! Ich hatte jede Menge hochfliegender Erwartungen und politischer Wunschbilder im Kopfgepäck. Denn hier regierte Julius Nyerere, der große postkoloniale Pionier und Vordenker Afrikas, der Tansania in die Unabhängigkeit geführt hatte und an der Verwirklichung eines neuen Gesellschaftsmodells namens *Ujamaa* arbeitete; das bedeutet »Familiensinn« oder »Gemeinschaftsgeist« in der Sprache Kisuaheli und wird als Synonym für einen Sozialismus afrikanischer Prägung gebraucht. Nyerere wollte einen dritten Weg zwischen Kapitalismus und Kommunismus einschlagen. Wie so viele aus meiner Generation, die Befreiungsbewegungen im globalen Süden unterstützten, bewunderte ich diesen Visionär. Seine oberste Maxime wirkte auf uns wie eine Zauberformel: *Self-reliance* – politische Selbstbestimmung und ökonomische Eigenständigkeit.

Allein, die Hoffnungen, die wir in Nyereres Utopie gesetzt hatten, wurden schon bald enttäuscht. Ein paar Jahre nach seinem freiwilligen Rücktritt war nichts mehr davon übrig. 1995, bei der Besichtigung eines Ujamaa-Dorfes, bot sich mir ein Bild des

Jammers: kariöse Gebäude, verrottete Landmaschinen, kahle Äcker, Lebensmittelläden so leer wie die in der DDR, lethargisch wirkende Menschen. Nyerere hatte sie nicht mitgenommen auf seinem Weg. Um das Ziel der Selbstversorgung zu erreichen, beschwor er zwar dörfliche Traditionen und überlieferte Produktionsweisen, verordnete aber eine kollektivistische Zwangsmodernisierung, die am Ende alle Traditionen zerstörte – und jegliche Eigeninitiative erstickte. Hinzu kam, dass sich auf dem Weltmarkt die Terms of Trade verschlechtert hatten. Tansania erhielt immer weniger für seine Agrarerzeugnisse und musste immer mehr für Importgüter ausgeben. Obwohl Nyerere auswärtigen Beistand verschmähte und das Land aus eigener Kraft entwickeln wollte, hing es bald wie kein zweites in Afrika am Tropf der internationalen Hilfsindustrie. Tansania dümpelte vor sich hin, bis der alte Mann 1985 abtrat. Es sollten einige Jahre vergehen, bis die desaströse Kommandowirtschaft abgeschafft und der Grundstein für einen ökonomischen Aufschwung gelegt wurde, der noch heute anhält.

Die Wirtschaftsmetropole Daressalam, vor vierzig Jahren eine verschlafene, provinziell anmutende Stadt, ist unterdessen nicht wiederzuerkennen. Sie hat sich in eine moderne Großstadt mit sieben Millionen Einwohnern verwandelt, rastlos, laut, erstickend im infernalischen Verkehr, überbordend vor Vitalität. Im Zentrum eine imposante Kulisse von Wolkenkratzern, vor der die Kirchen aus deutschen Kolonialtagen, einst die höchsten Gebäude am Ort, zu historischen Miniaturen verzwergen. Auch die Massai-Männer, die man manchmal in traditionellen Gewändern in den Straßenschluchten herumstreifen sieht, wirken wie aus der Zeit gefallen. Daressalam befindet sich auf dem Weg zu einer afrikanischen Megacity, es ist einer der Schauplätze des Aufbruchs, der seit der Jahrtausendwende viele Länder des Kontinents erfasst hat – und den niemand für möglich gehalten hatte.

Aus der Mitte Daressalams erhebt sich ein protziges Kongresszentrum, gestiftet und gebaut von den Chinesen. Die riesige

Halle wirkt wie ein Fanal für den neuen Wettlauf um Afrikas Reichtümer, den die aufstrebende Wirtschaftsweltmacht China mit großem Abstand anführt. Tansania zählt zu den afrikanischen Schlüsselländern seiner geostrategischen Offensive. Es ist seit Maos Zeiten mit dem Reich der Mitte verbündet, die monumentale Tazara Railway Station in Daressalam zeugt von dieser frühen Süd-Süd-Kooperation. Heutzutage bauen die Chinesen im Eiltempo Krankenhäuser und Schulen, Straßen, Bahnlinien, Flughäfen und Staudämme; in der Nähe des Küstenstädtchens Bagamoyo ist einer der größten Tiefseehäfen Afrikas geplant.

Aber nicht jeder Tansanier begrüßt diese Entwicklung. Aus Zitto Kabwes Sicht ist die Kongresshalle ein Danaergeschenk, eine Gabe, die Unheil bringt. »Mittlerweile kontrollieren die Chinesen den gesamten Bausektor unseres Landes«, sagt der Oppositionspolitiker. Er warnt vor der »imperialistischen Strategie« Pekings, sie erinnere ihn an die Eroberung und Ausbeutung des Kontinents durch die europäischen Kolonialherren.

Zitto Zuberi Ruyagwa Kabwe zählt zu den prominentesten Kritikern einer Regierung, die sich den chinesischen Invasoren in die Arme wirft. Es lohnt sich, seine Vita genauer zu beleuchten. Es ist die Lebensgeschichte eines Querdenkers. Kabwe wurde 1976 in Mwandiga, einem Dorf im Bezirk Kigoma am Tanganjikasee, geboren. Er wuchs mit neun Geschwistern in Armut auf. Der erweiterte Familienkreis – Onkel, Tanten, Freunde – investierte in den blitzgescheiten Jungen, und so konnte er Volkswirtschaft an der Universität Daressalam studieren und einen weiteren Abschluss an der Bucerius Law School in Hamburg machen. Er arbeitete an Projekten der SPD-nahen Friedrich-Ebert-Stiftung in Daressalam mit. Seit wir uns dort zum ersten Mal trafen, verfolge ich seine politische Karriere. Mittlerweile sind wir befreundet. 2005 zog Zitto als jüngster Abgeordneter ins tansanische Parlament ein und wurde schnell zu einer Leitfigur der Opposition; im Ausschuss für öffentliche Finanzen deckte er die Verschwendung

Kein Platz mehr im modernen Tansania: Massai-Männer in traditionellen Kleidern streifen verloren durch die Wirtschaftsmetropole Daressalam.

und Veruntreuung von Steuergeldern auf. Zehn Jahre später trat er der Alliance for Change and Transparency (ACT Wazalendo) bei und wurde deren Vorsitzender.

Bei unserer zweiten Begegnung spazierten wir um das opulente Parlamentsgebäude in der Hauptstadt Dodoma, durften es aber nicht betreten, denn Zitto hatte wieder einmal Hausverbot. Er misstraut nicht nur den eigenen Machthabern, sondern allen fremden Mächten, die Patentrezepte für Afrika anbieten. Schon als Student bekämpfte er die neoliberalen Sparprogramme, die die Weltbank und der Internationale Währungsfonds (IWF) seinem hoch verschuldeten Land aufgezwungen hatten, denn sie sahen massive Kürzungen im Gesundheits- und Bildungssektor vor. Im Februar 2001, beim Besuch des damaligen IWF-Chefs Horst Köhler, wurde er vor dem Sheraton Hotel in Daressalam verhaftet und acht Stunden lang eingesperrt, weil er gegen den IWF und seinen höchsten Repräsentanten protestiert hatte. Aber man trifft sich ja immer zweimal im Leben …

Sechs Jahre später saßen sich in Berlin die Kontrahenten in veränderten Rollen gegenüber: Der eine bekleidete das Amt des Bundespräsidenten, der andere war Parlamentsabgeordneter. Als einer der afrikapolitischen Berater von Horst Köhler hatte ich vorgeschlagen, Zitto zu einer Debatte ins Schloss Bellevue einzuladen. Thema: Quo vadis, Afrika? Dass dabei ein konstruktives Streitgespräch herauskam, lag sicherlich auch an den biografischen Gemeinsamkeiten der Teilnehmer: Beide hatten sich aus armen Verhältnissen hochgearbeitet und nicht vergessen, woher sie kommen.

Zitto Kabwe repräsentiert eine neue Generation von Politikern, die Wohlstand für alle anstreben – und die Demokratie verteidigen. Man trifft sie mittlerweile in vielen Ländern Afrikas. Sie sind gut ausgebildet, weltgewandt und voller Reformideen. Sie machen der frustrierten Jugend Hoffnung, stoßen aber überall auf den erbitterten Widerstand der *big men*, der großen alten

Männer, die sich in Autokraten verwandelt haben und ad infinitum an der Macht bleiben wollen. »Unser Präsident hat das chinesische Modell der Entwicklungsdiktatur übernommen, er hält die Demokratie für ein Entwicklungshindernis«, sagt Zitto. Der Präsident heißt John Magufuli. Er räumt gründlich auf, seit er 2015 ins höchste Staatsamt gewählt wurde, feuert unfähige Spitzenbeamte, verfolgt Steuerhinterzieher, bekämpft die Korruption – und hofiert die finanzstarken Partner aus Fernost: »Die Chinesen sind wahre Freunde«, betont Magufuli, »sie bieten Hilfe an, ohne Bedingungen zu stellen.« Die Freundschaft war allerdings vorbei, als der Staatschef feststellte, dass chinesische Kreditgeber sein Land genauso übervorteilen wie westliche Partner. Fortan zwang er internationale Bergbaukonzerne, dem tansanischen Staat Anteile von mindestens 16 Prozent zu überschreiben. Sein »Rohstoff-Nationalismus« wurde in ganz Afrika bewundert. Und daheim löste er bei vielen Wananchi, einfachen Leuten, Begeisterungsstürme aus: Endlich war da mal ein starker Mann, der den Augiasstall ausmistet.

An Magufuli zeigt sich die einschneidende politische Veränderung in jüngster Zeit: Er verkörpert einen neuen Typus des afrikanischen Herrschers, den wohlwollenden Diktator. Er will mit allen Mitteln erreichen, dass es wirtschaftlich aufwärtsgeht. Rechtsstaatliche Prinzipien scheren ihn nicht, er beschneidet die Bürgerrechte, lässt Zeitungen schließen und missliebige Journalisten ins Gefängnis werfen, manipuliert Wahlen, duldet keine Widerrede. Und er hat für alle Probleme simple Lösungen. Das Corona-Virus? Mit Kräutern behandeln und einfach wegbeten! Überbevölkerung? Frauen, öffnet eure Eierstöcke! Es sind Anleitungen zum Desaster. Denn trotz des konstant hohen Wirtschaftswachstums in den vergangenen zwanzig Jahren – Tansanias Bruttoinlandsprodukt hat sich in diesem Zeitraum versechsfacht! – liegt die Zahl der absolut Armen laut Weltbank unverändert bei 13 Millionen, Tendenz steigend: Mit einer Geburtenrate von 4,9 Kindern pro Frau werden schon Mitte dieses Jahrhunderts 138 Millionen Menschen in Tansania leben, weit mehr als doppelt so viele wie heute.

Der Allmachtswahn des Staatschefs hat ein Klima der Angst erzeugt. Zitto Kabwe bekommt die Folgen am eigenen Leib zu spüren. Er wurde 16-mal festgenommen und war monatelang eingesperrt, seit Magufuli an der Macht ist. Man hat ihn unter anderem wegen Volksaufwiegelung angeklagt. Im Januar 2017 hatte er Glück und entging nur knapp einem Attentat, weil ihn ein Polizist gewarnt hatte. Zitto vergewissert sich, ob wir von Geheimdienstleuten observiert werden, als wir ins »Wild Flower« treten, sein Lieblingscafé in Daressalam. Er trägt einen anthrazitgrauen Nyerere-Anzug, eine Reminiszenz an »Baba wa Taifa«, den Vater der Nation.

»Wir waren schon mal weiter«, sagt Zitto. »Magufuli hat unsere Demokratie um dreißig Jahre zurückgeworfen, in die Zeit des Einparteienregimes.« Tansania führte nach dem gescheiterten Experiment eines »afrikanischen Sozialismus« die liberale Marktwirtschaft und das Mehrparteiensystem ein, doch die Chama Cha Mapinduzi, die Partei der Revolution, regierte allein und unangefochten weiter. Jetzt steht ein Mann an ihrer Spitze, den das Volk »Bulldozer« nennt. »Wir brauchen eine zweite Befreiung, diesmal aber nicht von den weißen Kolonialherren, sondern von unseren autokratischen Herrschern«, fordert Zitto und hebt wie ein Boxer seine Fäuste. »Wir werden alles tun, um Magufuli zu besiegen.«

»Ich bin durch die Hölle gegangen, mich kann nichts mehr abschrecken«, bekennt Zitto später, als wir auf der Terrasse seines Hauses sitzen und Cashewnüsse knabbern. Seine Frau Anna, die jüngste Tochter auf dem Arm, kommt hinzu. Sie sagt: »Ich bin jeden Abend froh, wenn er lebend heimkommt.« Ein paar Monate später wird ein Abgeordneter der Regierungspartei öffentlich dazu aufrufen, den »Landesverräter« Kabwe zu töten.

Nieder mit den ewigen Autokraten! Gedankenaustausch mit Zitto Kabwe in seinem Lieblingscafé in Daressalam.

Zum Zeitpunkt unseres letzten Treffens im Dezember 2019 überlegte Zitto noch, ob er bei den nächsten Präsidentschaftswahlen gegen den »Bulldozer« antreten sollte – falls das Regime ihn überhaupt antreten ließe. Schließlich verzichtete er zugunsten des Rechtsanwalts Tundu Lissu, des aussichtsreicheren Kandidaten der Oppositionspartei Chadema, der im September 2017 einen Mordanschlag überlebt hatte und im Wahljahr 2020 aus dem Exil heimgekehrt war. Lissu verlor die Wahl haushoch. Doch Magufuli, der Triumphator, sollte nicht mehr lange regieren; er verschied, erst 61 Jahre alt, am 17. März 2021 nach einer kurzen schweren Krankheit. Die genaue Todesursache wurde von der Regierung verheimlicht. Es zirkulieren Gerüchte, dass er an dem Covid-19-Virus gestorben ist, das er bis zuletzt verharmlost hatte.

Schon zwei Tage später trat die bei vielen ihrer Landsleute kaum bekannte Vizepräsidentin die Nachfolge an: Samia Suluhu Hassan, genannt »Mama Samia«. Man wird sich den Namen dieser Frau merken müssen, denn sie ist aktuell die einzige Regierungschefin Afrikas – und die erste Muslimin, die in Tansania dieses Amt bekleidet. Die 61-Jährige legte einen atemberaubenden Start hin, korrigierte gleich in den ersten Amtstagen die schlimmsten Verirrungen ihres verstorbenen Vorgängers und erließ sage und schreibe 29 Anordnungen. Sie reichen von der Einsetzung einer Task Force, die ausstehende Steuerzahlungen eintreiben soll, über die sofortige Besetzung von 6000 offenen Stellen für Lehrerinnen und Lehrer bis zur Lockerung der Pressezensur und verschärften Bekämpfung der Korruption. Schwangere Mädchen, die von den Schulen verbannt wurden, dürfen unverzüglich in den Unterricht zurückkehren. Hassan baute das Kabinett um und feuerte ins Zwielicht geratene Spitzenbeamte, unter anderen die Leiter des Sozialversicherungsfonds und der Steuerbehörde. Den Generaldirektor der Hafenverwaltung von Daressalam, der umgerechnet 1,3 Millionen Euro unterschlagen haben soll, ließ sie verhaften. Das größte Aufsehen erregte indes ihre radikale Kehrtwende in der

Corona-Politik: Ab sofort wurde das Virus nicht mehr verharmlost und der Pandemie der Kampf angesagt. Eine derartige Entschlossenheit habe ich bei Machtwechseln in Afrika selten erlebt. Niemand hatte Samia Suluhu Hassan das zugetraut; sie galt bis dahin als eher stille, zurückhaltende Politikerin. Unterdessen wird sie in allen Medien des Landes wie eine Heilsbringerin gefeiert. Selbst politische Gegner waren von ihrem forschen Antritt beeindruckt. »Respekt für Hassan«, twitterte Zitto Kabwe. Er hofft, dass sie die drakonischen Gesetze abschafft, unter denen er selbst litt. Doch einige Analysten stellten trotz Hassans fulminantem Start die Frage, ob sie dem höchsten Staatsamt gewachsen sei. Sie kenne die Netzwerke ihres scheinbar allmächtigen Vorgängers nicht und habe keine Hausmacht in der Regierungspartei, hieß es; auch die Loyalität der Sicherheitskräfte sei keineswegs garantiert. Hinzu kamen die Vorbehalte auf dem tansanischen Festland: Die neue Präsidentin stammt von der kleinen, halb autonomen Insel Sansibar, Nationalisten befürchten, dass künftig der Schwanz mit dem Hund wedelt.

Aber Hassan hat all den Bedenkenträgern gleich unmissverständlich klargemacht: Ich bin von nun an die Chefin! Sie wird ihren strammen Kurs allerdings nur durchsetzen können, wenn sie ihre Partei und die Bevölkerung mitnimmt und dabei behutsam vorgeht. Denn Magufuli starb als Volksheld, den vor allem die Armen verehrt hatten. Dass Millionen Menschen um ihn trauerten, wurde in den Berichten der Auslandspresse kaum erwähnt. Nun tritt Samia Suluhu Hassan in seine großen Fußstapfen. Landeskenner glauben, dass sie sich nur mit einer klugen Doppelstrategie behaupten können wird: Sie muss einerseits als »Erbin« Magufulis auftreten und den ökonomischen Erfolgskurs fortsetzen, andererseits durch einen politischen Paradigmenwechsel dessen antidemokratische Gesetze zurücknehmen.

Das Alte bewahren und das Neue wagen: Hassan lässt keinen Zweifel an ihrem Reformwillen aufkommen. Jeden Tag sieht man sie mit erhobenem Zeigefinger auf den Titelseiten der Zeitungen, eine selbstbewusste Muslimin, die bunte Hidschabs trägt – und eine Atemschutzmaske. Bei aller Euphorie ist aber auch Vorsicht angebracht: In Afrika gab es schon häufig vielversprechende Neuanfänge, doch so mancher Hoffnungsträger verwandelte sich am Ende in einen üblen Diktator. Samia Suluhu Hassan kann erst einmal auf einen Vertrauensvorschuss bauen. Sie ist über Nacht zu einem neuen Vorbild für die Frauen und Mädchen in Tansania und auf dem ganzen Kontinent geworden. Sie hat ihr Land aus der internationalen Isolation geführt. Und sie könnte beweisen, dass ein afrikanischer Staat unter weiblicher Führung besser regiert werden kann.

KRIEG UND FRIEDEN
Äthiopien, ein neues Modell für Afrika?

Ein Zaun aus dürren Ästen. Eine Ziege. Eine Strohhütte. Die Dinge sind nur schemenhaft zu erkennen, ich schließe die Augen, das Sonnenlicht blendet zu sehr. Wo bin ich hier? Wie spät ist es? Träume ich noch? Oder ist es einer dieser schlaftrunkenen Augenblicke nach dem Aufwachen, in denen wir noch nicht wissen, wo wir uns befinden? Es riecht nach Mist. Über meine Beine krabbeln Ameisen und winzige Käfer. Es fröstelt mich, obwohl die Hitze schon am Morgen Backofentemperaturen erreicht hat. Ich schlage die Augen wieder auf. Der Zaun, die Ziege, die Strohhütte, alles unverändert. Ich liege in einem Viehpferch und denke: Was, zum Teufel, mache ich hier?

Es war spätnachts, als ich ankam. Den Namen des Dorfes im unwegsamen Bergland von Tigray kannte ich nicht, es war auf meiner Landkarte nicht eingezeichnet. Ein Lastwagenfahrer hatte mich auf dem Rückweg in den Sudan an einer Weggabelung abgesetzt. Ich irrte auf der Suche nach einer Schlafstatt durch das stockfinstere Dorf, in den Hütten blieb es still. Schließlich fand ich eine Stelle, an der ich mich niederlegte und augenblicklich in einen tiefen Erschöpfungsschlaf fiel. Anderntags wollte ich hinuntergehen zur Kreuzung und nach einem Auto Ausschau halten, das mich mitnehmen würde, hinaus aus der Kriegszone, hinüber ins sichere Nachbarland.

»No car, Mister«, sagt ein kleiner, alter Mann, der plötzlich am Zaun auftaucht. Er mustert den Fremden, der in seinem Ziegenpferch genächtigt hat. Ich erhebe mich verlegen und klopfe den Staub und das Ungeziefer aus den Kleidern.

»Some day no car, some day two car«, sagt der Mann.

Ich stehe ratlos da, fühle eine unheimliche Schwäche in mir aufsteigen, fange an zu zittern. Wanke an ihm vorbei hinter einen vertrockneten Busch. Reiße die Hose herunter. Der Stuhl ist flüssig. Und blutig. Der Mann hat sich weggedreht. Dann deutet er mit einem Wink an, ihm zu folgen. Er führt mich in eine Hütte, in der eine Holzpritsche steht. »Mister, you sick.« Ich habe keine Kraft mehr und lege mich nieder. Eine Frau bringt Tee, dazu Injera mit spinatgrünem Gemüse. Ich kann nichts essen und nippe nur an dem klebrig-süßen Getränk.

Trinken. Liegen. Dämmern. Und alle zehn Minuten ins Freie rennen, um sich hinter einem Stein zu entleeren. Das Fieber steigt, manchmal tauchen im Hüttenfenster Köpfe auf, große Kinderaugen schauen mich an. Ich fahre hoch, werde von kurzen Momenten der Klarheit durchblitzt. Hohe Temperatur, blutiger Durchfall, das deutet auf eine Amöbenruhr hin. Der Körper trocknet aus, man muss in diesem Zustand schnellstmöglich einen Arzt aufsuchen.

»No doctor«, sagt der Mann.

Das nächste Hospital ist ungefähr 150 Kilometer entfernt, in Kassala, jenseits der Grenze zum Sudan. Mit jedem Fieberschub nimmt die Angst zu. Krank in einem abgelegenen Dorf in Afrika. Unfähig, es zu verlassen oder einen Hilferuf abzusetzen. Ein Mobilfunknetz gab es damals, im März 1990, noch nicht. Es war die misslichste Lage in all meinen Korrespondentenjahren.

In Äthiopien herrschte Bürgerkrieg. Rebellenverbände aus Eritrea und Tigray kämpften gegen die Regierungsarmee, im Hochland von Abessinien hungerten die Menschen. Ich hatte einen Lkw-Konvoi begleitet, der Hilfslieferungen in die Notstandsgebiete transportierte – Getreide, Bohnen, Speiseöl –, und war auf dem Rückweg irgendwo an der Grenzregion zu Eritrea gestrandet.

Der Enkel des Dorfältesten, ein schmächtiges siebenjähriges Kerlchen, versorgte mich in meiner Notunterkunft mit Wasser.

Manchmal setzte er sich auf den Rand der Holzpritsche und zeichnete Bilder für den kranken weißen Mann, als wolle er ihn trösten. Auf den Bildern waren Panzer und Soldaten mit Maschinenpistolen zu sehen und Bomben, die aus Flugzeugen regneten. Der kleine Junge zeichnete den Krieg, so wie er ihn jeden Tag erlebte. Er sollte das Thema anstimmen, das wie ein roter Faden meine künftigen Berichte aus Äthiopien durchzog: Sie handelten von Armut und Hunger, Gewalt und Gier, Krieg und Frieden. Nach kurzen Phasen der Hoffnung wurde mein vorsichtiger Optimismus jedes Mal enttäuscht. Es war eine Grunderfahrung, die ich auch in Angola und Somalia, im Sudan, im Kongo und in anderen kriegsgeplagten Ländern Afrikas gemacht habe – eine Abfolge der Vergeblichkeit, die einem Beckett'schen Wiederholungszwang zu folgen schien.

Der Krieg steht an der Wiege Äthiopiens, und die Hebamme war Kaiser Menelik II., der von 1889 bis 1913 herrschte. Er eroberte in wenigen Jahren die Königreiche von Oromo und Kaffa, die Völker im Süden, das Emirat Harar, das Sultanat der Afar und weitere Territorien. Die Einheit des Vielvölkerreiches mit achtzig Volksgruppen war von Anfang an durch ethnonationalistische Zentrifugalkräfte bedroht, durch Unruhen, Aufstände, Sezessionsbestrebungen. Aber Meneliks Militärmacht trotzte allen inneren und äußeren Feinden. 1896, in der Schlacht von Adua, besiegte sein Heer sogar die Invasoren aus Italien; es war die schmählichste Niederlage einer europäischen Kolonialarmee auf afrikanischem Boden. Äthiopien stand nur von 1936 bis 1941 unter Fremdherrschaft, als Mussolinis faschistische Truppen einen verbrecherischen Gaskrieg entfesselt und das Hochland von Abessinien besetzt hatten.

Die frühe Geschichte des Landes reicht bis ins Jahr 980 vor Christus zurück, als Menelik I. das Reich von Abessinien gründete. Er war angeblich ein Sohn des jüdischen Königs Salomon und der Königin von Saba. So steht es geschrieben im *Kebra Negest*, dem äthiopischen Nationalepos, und aus diesem Mythos leitete der Herrscher seine gottgegebene Macht ab. Er nannte sich Neguse Negest, »König der Könige«. Haile Selassie, der letzte Kaiser, bestieg als 225. Nachfolger von König Salomon den Thron. Sein Wappen zierte der Löwe von Juda.

Die Zeugnisse der dreitausendjährigen Vergangenheit Äthiopiens sind allgegenwärtig, sie verleihen dem Land bis heute eine ganz besondere Aura, die es von allen Ländern Afrikas abhebt. Es ist ein Ursprungsort der Menschheit, aus seiner Erde wurden die ältesten Hominiden gegraben. Es hat, als wir Germanen noch in den Wäldern hausten, eine Hochkultur mit eigener Schrift und eigener Zeitrechnung hervorgebracht. Es pflegt seit Jahrhunderten eine einzigartige christlich-orthodoxe Religion. Es hat der Welt den Kaffee geschenkt und unterhielt ein weitverzweigtes Handelsnetz. Es ist neben Liberia das einzige Land Afrikas, das nie kolonisiert wurde. Nachdem fast alle Staaten des Kontinents in den frühen 1960er Jahren die Unabhängigkeit errungen hatten, war die äthiopische Hauptstadt Addis Abeba, die »neue Blume«, geradezu prädestiniert als Sitz der Organisation für afrikanische Einheit (OAU).

Wenn Repräsentanten der Amharen, der hegemonialen Ethnie, diese Errungenschaften aufzählen, wirken sie manchmal überheblich: Sie schauen auf die afrikanischen Bantu-Völker herab. Ihre exzeptionalistische Selbsteinschätzung ist der Ausdruck eines kulturellen Chauvinismus, der amharisch mit äthiopisch gleichsetzt. Das hat mich oft gestört, weswegen ich nie ein besonders herzliches Verhältnis zu dieser Volksgruppe hatte. Dennoch schlug mich die kulturelle Vielfalt Äthiopiens immer wieder in ihren Bann. Wenn ich in die grandiosen Felsenkirchen von Lalibela hinabstieg oder in einem stillen Bergkloster durch eine in der altäthiopischen Sprache Ge'ez geschriebene Bibel blätterte, war es mir, als hätte ich die versunkene Welt des Alten Testaments betreten. Oft habe ich bedauert, dass mir viel zu wenig Zeit blieb, um tiefer in die Historie einzudringen. Denn meistens tat ich, was alle Korrespondenten tun: schlechte Nachrichten über die Gegenwart liefern.

Somit kehren wir wieder zurück in den März 1990, als die letzte Phase des Befreiungskrieges gegen eine der übelsten Diktaturen in der postkolonialen Geschichte Afrikas angebrochen war und ich mit einer lebensbedrohlichen Amöbenruhr in Tigray festsaß. Es war meine erste Dienstreise ins Kampfgebiet. Als Greenhorn hatte ich von Kriegsberichterstattung ebenso wenig Ahnung wie der mitreisende Fotograf. Wir waren »embedded«, eingebettet in eine Rettungsmission der Volksbefreiungsfront von Tigray (TPLF), der stärksten Rebellenfraktion neben den eritreischen Truppen. In dem von ihr kontrollierten Gebiet hungerten Hunderttausende. Die mit Hilfsgütern schwer beladenen Lastwagen krochen während der Nacht über zerklüftete Wege zu den Bedürftigen. Sobald der Morgen graute, wurden die Fahrzeuge unter Akazienbäumen abgestellt und mit Ästen und Zweigen camoufliert, damit sie von der äthiopischen Luftwaffe nicht entdeckt und attackiert wurden. Auf der Rückfahrt sollte ich in einem Gebirgsdorf einen Scheinangriff von sowjetischen MiG-27-Kampfjets erleben, jene Augenblicke des Horrors, in denen man wie angewurzelt dasteht und nicht weiß, ob gleich das Inferno ausbrechen wird.

Am südlichsten Punkt unserer Reise lag Mekele, eine elende Stadt im ausgedorrten Hochland, wo Tausende bis auf die Knochen abgemagerte Menschen in Zeltlagern hausten. Schon fünfeinhalb Jahre zuvor, im Oktober 1984, hatte BBC eine Dokumentation über die Hungersnot ausgestrahlt, die eine Million Äthiopier nicht überlebten. Ein gewisser Bob Geldof war vom Anblick sterbender Kinder so erschüttert, dass er eines der kitschigsten Mitleidslieder schrieb, die je geschrieben wurden: »Do They Know It's Christmas« – Wissen sie, dass Weihnachten ist? Es war der meistverkaufte Song des mittelmäßigen Musikers aus Irland;

im Juli 1985 organisierte er zeitgleich zwei Großkonzerte in London und San Francisco, um mit den Erlösen die hungernden Äthiopier zu retten. Das Spektakel hieß »Band Aid«, Hilfe durch Musikgruppen; es hätte keinen trefflicheren Namen haben können, denn so wird im Englischen auch das Heftpflaster bezeichnet. Die Aktion half nur oberflächlich, die Ursachen der Not blieben. Schon ein paar Jahre später wurde Mekele wieder zu einem Brennpunkt des Leidens, und die westliche Almosenindustrie hatte eine neue Sparte: das »Charitainment«. Heutzutage unterstützen viele international erfolgreiche Stars irgendwelche mehr oder weniger sinnvollen Hilfsprojekte. Das gehört zu ihrer globalen Vermarktungsstrategie und dient, wenn überhaupt, erst in zweiter Linie den Bedürftigen.

Bob Geldof hatte gewiss ehrenwerte Motive, aber in deutschen Helferkreisen wurde er schon bald als »Geldoof« verspottet. Die Befreiungsbewegung TPLF nahm Leute wie ihn ohnehin nur als Wichtigtuer wahr und organisierte die Nothilfe selbst. Die hochdisziplinierte Truppe wurde durch eine krude kommunistische Weltanschauung zusammengeschweißt. Eines Abends durften wir in Adigrat an einer Schulung im Feld teilnehmen und mit anhören, wie man den Kämpfern und Kämpferinnen ein Potpourri aus leninistischen und maoistischen Lehrsätzen eintrichterte; die Veranstaltung erinnerte mich an meine wilden Jahre, als ich die kleine rote Mao-Bibel noch wie ein Gebetsbuch mitführte, die dümmsten Plattitüden des Großen Vorsitzenden für Weisheiten hielt und von seinen Massenmorden nichts wissen wollte. Trotz aller Vorbehalte bewunderte ich diese Guerilleros, denn sie bekämpften ein barbarisches Regime. Und sie gewannen Schlacht um Schlacht gegen die stärkste Streitmacht Afrikas, in der bis zu 400 000 Soldaten dienten.

An der Spitze der Militärjunta in Addis Abeba stand der Armeeoffizier Mengistu Haile Mariam. Er hatte 1974 Haile Selassie gestürzt, den realitätsblinden Kaiser, der in einer Fantasiewelt

Terror aus der Luft: »Ein faschistischer Dolch, gerichtet gegen das Volk von Tigray, kann durch unerbittlichen Kampf abgewehrt werden«, lautet die Inschrift des Plakates in der Sprache Tigrinya. Es wurde mir in der Stadt Adigrat geschenkt.

lebte, Kaviar speiste und seine Rassehunde von einem Silbertablett fütterte, während seine Untertanen verhungerten. Der Negus hatte zwar Teile des Landes modernisiert, hatte Straßen, Eisenbahnen, Telegrafenleitungen, Schulen und Krankenhäuser bauen lassen. Aber seine Herrschaft beruhte auf einem überkommenen Feudalsystem, das die bäuerliche Bevölkerung in Armut hielt. Nach seiner erzwungenen Abdankung wurde die Hoffnung auf ein besseres Leben schnell enttäuscht, denn die neuen Machthaber knüpften nahtlos dort an, wo die alten aufgehört hatten. Die Menschen wurden weiterhin wirtschaftlich ausgebeutet, politisch entrechtet, kulturell unterdrückt. Schirmherr der Putschisten war der Weltrevolutionär Lenin, aber Mengistu nahm sich dessen Nachfolger zum Vorbild, weshalb man ihn den »schwarzen Stalin« nannte. Nach neueren Schätzungen soll sein Gewaltapparat eine halbe Million Landsleute ermordet haben – Regimegegner, Intellektuelle, Lehrer, Journalisten, einfache Bauern. Mengistu hat neun Attentatsversuche überlebt. Er war verhasst wie kein äthiopischer Herrscher vor und nach ihm.

Ende der 1980er Jahre zeichnete sich das Ende seiner Schreckensherrschaft ab. An einem Nachmittag begegnete mir im Bergland von Tigray eine gespenstisch anmutende Kolonne: Tausende von Männern in Lumpen und zerfetzten Uniformen marschierten durch den Staub, viele hatten eitrige Wunden, manche humpelten auf selbst gebastelten Krücken mit. Es war ein schier endloser Zug von Kriegsgefangenen, junge, ausgehungerte Soldaten mit stumpfem Blick, zwangsausgehoben in Dörfern und Schulen, aufs Schlachtfeld gejagt, ihrer Jugend beraubt. Nach den Jahren des »Roten Terrors« war ihnen nur das nackte Leben geblieben.

Die erste offiziell genehmigte Einreise in Äthiopien. Ich stehe auf dem Meskel Square, dem Paradeplatz im Zentrum von Addis Abeba, vor mir liegt die Statue des großen Wladimir Iljitsch Lenin im Schlamm. Das Bronzehaupt spiegelt sich in einer Wasserlache, in der es von Kaulquappen wimmelt. Als das in Nordkorea gegossene Standbild zwei Tage nach Mengistus Flucht mit Pickeln und Vorschlaghämmern vom Betonsockel gedroschen wurde, stimmten die Menschen Freudengesänge an. Wir schreiben das Jahr 1983 im äthiopischen Kalender, das Jahr 1991 nach westlicher Zeitrechnung. Es ist das Jahr null nach Mengistu. Good bye, Lenin!

Die welthistorische Wende nach dem Fall der Berliner Mauer hatte auch Afrika erfasst, überall auf dem Kontinent erscholl der Ruf nach Freiheit und Demokratie, Kleptokraten wurden abgesetzt, Nationalkonferenzen entwarfen liberale Verfassungen. Die Stellvertreterkonflikte des Kalten Krieges, die der kommunistische Osten und der kapitalistische Westen befeuert hatten, gingen allmählich zu Ende. In Äthiopien, das zunächst von den USA, dann von der Sowjetunion und der DDR alimentiert worden war, schwiegen die Waffen seit dem 4. Juli 1991, Punkt 4.43 Uhr nachmittags.

Über der Hauptstadt lag eine seltsame Stimmung, eine Mischung aus Erleichterung und Angst. Viele Menschen hatten befürchtet, dass die siegreiche Koalition der Befreiungskrieger, die Revolutionäre Demokratische Front der äthiopischen Völker (EPRDF), furchtbare Rache nehmen würde. Man hielt sie für rohe, ungebildete, unberechenbare Bauernbuben, die ihren Hass auf das Ancien Régime ausleben würden. Es kam zwar zu vereinzelten Feuergefechten mit den letzten regierungstreuen Soldaten, doch die Rebellen übernahmen zur allgemeinen Verwunderung fast geräuschlos die Macht. Ich traf eine Einheit, die den eroberten Menelik-Palast bewachte, den alten Kaisersitz: Junge Kerle, oft halbe Kinder noch, schüchtern und geradezu scheu wirkend, wie Provinzler, die noch nie in einer Großstadt waren. Wir rauchten selbst gedrehte Zigaretten und beobachteten eine Schar Kinder, die um einen ausgebrannten sowjetischen T-54-Panzer herumtollte, ein Junge saß johlend auf dem Geschützrohr.

Ich hatte im Hilton Hotel gleich nebenan eine Verabredung mit einem deutsch-äthiopischen Unternehmensberater aus Frankfurt; der Biergarten der Luxusherberge war in den Jahren der Despotie ein beliebter Treffpunkt von Militärs und Geheimdienstleuten gewesen. Der Gentleman im feinen Tuch, der mich im Foyer erwartete, Prinz Asfa-Wossen Asserate, war ein Großneffe von Kaiser Haile Selassie. Seinen Vater hatten die Schergen Mengistus ebenfalls hingerichtet. Asfa war zum ersten Mal aus dem Exil in sein Geburtsland heimgekehrt. Schon vorher hatten wir uns regelmäßig über die Tragödie in Äthiopien ausgetauscht und angefreundet. Jetzt konnten wir auch in Addis Abeba offen reden. Asfa erzählte mir, wie sein Großonkel, der senile Kaiser, mit einem Kissen erstickt und sein Leichnam unter einer Toilette einbetoniert worden war, »damit Mengistu sich auf den Toten entleeren konnte«.

Wir sprachen nicht nur über die Hilfe der Stasi beim Aufbau des äthiopischen Geheimdienstes und Erich Honeckers Bruderküsse für Mengistu, sondern auch über das Appeasement der Bundesregierung gegenüber dem Tyrannen. Unvergessen der Schmusekurs des CDU-Abgeordneten Hans Stercken, der dafür sorgte, dass die Shengo, die Nationalversammlung von Mengistus Marionetten, in die Interparlamentarische Union aufgenommen wurde. Im Gedächtnis war auch die Helferblindheit eines gewissen Karlheinz Böhm geblieben, dessen humanitäre Organisation mit Spenden überschüttet wurde, was vermutlich an seiner Bekanntheit als Darsteller in den Sissi-Kitschfilmen lag. Böhm hatte sich philanthropische Verdienste erworben, aber er hatte eben auch Mengistus mörderische Zwangsumsiedlungen aus Hungerregionen gutgeheißen, um weiterhin als barmherziger Samariter wirken zu dürfen. Viele Helfer zogen ab, der Österreicher blieb. Als ich Böhms Unterwürfigkeit in einem Kommentar kritisierte, schrieb er mir einen wehleidigen Brief. Er war nicht allein in seiner Verirrung: Eine Reihe von konservativen Politikern, Diplomaten und

Journalisten aus der BRD hätschelten den Despoten bis zuletzt, sie hofften offenbar, dass er ins westliche Lager überlaufen würde, nachdem er vor seinem Sturz eine »Perestroika« angekündigt hatte. Das alles war Schnee von gestern, als ich mich mit dem Prinzen traf. Wir tranken äthiopischen Kaffee, der in einer Ecke des Foyers nach traditionellem Ritus aufgegossen wurde, und feierten den Anbruch einer neuen Zeit.

Der Geldadel von Addis Abeba steht Schlange. Herausgeputzte Kinder, junge Frauen, ältere Damen in goldbestickten Kleidern warten mit prallen Taschen und bangen Blicken vor den Pforten des Yekatit 66, einem aufgelassenen Institut für politische Erziehung. Sie wollen Angehörige besuchen, die hier interniert wurden, darunter 300 der obersten Handlanger des geflohenen Diktators. Zum ersten Mal wird ein ausländischer Reporter mit ihnen eingelassen. Die ehemalige Kaderschmiede der Regierungspartei gleicht einem Tessiner Sanatorium: lauschige Palmenhaine, blühende Bougainvilleen, schillernde Vögel. Ein freundlicher alter Herr, der sich als Gebre Berhan vorstellt, begrüßt mich in akzentfreiem Deutsch. Er war Mengistus Chefdolmetscher und Kandidat des Politbüros. »Wir haben doch dem Volk gedient«, sagt er und fügt leise, als spräche er zu sich selber, hinzu: »Aber es gab Exzesse.« Der grauhaarige Mann scheint weder Scham noch Schuld zu empfinden. Er hat einfach nur Angst vor Strafe, wie die meisten seiner Mithäftlinge, an deren Fingern Blut klebt. »Beklagen kann sich keiner, wir werden gut behandelt«, sagt Gebre Berhan. Die Gefangenen sind medizinisch gut versorgt und essen besser als die meisten ihrer Landsleute.

»Was geschieht mit den Tätern?«, frage ich später Bereket Simon, den Informationsminister. »Wir werden sie vor ein demokratisch legitimiertes Gericht stellen und unter internationaler Beobachtung verurteilen. Es wird keine Todesstrafen geben.« Dennoch verhängten die Richter am Ende eines jahrelangen Prozessmarathons 18 Todesurteile, die schließlich in lebenslange Haftstrafen umgewandelt wurden. Der Hauptschuldige Mengistu Haile Mariam wurde in absentia wegen Völkermordes zum Tode verurteilt. Er war nach Simbabwe entkommen, ins Land seines Gesinnungsgenossen Robert Mugabe. Bis heute lebt der »Schlächter von Addis Abeba« unbescholten in Harare. Jeder meiner Versuche, ihn zu treffen, erwies sich als aussichtslos.

In meinem Ordner »Offene Recherchen« liegt auch ein Dossier, das mir die umtriebige deutsche Botschafterin Helga von Strachwitz mit den Worten »Finden Sie diesen Mann!« in die Hand gedrückt hatte. Es enthält Informationen über Generalmajor Beyene Zeleke Beshah, Mitglied des Militärrates Derg, Kommandeur der 4. Revolutionären Armee in Harar, in Äthiopien als Massenmörder gesucht. Er kommandierte Spezialeinheiten, die Tausende von Oppositionellen umbrachten, viele Opfer wurden stranguliert. Dieser Schwerverbrecher genoss in der Bundesrepublik laut einem Urteil des Verwaltungsgerichtes Wiesbaden vom 2. Juni 1999 politisches Asyl. Im darauffolgenden Jahr wurde zwar ein Ermittlungsverfahren gegen ihn eingeleitet, aber man sah von einer Auslieferung nach Äthiopien ab, weil ihm dort die Todesstrafe drohte. Ich konnte Beyene nie ausfindig machen. Er durfte einen beschaulichen Lebensabend genießen, vermutlich irgendwo in Süddeutschland.

Nach dem Gefängnisbesuch besichtigte ich das Löwengehege im Stadtviertel Sidat Kilo. Die Tiere waren in einem jämmerlichen Zustand, sie strichen mit zerzauster Mähne und räudigem Fell unruhig in ihren Käfigen hin und her und warteten auf die tägliche Fütterung. Sie würden von den Raubkatzen abstammen, die Kaiser Haile Selassie 1948 seinem Volk geschenkt hat, erklärte ein Wärter. Die Löwen sind Symbole der Stärke und Tapferkeit, sie repräsentieren die unvergängliche Macht des Negus. Aber Toto, der alte Leitlöwe, sei krank, sagte der Wärter; er werde bald eingehen.

Dem Rudel, das Haile Selassie im Garten des Kaiserpalastes hielt, ging es besser. Der alte SPD-Kämpe Egon Bahr erzählte mir einmal, wie er in einer Delegation zusammen mit dem FDP-Politiker Walter Scheel eine Audienz beim Negus hatte. Als die beiden den Thronsaal verließen, sei ihnen in der Vorhalle plötzlich ein Löwe begegnet. »Ich ließ dem Kollegen den Vortritt, damit er zuerst gefressen wird. Andernfalls hätte es ja die Entspannungspolitik nicht gegeben.« Zum Glück war das Biest schon satt.

Bei meinem nächsten Besuch, im Juni 1992, war Toto, das Alphatier, verendet. Ich kehrte in jenem Sommer im Auftrag der Heinrich-Böll-Stiftung zurück und sollte als Wahlbeobachter die ersten Regionalwahlen verfolgen, bei denen das neue Regime beweisen wollte, dass es den demokratischen Neubeginn ernst nimmt. Ich war unterwegs mit Russen, Ägyptern und Tansaniern, um den örtlichen Wahlkomitees auf die Finger zu schauen. Es herrschte ein heilloses Durcheinander, die meisten Wahlberechtigten konnten weder schreiben noch lesen, deshalb machten sie ihre Fingerabdrücke neben Symbolen, die die jeweiligen Parteien repräsentierten: *kulf* (Schlüssel), *kerar* (Gitarre), *masero* (Krug) und so weiter. »Sie kommen zu spät, meine Herren«, sagte uns Leenco Lata, Chef der stärksten Oppositionsbewegung Oromo Liberation Front (OLF), »die Wahlen wurden längst von der EPRDF entschieden.« Die Regierungspartei hatte bereits im Vorfeld das »richtige« Ergebnis sichergestellt; ihre Helfer brannten Büros von unabhängigen Parteien nieder, unerwünschte Kandidaten wurden eingeschüchtert, verprügelt, inhaftiert. Ein amerikanischer Wahlbeobachter, der wie wir das Hauptquartier der OLF besucht hatte, wurde des Landes verwiesen. Als ich auf einer Pressekonferenz Premierminister Meles Zenawi nach den Gründen fragte, sagte er mit frostigem Unterton, dieser Mann habe an einer Kundgebung der Opposition teilgenommen und somit den Verhaltenskodex der Wahlbeobachter verletzt.

Meles' Einheitspartei gewann haushoch, und trotz der offensichtlichen Manipulationen gab die Beobachtermission den Wahlen ihren Segen: Sie seien im Großen und Ganzen frei und fair gewesen, hieß es in der Schlusserklärung. So ist es meistens, wenn internationale Delegationen Wahlen in Afrika begutachten. Hauptsache gewählt, Augen zu und durch.

Die Demokratie erwies sich als Fassade, und der Frieden hielt nur ein paar Jahre, denn schon in der Übergangszeit war die Saat für den nächsten Krieg gelegt worden. Man muss dazu wissen, dass die Eritreische Volksbefreiungsfront (EPLF), die maßgeblich an der Niederwerfung der Mengistu-Diktatur beteiligt war, sich einen alten Traum erfüllen wollte: die Unabhängigkeit Eritreas. Das kleine Land am Roten Meer, das einst zum aksumitischen Reich gehörte, blickt auf eine leidvolle Geschichte der Fremdherrschaft zurück. Es wurde erobert von äthiopischen Monarchen, von osmanischen und arabischen Kriegsfürsten, von italienischen Kolonialherren. 1961 verleibte Kaiser Haile Selassie die aufmüpfige Provinz völkerrechtswidrig seinem Imperium ein – und löste einen dreißigjährigen Befreiungskampf aus. Nach dem gemeinsam mit den Waffenbrüdern aus Tigray errungenen Sieg über die Zentralmacht schlug die Stunde der Freiheit. Bei einem Referendum im September 1993 stimmten nahezu hundert Prozent der Eritreer für die Unabhängigkeit. Die EPRDF-Regierung hatte die Loslösung widerwillig akzeptiert, aber es war ein folgenschweres Zugeständnis. Denn fortan hatte Äthiopien nur noch über einen Korridor zur Hafenstadt Assab Zugang zum Roten Meer; es war über Nacht zum bevölkerungsreichsten Binnenstaat Afrikas geworden. Die ehemaligen Verbündeten begegneten sich mit wachsender Feindseligkeit, und es wurde immer schwieriger, als Journalist zu arbeiten. Man musste vor dem Erhalt des Einreisevisums ein regelrechtes Verhör über sich ergehen lassen, nach der Ankunft in Addis Abeba tagelang um die Akkreditierung betteln, und wurde dann bei den Recherchen auf Schritt und Tritt beschattet.

Im Mai 1998 eskalierte ein absurder Grenzstreit zum Krieg zwischen Eritrea und Äthiopien. Zwei Jahre später gab mir der äthiopische Staatspräsident Negasso Gidada ein Interview im alten Kaiserpalast, seinem Amtssitz in Addis Abeba, und er hatte große Mühe, die tieferen Ursachen des Konflikts zu erklären. Schon der Anlass war lächerlich: Es ging um die Hoheit über das Yirga-Dreieck, ein unfruchtbares, wertloses Ödland von 412 Quadratkilometern. Der Irrsinn kostete über 100 000 Menschenleben, löste Flüchtlingsströme und Hungersnöte aus und warf beide Länder weit zurück.

»Auch wir bedauern, dass wir unsere Entwicklungsarbeit nicht fortsetzen können. Dass wir gezwungen sind, Waffen zu kaufen. Dass wir so viele junge Männer in den Krieg schicken müssen«, erklärte Negasso. Während des Gesprächs war das Gebrüll der Löwen zu hören, die man nach kaiserlicher Tradition im Palastgarten hielt. »Ohne diesen Krieg hätten wir die Hungerkatastrophe vermeiden können«, sagte der Präsident.

»Man hätte diesen Krieg vermeiden müssen«, erwiderte ich.

»Nein, das war nicht möglich. Wir wurden angegriffen«, rechtfertigte sich Negasso. Natürlich hatte die kriegsversessene Regierung nicht die geringste Schuld an dem Desaster. Als infolge der Kämpfe wieder einmal eine Hungersnot ausgebrochen war, entblödete sich Außenminister Seyoum Mesfin nicht, die Außenwelt anzuklagen. So sei es eben in Afrika, es finde immer dann Beachtung, wenn Skelette auf den Bildschirmen erscheinen.

»Der Fatalismus ist in der Geschichte notwendig: zur Erklärung unvernünftiger Erscheinungen«, schrieb Leo Tolstoi in seinem Monumentalwerk *Krieg und Frieden*. »Je mehr wir uns bemühen, diese Erscheinungen ... mit der Vernunft zu erklären, umso unvernünftiger, unbegreiflicher werden sie für uns.« Der einzelne Mensch ist in Tolstois Augen nur ein Rädchen im Getriebe der historischen Irrationalität. Eine dürftige Erklärung für den Machtwahn, die Habgier und die Aggressionslust herrschender Eliten. Der Krieg endet im Juni 2000, doch es sollten noch 18 Jahre ins Land ziehen, ehe die Streithähne Frieden schlossen.

An dieser Stelle machen wir einen Zeitsprung ins Jahr 2018, zur wohl radikalsten Wende in der jüngeren Geschichte Äthiopiens. Sie ist mit dem Namen Abiy Ahmed verbunden, dem neuen Premierminister. In den ersten Monaten nach seiner Amtsübernahme reichte er nicht nur dem eritreischen Diktator Isaias Afewerki die Hand zur Versöhnung, sondern stellte auch sein eigenes Land vollkommen auf den Kopf. Er hob den Ausnahmezustand auf und entließ Tausende von politischen Gefangenen. Er brachte ein Amnestiegesetz auf den Weg und bat um Entschuldigung für die Menschenrechtsverletzungen der staatlichen Sicherheitsorgane. Er kündigte die Privatisierung maroder Staatskonzerne an. Er versprach demokratische Reformen. »Nun geschieht in ein paar Wochen, was in Jahrzehnten nicht geschehen ist«, kommentiert eine Zeitung: freie Presse, freie Rede, freier Geist.

Die Äthiopier umjubeln den neuen Premier wie einen lang ersehnten Heilsbringer. Überall in Addis Abeba lächelt er von großen Plakaten, Neugeborene werden nach ihm benannt, Taxifahrer haben sein Porträt auf die Windschutzscheibe geklebt, gleich neben das Bild vom Drachentöter Sankt Georg, dem Nationalheiligen. Die Begeisterung für den forschen Reformer scheint von Tag zu Tag größer zu werden. Zeitweise erinnert die kollektive Euphorie an den Freudentaumel nach dem Fall der Berliner Mauer. Der Vergleich ist nicht so weit hergeholt, denn auch in Äthiopien gab es wie in der DDR ein flächendeckendes Spitzelwesen. Und auch hier vermehrt sich die Spezies der Wendehälse – als wären alle schon immer Regimegegner gewesen.

Der Premier ist jung, er hat Charisma, er strahlt heitere Zuversicht aus, das ist bei den eher verschlossenen Äthiopiern ziemlich ungewöhnlich. Sie vergleichen ihn schon mit Barack Obama oder Michail Gorbatschow. Aber wer ist dieser Mann, den vor seiner Machtübernahme kaum jemand kannte? Der wie ein Komet aufstieg und schon mit 41 Jahren an der Spitze der Regierung steht?

Abiy Ahmed präsentiert sich als großer Versöhner, er redet viel von Frieden, Liebe und Vergebung. Solche Worte hört man eigentlich nur in den orthodoxen Kirchen, nicht aus dem Mund eines Politikers. Aber Abiy, der Sohn eines Muslim und einer Christin, wird eher wie ein spiritueller Führer wahrgenommen; man traut ihm zu, die religiösen und ethnischen Spannungen im Vielvölkerstaat zu überwinden und das in weiten Teilen noch rückständige Land zu modernisieren. Das Handwerkszeug für diese Mammutaufgabe bringt Abiy mit. Er hat Informatik und Betriebswirtschaft studiert, und er ist Doktor der Soziologie; in seiner Dissertation untersuchte er Lösungen für konfessionelle Konflikte. Andererseits war Abiy nicht nur Friedensforscher, sondern auch ein diensteifriger Soldat, der es in der Armee bis zum Rang eines Oberstleutnants gebracht hat. Er kämpfte im Grenzkrieg gegen Eritrea mit und baute einen Nachrichtendienst auf, der unter anderem die elektronischen Medien überwachte und Informationen über Dissidenten sammelte. Allmählich arbeitete er sich in den Führungszirkel des diktatorisch herrschenden Regierungsbündnisses EPRDF hoch, zielstrebig und linientreu. Offenbar hatte keiner der Hardliner damit gerechnet, dass Abiy das Rennen um den Parteivorsitz machen und Regierungschef werden würde – als erster Vertreter des marginalisierten Mehrheitsvolkes der Oromo. Seither müssen die alten Parteikader entsetzt zusehen, wie er in atemberaubendem Tempo das Land umkrempelt.

»Erst der Rote Terror unter Mengistu, dann 27 Jahre Diktatur unter Meles Zenawi und seinem Nachfolger – so lange ich denken kann, habe ich nur Unterdrückung erlebt«, sagt Getaneh Balcha, »aber jetzt beginnt eine echte Revolution.« Der 36 Jahre alte Oppositionspolitiker von der liberalen »Blauen Partei« wurde mehr als zehnmal eingesperrt, irgendwann hat er nicht mehr mitgezählt. Es war stets der gleiche Ablauf: unerlaubte Demonstration, Verhaftung, dann Prügel von Polizisten und Geheimdienstleuten, immer wieder. Manchmal saß Getaneh drei Wochen hinter Gittern, manchmal nur ein paar Tage. »Das Regime wollte uns einschüchtern, damit wir nie mehr auf die Straße gehen.« Aber Getaneh protestierte weiter – bis Abiy im April 2018 an die Macht kam und eine historische Wende einleitete, die in Afrika ihresgleichen sucht. »Diese Entwicklung ist nicht mehr umkehrbar, denn hundert Millionen Äthiopier stehen hinter Abiy. Sein Sturz würde einen Volksaufstand auslösen.«

Die alte Regierung hatte übrigens durchaus Erfolge aufzuweisen. Äthiopiens Volkswirtschaft befindet sich seit Jahren im Aufschwung, 2017 verzeichnete das Land sogar die höchste Wachstumsrate der Welt. Der Boom verdankt sich einer Entwicklungsdiktatur nach chinesischem Modell, die Milliarden in die Infrastruktur – Straßen, Bahnlinien, Staudämme, Flughäfen – investiert und bemerkenswerte Fortschritte im Bildungs- und Gesundheitssektor erzielt hat. Seit der Jahrtausendwende konnte die Armutsquote der Bevölkerung fast halbiert werden, von 56 auf 31 Prozent. In Addis Abeba lässt sich das Wirtschaftswunder besichtigen. Hochhäuser und Bankentürme schießen aus dem Boden, rund um die Uhr wird betoniert, gebohrt und gehämmert, an der Peripherie entstehen Trabantenviertel, Fabrikhallen, Gewerbeparks. Sogar eine moderne Hochbahn saust durch die Stadt, die erste ihrer Art in Afrika. Doch Freiheit und Selbstbestimmung hatte das autoritäre Regime den Menschen verwehrt. Seine Maxime hieß stets: Erst brauchen wir Wachstum, dann, irgendwann, reden wir vielleicht über Demokratie. Jetzt ist sie plötzlich da, die Demokratie, und sie wird von einer neuen Kraft beflügelt: von den Frauen. Ministerpräsident Abiy hat die Hälfte seiner Kabinettsposten mit Frauen besetzt; sie leiten die Schlüsselressorts für Verteidigung, Polizei und Geheimdienste, Handel und Industrie. An der Spitze des Obersten Gerichtshofs und der Wahlkommission stehen unbestechliche Richterinnen. Auch das Amt des Staatsoberhaupts bekleidet erstmals eine Frau: Sahle-Work Zwede, die damals einzige Präsidentin in Afrika.

Fitsum Assefa, eine 38 Jahre junge Sozialwissenschaftlerin, die zur Ministerin für Planung und Entwicklung berufen wurde, empfängt mich in ihrem Büro am Yekatit 12 Square im Zentrum von Addis Abeba. Sie trägt einen eleganten hellgrauen Hosenanzug und eine weiße Seidenbluse, ihre zierliche Gestalt versinkt beinahe in einem wuchtigen schwarzen Ledersessel. »Dass ich nach Jahrzehnten uneingeschränkter Männermacht hier sitze, ist eigentlich zu schön, um wahr zu sein«, sagt Fitsum. Im Korridor vor ihrem Büro hängen die Porträts ihrer zehn Vorgänger, es sind ausschließlich Männer, grauhaarige Eminenzen, die in den vergangenen sechzig Jahren einander ablösten. »Jetzt sind endlich wir Frauen dran, das haben wir Abiy zu verdanken«, schwärmt die neue Amtschefin.

Der Herausforderungen für den Premier und seine Mitstreiterinnen sind gewaltig, Millionen junger Äthiopier und Äthiopierinnen erhoffen sich Arbeitsplätze und Zukunftschancen. Trotz des jüngsten Aufschwungs ist noch viel Luft nach oben: Äthiopien zählt mit seinen nahezu 110 Millionen Einwohnern nach wie vor zu den Armenhäusern der Welt. Dennoch sprüht Fitsum Assefa vor Optimismus. Die junge Ministerin glaubt, dass sich das oft als Hungerland abgestempelte Äthiopien aus eigener Kraft entwickeln und eine große afrikanische Erfolgsgeschichte schreiben kann. Das erklärte Ziel ist, schon bis zum Jahr 2025 zu den Ländern mit mittleren Einkommen aufzuschließen – auch mit der Hilfe von China, dem mächtigsten Partner. Im Gegensatz zu vielen westlichen Regierungen sieht Peking Äthiopien als Chance, nicht als Risiko.

Nach dem Termin bei der Ministerin trinke ich ein Bier im kleinen Park gegenüber dem Haupteingang der Universität, wo eine Büste von Karl Marx steht, ein Freundschaftsgeschenk der DDR, das an die finsteren Zeiten erinnert. Die vorbeiströmenden

Studenten und Studentinnen schenken dem Denkmal keine Beachtung. Der politische Neubeginn stimmt sie zuversichtlich. Ich unterhalte mich mit ein paar jungen Männern. Sie sind davon überzeugt, dass Äthiopien endlich aufblühen und sogar zu einem Vorbild für den ganzen Kontinent werden könnte. Aber sogleich meldet sich die Skepsis, mein ständiger Begleiter in den zurückliegenden Jahrzehnten. An diesem sonnigen Sonntag in Addis Abeba wird sie genährt durch die Nachrichten, die die Hauptstadt aus der Peripherie erreichen. In Oromia und anderen vernachlässigten Provinzen verschärft ausgerechnet die Wende die ethnischen Spannungen, viele Menschen sind enttäuscht, sie hatten nach dem Umbruch zu viel zu schnell erwartet. Es kommt zu blutigen Unruhen, die Zentralregierung schlägt sie brutal nieder. Abiy Ahmed kann den Geist, den er entfesselt hat, nicht mehr bändigen.

Manchmal galoppiert die Geschichte einfach an einem vorbei, während man an einem Buch schreibt. Der Autor sitzt dann da und liest noch einmal das soeben vollendete Kapitel durch. Doch kaum hat er den Schlusspunkt gesetzt, muss er feststellen, dass ihn die Ereignisse überholen. Und das Pendel schlägt, wie so oft in Afrika, wieder einmal extrem aus: Die Zuversicht weicht dem Pessimismus.

Im Dezember 2019 nimmt Abiy in Oslo den Friedensnobelpreis entgegen. In seiner Dankesrede verdammt er den Krieg als »Inbegriff der Hölle für alle Beteiligten«. Ein knappes Jahr später öffnet sich die Hölle schon wieder, und aus dem Friedensstifter wird ein Kriegsherr. Wie es zu dieser Verwandlung kam, ist schwer begreiflich, aber schnell erzählt. Die vom neuen Regierungschef entmachteten Kader aus Tigray, die das diktatorische EPRDF-Regime beherrscht hatten, zogen sich in ihre Heimatregion zurück; sie ignorierten die föderale Ordnung, organisierten eigenmächtig Provinzwahlen und stellten sich immer offener gegen die

Zentralregierung. Als eine Kaserne der äthiopischen Armee angegriffen wird, schlägt Abiy Ahmed zurück. Er setzt seine Truppen in Marsch, riegelt Tigray ab, lässt feindliche Stellungen bombardieren. Und plötzlich mischen auch eritreische Kampfverbände mit, um alte Rechnungen zu begleichen. In kurzer Zeit fliehen über zwei Millionen Menschen, und wieder kehrt der Hunger in den Norden Äthiopiens zurück. Doch die Arbeit humanitärer Organisationen wird gezielt eingeschränkt, Journalisten dürfen anfangs nicht berichten, Fritz Schaap, mein Nachfolger als *Spiegel*-Korrespondent, wird sogar des Landes verwiesen. Gerüchte über schwere Kriegsverbrechen und Massaker an der Zivilbevölkerung lassen sich nicht mehr verifizieren.

Der Krieg, die Hölle. Der Premierminister hat seine eigene Mahnung in den Wind geschlagen. Er scheint davon überzeugt zu sein, dass der Feldzug schnell beendet werden kann, aber er unterschätzt den Gegner. Die alten, starrsinnigen Führer der TPLF sind kampferprobt, sie haben Mengistu besiegt, sie können ein Heer von Milizionären mobilisieren, und es steht zu befürchten, dass der neue Bürgerkrieg lange dauern und die Fortschritte der jüngsten Vergangenheit zunichtemachen wird. Weil auch in anderen Provinzen die separatistischen Kräfte stärker und militanter werden, könnte Äthiopien, die mit Feuer und Schwert gegründete Nation, am Ende zerbrechen. Es wäre eine Katastrophe für das gesamte Horn von Afrika, einer ohnehin fragilen Großregion. Von der Zukunft redet in diesen Krisentagen niemand mehr, Schwarzseher ziehen schon Parallelen zum Zerfall Jugoslawiens. Noch halte ich den Worst Case für unwahrscheinlich: Der Vielvölkerstaat im Balkan ging nach nur einem Menschenalter unter, Äthiopien existiert seit drei Jahrtausenden. Aber ich beginne zu zweifeln, wieder einmal, und halte mich an einem Satz fest, den die Ministerin Fitsum Assefa zum Abschied sagte: »We are too big to fail.« Wir sind zu groß, um zu scheitern.

Postscript: Mengistu Haile Mariam lebt immer noch unbescholten im Exil in Simbabwe. Beyene Zeleke Beshah, der Schlächter von Harar, ist vermutlich friedlich entschlummert. Meinen Freund Asfa-Wossen Asserate treffe ich regelmäßig, und jedes Mal kreisen unsere Gespräche um Krieg und Frieden, Hoffnung und Verzweiflung in seinem Geburtsland. Der Kontakt zu dem TV-Reporter der ARD, der mich aus der misslichen Lage in Tigray gerettet hat, ist abgerissen. Er machte zufällig Rast in dem gottverlassenen Nest, in dem ich mit einer Amöbenruhr gestrandet war, und brachte mich in seinem Geländewagen hinüber in den Sudan, in ein Hospital der Grenzstadt Kassala.

EIN OBAMA FÜR AFRIKA

Von einem Geächteten, der auszog, Präsident Nigerias zu werden

Einsteigen. Tür zu. Losfahren. Alles muss ganz schnell gehen. »Ich will vor dem Hotel von niemandem erkannt werden«, sagt Nuhu Ribadu und drückt aufs Gas. »Sie sind hinter mir her.« Er deutet auf die geborstene Windschutzscheibe. Von drei Einschusstrichtern laufen Sprünge sternförmig über das Panzerglas. »Das war der letzte Versuch, mich zu töten.«

Der silberfarbene Honda Accord V6 biegt in die achtspurige Stadtautobahn ein. Ribadu steuert seinen Dienstwagen selbst, einen Chauffeur hat er seit Monaten nicht mehr. Langsam gleitet das Fahrzeug durch die Straßen von Abuja. Der Aso-Felsen, das Wahrzeichen der Hauptstadt Nigerias, schimmert im Mondlicht. Um diese Zeit, kurz vor Mitternacht, ist nicht mehr viel Verkehr. Das beruhigt Ribadu. Doch jedes Mal, wenn er im Rückspiegel ein Fahrzeug herannahen sieht, beginnen seine Augen nervös zu flackern. Es sei für ihn lebensgefährlich, Journalisten zu treffen, sagt er, aber er müsse seine Geschichte unbedingt loswerden.

Es ist die Geschichte eines Mannes, der zu den höchsten Staatsbeamten Nigerias gehörte. Den die einfachen Leute bewunderten und die Reichen und Mächtigen hassten. Der von der ausländischen Presse als einer der erfolgreichsten Korruptionsbekämpfer Afrikas gerühmt wurde. Und der im Zenit seiner Karriere ins Bodenlose stürzte. Nuhu Ribadu, vor Kurzem noch der gefürchtetste Strafverfolger im Lande, ist selbst ein Verfolgter. In dieser bedrängten Lage traf ich ihn zum ersten Mal, im November 2008 war das, kurz nach dem Mordanschlag.

Fast auf den Tag genau zwei Jahre später fahren wir wieder durch Abuja, und wieder sitzt Ribadu am Steuer. Diesmal ist allerdings helllichter Tag, die Mittagssonne knallt auf den Aso Rock, und sein Wagen ist nicht gepanzert. In Maitama, einem Prominentenviertel, das im Volksmund »Minister's Hill« heißt, stoppt er an einer mit Wahlkampfschildern zugestellten Verkehrsinsel. Auf den Plakaten sieht man ein staatsmännisch lächelndes Gesicht, darunter steht: »Ribadu for President«. Ein Polizist winkt den schwarzen BMW durch und ruft hinterdrein: »Nuhu, du schaffst es!« Es folgt eine kleine Triumphfahrt durch die Stadt. Fliegende Händler, Straßenkehrer, Telefonkartenverkäufer, Marktfrauen, alle sind spontan begeistert, wenn sie diesen Mann erkennen.

Die Geschichte des Nuhu Ribadu ist nun eine ganz andere, eine, die wie ein Märchen klingt. Sie handelt von einem Geächteten, der auszog, Präsident Nigerias zu werden.

Ribadu will die Wahl im April 2011 gewinnen und sein Land vor sich selbst retten, diesen selbst ernannten »Giganten Afrikas«, der in Wirklichkeit wankt wie ein Koloss auf tönernen Füßen. Nigeria ist der achtgrößte Ölexporteur der Welt, es gehört zu den reichsten Staaten des Kontinents, doch die Mehrheit seiner damals 152 Millionen Einwohner lebt in Armut. Es fördert im Nigerdelta jeden Tag zwei Millionen Barrel Rohöl, aber an seinen Tankstellen gibt es oft kein Benzin. Es leistet sich nahezu hundert Universitäten und Hochschulen, aber in den rückständigen Dörfern ist jeder zweite Erwachsene Analphabet. Es lässt hochmoderne Nachrichtensatelliten um den Planeten kreisen, während auf der Erde der Strom im Stundentakt ausfällt und das Land in Finsternis versinkt. Nirgendwo stehen so viele »weiße Elefanten« herum, gigantische Fabrikhallen, die verfallen, Walzwerke, die keine einzige Tonne Stahl produzieren, Raffinerien, die seit Jahren stillstehen – nutzlose Prestigeprojekte, die im Ölrausch gebaut wurden. Motto: Was kostet die Welt? Wir haben Petrodollars und können uns alles leisten!

Seit Jahrzehnten teilen die herrschenden Eliten die natürlichen Reichtümer des Landes unter sich auf, die demokratisch gewählten Volksvertreter griffen genauso hemmungslos zu wie die brutalen Militärherrscher. Insgesamt haben sie seit der Unabhängigkeit anno 1960 rund 380 Milliarden Dollar gestohlen oder veruntreut, schätzt Ribadu.

Die fortgesetzte Plünderung der öffentlichen Haushalte liefert eine Erklärung für den katastrophalen Zustand des Landes, für die Massenarmut und die kariöse Infrastruktur, für die verwahrlosten Schulen oder die Ruinen, die man Krankenhäuser nennt. Seine Heimat sei der »korrupteste, abgebrühteste, untüchtigste Landstrich unter der Sonne«, schrieb der verstorbene Schriftsteller Chinua Achebe. Nicht nur er hält Nigeria, dieses künstliche Gebilde, das am Anfang des vorigen Jahrhunderts auf den Reißbrettern der britischen Kolonialherren entstand, für unregierbar. Der großflächige Vielvölkerstaat ist zerklüftet in 250 Ethnien und zerrissen durch blutige Konflikte zwischen Christen und Muslimen, Nomaden und sesshaften Bauern; der von religiösen Fundamentalisten befeuerte und durch das rasante Bevölkerungswachstum verschärfte Verteilungskampf um knappe Ressourcen, um Ackerland, Viehweiden, Wasser, Brennmaterial, hat Tausende von Menschenleben gekostet.

Im Nordosten des Landes ist die islamistische Terrortruppe Boko Haram im Vormarsch. Die Gotteskrieger ziehen mordend und raubend durch die Bundesstaaten Borno, Yobe und Adamawa und haben ihr Operationsgebiet auf die Nachbarländer ausgedehnt. Immer mehr junge, arbeitslose Männer ohne Perspektive schließen sich den Milizen an. Auch das ist eine Folge des Staatsversagens: Die korrupte und unfähige Verwaltung hat die Region seit vielen Jahren vernachlässigt.

Und nun taucht plötzlich ein Mann auf, der dieses unregierbare Land regieren will! Ein Totgesagter, auferstanden wie ein Wiedergänger in den Horrorfilmen, die unter dem Label »Nollywood« zu Tausenden in Nigeria produziert werden. Ein neuer Messias, der verspricht, sein moribundes Land in eine bessere Zukunft zu führen. Bei unserer ersten Begegnung ist Nuhu Ribadu allerdings noch sternenweit von dieser Vision entfernt.

Abuja, November 2008, eine Villa im Belagerungszustand, mitten im Reichenviertel Maitama. Spätabends sitzen im hell erleuchteten Wohnzimmer Ribadu, seine Frau Zara und vier ihrer sechs Kinder, eine verstörte Familie, die nicht mehr weiß, wie es weitergehen soll. Zweimal haben Unbekannte versucht, Ribadu umzubringen. Anonyme Anrufer beschimpfen ihn als Verräter. Es ist einsam um den Volkshelden geworden, selbst Freunde scheuen den Kontakt. »Aber ich habe keine Angst, ich kämpfe weiter!« Mit solchen Durchhalteparolen spricht er sich Mut zu, doch in dieser Nacht wirkt er nicht wie ein furchtloser Kämpfer. Seine hagere Gestalt umwallt eine blütenweiße, mit Goldfäden durchwirkte Babanriga, ein Kaftan, wie man ihn in Nordnigeria trägt. Die Hufnere genannte Kopfbedeckung ist farblich auf das Gewand abgestimmt. Aus den weiten Ärmeln ragen feingliedrige Hände, auf der Nase sitzt eine schwarze Regisseurbrille. Die weichen Gesichtszüge und das dünne Barthaar lassen ihn jungenhaft erscheinen. Er spricht mit einer sanften, aber eindringlichen Stimme, wie ein gelehrter Imam.

Mallam Nuhu Ribadu ist genauso alt wie sein Land. Er kommt am 21. November 1960 in Yola im Bundesstaat Adamawa auf die Welt, in jenem Jahr, als Nigeria das britische Kolonialjoch abschüttelt. Ein »Kind der Unabhängigkeit« nennt er sich mit patriotischem Stolz. Sein Vater, ein wohlhabender Politiker, ist Minister in der Regierung der Ersten Republik. Nuhu wächst in einer Großfamilie mit dreißig (!) Geschwistern auf. Er wird erzogen im Geist eines liberalen, weltoffenen Islam und in den Traditionen seiner Volksgruppe, der Fulbe. Er hat sich als kränkliches Kind mit einer »rebellischen Natur« in Erinnerung, das es nur zu mittelmäßigen Schulleistungen bringt. Aber dieser widerspenstige Junge entwickelt einen ausgeprägten Gerechtigkeitssinn. Als ihm eines Tages ein Advokat mit Robe, Perücke und Gesetzesbüchern unterm Arm über den Weg läuft, keimt in ihm der Wunsch, auch so einer zu werden. Er studiert Jura, erwirbt den Titel eines Barristers und tritt 1985 in den Polizeidienst ein. Vor ihm liegt eine glanzvolle Beamtenlaufbahn; sie führt ihn über diverse Spezialeinheiten hinauf ins Präsidialamt, wo er als Staatsanwalt erstmals mit der Aufklärung von Korruptionsfällen betraut wird. Zwischendurch absolviert er ein Zusatztraining bei Scotland Yard in London.

Mit 43 Jahren ist Ribadu das, was er sich als junger Mann erträumt hatte: ein Top Cop, ein Elitepolizist mit juristischem Sachverstand, unbestechlich, diszipliniert, kompromisslos, der Wahrheit und nichts als der Wahrheit verpflichtet. Solche Staatsdiener sind rar in Nigeria. Ribadu ist genau der Saubermann, den Präsident Olusegun Obasanjo sucht. Der Ex-General regiert seit 1999; er ist das erste demokratisch gewählte Staatsoberhaupt nach dem Ende der Militärdiktatur und gilt als mutiger Reformer, der gelobt, den Saustall Nigeria endlich auszumisten. Er setzt seinen Wunschkandidaten an die Spitze der 2003 gegründeten Economic and Financial Crimes Commission (EFCC), einer mit allen Gesetzesvollmachten ausgestatteten Antikorruptionsbehörde. Dieser Job wird Ribadu weit über die Grenzen seines Landes hinaus berühmt machen – und beinahe vernichten.

Nasir, der zweijährige Sohn, stibitzt Aniskekse vom Wohnzimmertisch, während der Vater draußen im Hof die Nachtwächter befragt. Die Villa wird jede Nacht von sinistren Gestalten umschwirrt.»Geheimdienstleute«, sagt Ribadu und verriegelt die Tür.

Über tausend Ermittlungsverfahren hat er in den vier Jahren als EFCC-Chef angestrengt, 270 wurden erfolgreich abgeschlossen. Er sprengte Verbrechersyndikate, konfiszierte im Namen des Staates unterschlagene Gelder in Milliardenhöhe, überführte hochrangige Politiker und Beamte der Bestechlichkeit, unter ihnen ein Vizepräsident, der Generalinspekteur der Polizei sowie sieben Gouverneure, die in der föderalistischen Republik Nigeria so mächtig sind wie Ministerpräsidenten in Deutschland. Ribadu jettete regelmäßig nach London, Paris und Washington, um die

Staatsanwälte mit Beweismaterial über die kriminellen Praktiken globaler Konzerne wie Halliburton zu versorgen. Erstmals in der Geschichte Nigerias war da ein hartnäckiger Ermittler, der mit Rückendeckung des Präsidenten versuchte, den Sumpf der Korruption auszutrocknen. Doch mit dem Erfolg nahm die Zahl seiner Feinde zu, die ihre Privilegien bedroht sahen. Ribadus Stern sank, als sein Schutzpatron Obasanjo nach zwei Amtszeiten abtreten musste. Im Mai 2007 zog Umaru Yar'Adua in den Präsidentenpalast unterm Aso Rock, Schlüsselpositionen im Staatsapparat wurden neu besetzt, und schon ein paar Monate später stand Ribadu auf der Abschussliste. Er wusste zu viel über die Machenschaften von Spitzenpolitikern, Ölmanagern und Generalen.

Es ist schon weit nach Mitternacht, der Strom fällt zum dritten Mal aus. »Das ist Nigeria: ein durch und durch verrotteter Staat, in dem nichts mehr funktioniert«, wettert Ribadu aus der Dunkelheit. »Wir brauchen einen radikalen Neubeginn. Das Volk wünscht sich einen ehrlichen Führer.« Wer das sein könnte, sagt er in dieser Nacht noch nicht. Er selber vielleicht? Ausgeschlossen. Ribadu bereitet gerade seine Flucht aus Nigeria vor. Monatelang wird er nicht mehr erreichbar sein, das Gerücht geht um, er sei ermordet worden.

Oxford, Four Pillars Hotel, April 2009. Saftige Wiesen, auf denen Rennpferde grasen, blühende Kirschbäume, irgendwo dahinter die Türme und Giebel der weltberühmten Universität. *Merry old England* aus dem Bilderbuch. Ribadu hat in Oxford Exil gefunden, er bewohnt mit seiner Familie ein Haus am Stadtrand und hält am renommierten St. Anthony's College Vorlesungen über Korruptionsbekämpfung. Er ist ein gefragter Lehrer, weil er reichlich Anschauung aus der Praxis mitbringt. Als ich ihn im Garten des Hotels treffe, blickt er sich unauffällig um; die Spitzel des nigerianischen Geheimdienstes sind ihm auch in Europa auf den Fersen. Ribadu besitzt nämlich noch etliche EFCC-Dossiers, die

»Yes, I can!«: In der englischen Universitätsstadt Oxford spricht Nuhu Ribadu erstmals von seinem Plan, das Präsidentenamt in Nigeria anzustreben.

Politiker und Wirtschaftsbosse schwer belasten. »Ich habe zum Beispiel eine Liste mit 54 Immobilien in Frankreich, England und anderen Ländern, die JB Ministern und hohen Beamten übereignet hat. Es waren Bestechungsgeschenke, um an staatliche Bauaufträge zu kommen.« JB, der deutsch-nigerianische Baukonzern Julius Berger, gilt als mächtigstes Unternehmen im Lande, es hat Milliarden mit Großprojekten verdient, und es ist ein offenes Geheimnis, dass es seine Partner in der Regierung mit generösen Spenden bedacht hat.

Das Handy surrt, eine SMS aus Nigeria, im Anhang ein Schnappschuss des schwerkranken Präsidenten Yar'Adua. »Schauen Sie, wie elend er aussieht. Er wurde mehrmals in eine Spezialklinik nach Wiesbaden geflogen, die Kosten hat JB übernommen.« (Man habe Vorschüsse gezahlt, die von der Regierung und seiner Familie zurückerstattet wurden, erklärte die Firmenzentrale in Abuja auf eine schriftliche Anfrage; alle anderen Vorwürfe seien »total unbegründet«.) »Wir haben hochgerechnet, dass JB seit den 1970er Jahren weit über 500 Millionen Dollar für Korruptionszahlungen aufgewendet hat«, fährt Ribadu fort. »Dieser Konzern ist die Mutter der Korruption in Nigeria.«

Das zweite Mobiltelefon schrillt. Ein Anruf aus New York, nicht für fremde Ohren bestimmt. Ribadu geht auf die angrenzende Wiese, ein seltsamer Anblick, wie er da in einer tannengrünen Babanriga übers Gras schwebt und telefoniert. Er unterhält intensive Kontakte zur nigerianischen Diaspora, zu Unternehmern in den USA und Streitgefährten in Arabien, zu oppositionellen Landsleuten in Südafrika und zum »Prof« nach London: Professor Wole Soyinka, Nobelpreisträger für Literatur, der stimmgewaltigste Kritiker der nigerianischen Kleptokratie. Warum Ribadu diese Verbindungen pflegt, wird er beim Abendessen verraten.

Nachdem er hastig ein Thunfischsteak hinuntergeschlungen hat, schwärmt er von seinen großen Leitbildern. Von Nelson Mandela, dessen Zelle er auf der Kerkerinsel Robben Island besucht hat, und von Barack Obama, dem ersten schwarzen Präsidenten Amerikas. »Solche Männer braucht Afrika.« Nach einer kurzen Pause fährt er fort: »Nigeria braucht einen Obama.« Und wissen Sie, wer das ist?« Nuhu Ribadu wirft seinen listigen Ermittlerblick über den Tisch. »It's me.« – Das bin ich. Er grübelt kurz, als wolle er die Worte wieder zurückholen. »Ich sage das hier zum ersten Mal öffentlich. Schreiben Sie bitte nicht darüber. Noch nicht.« Ein vogelfreier Flüchtling will Präsident der größten schwarzen Nation werden! Ein afrikanischer Obama gar! Für ein Sekündchen lässt auch Ribadu jene Großmannssucht aufblitzen, die in Nigeria mit der Muttermilch eingesogen wird. *Yes, we can!* Nichts ist unmöglich. In Ribadu ist der Drachentöter wiedererwacht, er wirkt so kampflustig, als trüge er ein Kettenhemd unter dem Kaftan. Aber stürzt er sich da nicht in eine *mission impossible?* Das Vorhaben mutet jedenfalls unmöglich an, wenn man die politischen Verhältnisse in Nigeria kennt. Dort herrscht seit einem halben Jahrhundert eine kriminelle *classe politique*, die nur einer Maxime folgt: Machterhaltung um jeden Preis. Der Korruptionsbekämpfer Ribadu hat das staatliche Räuberwesen herausgefordert, wie könnten es seine Nutznießer jemals zulassen, dass er es als Präsident zerschlägt? Solche Fragen verscheucht er wie lästige Moskitos. »*I can do it.* Was immer ich im Leben anpacke, ich scheitere nie«, sagt er mit einem Selbstbewusstsein, das Riesen umwirft. Oder sind es nur Windmühlen, gegen die ein nigerianischer Don Quijote anreitet?

Flughafen Berlin-Tegel, Juli 2009. Am Morgen steigt Nuhu Ribadu aus einem Flieger der Hungarian Air. An diesem regnerischen Sommertag trägt er eine fliederfarbene Babanriga. Er war in Budapest beim Multimilliardär und Philanthropen George Soros. Worüber gesprochen wurde, verrät er nicht; man darf vermuten, dass es um Zuschüsse für seine Kampagne ging. In Berlin besucht Ribadu einen alten Freund: Peter Eigen, den Gründer von Transparency International, einer Organisation, die weltweit Korruptionsfälle aufdeckt und anprangert. In Eigens Büro hängt ein Ölgemälde, lauter Hühner, die aus Säcken, Körben und Beuteln herausschauen – ein Sinnbild der allgegenwärtigen Korruption, gemalt vom nigerianischen Künstler Twins Seven Seven.

»Nigeria stand auf unserem globalen Korruptionsindex an drittletzter Stelle. Nach vier Jahren Ribadu rückte es ins untere Mittelfeld auf«, lobt Eigen. Die Aufklärungsarbeit der EFCC zeigte schon bald Wirkung: Das Vertrauen in die marode Wirtschaft nahm wieder zu, Investoren klopften an, die Börse in Lagos boomte. Nigeria wurde allmählich anders wahrgenommen: nicht mehr als Hochrisikozone, sondern als aufbrechendes Schwellenland mit enormem Potenzial.

Doch jedes Mal, wenn Ribadu ein Haupt des Korruptionsdrachens abschlug, wuchsen mehrere Köpfe nach. Es gab auch Versuche, ihn zu kaufen. »Eines Tages tauchte James Ibori mit prall gefüllten Säcken bei mir auf, 15 Millionen Dollar in bar. Er wollte, dass ich das Verfahren gegen ihn einstelle.« Der Ex-Gouverneur Ibori, ein steinreicher Geschäftemacher, gehört zu den einflussreichen Paten der politischen Mafia; er ist einer jener »Unberührbaren«, mit denen man sich niemals anlegen sollte. Dem forschen EFCC-Chef war das egal. Er ließ Ibori am 12. Dezember 2007 verhaften und über Weihnachten ins Gefängnis werfen.

Diesmal war Nuhu Ribadu dem Zentrum der Macht zu nahe gekommen. Am 27. Dezember wurde er zum Rücktritt gezwungen und zu einem einjährigen Fortbildungskurs an das Nationale Institut für Politik- und Strategiestudien nach Jos verbannt. Der fähigste Polizeioffizier der Republik musste Nachhilfeunterricht nehmen – ein schlechter Witz. Es sollte noch schlimmer kommen. »Bei einer Graduierungszeremonie des Instituts wurde ich vor den Augen meiner weinenden Frau aus dem Festsaal gezerrt.« Der öffentlichen Demütigung folgte die Versetzung an eine Provinzwache und schließlich die unehrenhafte Entlassung. Wenn es darum geht, jemanden fertigzumachen, arbeitet die nigerianische Bürokratie recht effizient.

Im Ausland ist die Empörung groß. Am 7. Januar schreibt Russell D. Feingold, Vorsitzender des Afrika-Unterausschusses im amerikanischen Senat, einen geharnischten Brief an Präsident Yar'Adua. »Nigeria fällt unter Ihrer Führung zurück ... Ribadus Abschied sollte nicht dazu genutzt werden, die Arbeit des EFCC zu unterminieren.« In Berlin wartet man erst einmal ab, schließlich gilt Yar'Adua als halbwegs akzeptabler Demokrat. Man will die guten Beziehungen zum Öllieferanten Nigeria nicht verderben. Ribadu bedauert, dass er im Juli 2009 keinen Termin im Auswärtigen Amt erhält, und reist wieder aus Berlin ab.

Daheim kratzen die ersten Presseberichte an seinem Image. Warum hat er als EFCC-Chef nie im trüben Umfeld von Präsident Obasanjo ermittelt? Ließ er sich von seinem obersten Dienstherrn als Geheimwaffe zur Ausschaltung politischer Rivalen missbrauchen? Betrieb er eine Art selektiver Korruptionsbekämpfung? Ribadu erklärt dazu nur: »Wir glaubten an Obasanjo. Aber er hat uns untersagt, in bestimmten Fällen vorzugehen.«

Obasanjo ist ein flamboyanter Mann, blitzgescheit, schlagfertig, gerissen, er war mit Helmut Schmidt befreundet, ich habe ihn erstmals durch die Vermittlung des Altbundeskanzlers getroffen und später, als er Präsident war, ein langes Interview mit ihm geführt. Im November 2005, bei einer Konferenz von afrikanischen Staatschefs auf dem Bonner Petersberg, zog ich seinen Unmut auf mich. Es war ein Forum im Rahmen der von Bundespräsident Horst Köhler ins Leben gerufenen »Partnerschaft mit Afrika«; ich gehört seinerzeit zu den afrikapolitischen Beratern des Bundespräsidenten und trug in der großen Runde die Kernthese aus dem Buch *Africa Works* der französischen Politikwissenschaftler Patrick Chabal und Jean-Pascal Daloz vor. Sie besagt, dass die Unordnung ein Herrschaftsinstrument sei, das afrikanische Eliten gezielt einsetzen; sie bekennen sich zwar zu guter, transparenter Regierungsführung, würden aber nicht danach handeln, weil das ihre Macht und ihre Pfründen gefährde.

Als ich das Exempel Nigeria nannte, machte Obasanjo seinem Ärger Luft: Dies seien die alten Vorurteile und Stereotype der Weißen, wer so spreche, verstehe nichts von den wahren Problemen Afrikas. Quer über den Rundtisch strafte er mich mit einem abschätzigen Blick, am liebsten hätte er mich aus dem Forum verbannt.

Ich fragte mich, ob Obasanjos Antikorruptionskampagne nur ein geschicktes Manöver war, um seine Politik der Unordnung zu verschleiern. Und so fiel auch das undurchsichtige Verhältnis, das Ribadu mit dem Präsidenten gepflegt hatte, wie ein dunkler Schatten auf ihn. Zudem standen noch ein paar andere Fragezeichen im Raum: Warum hat Ribadu nie eine persönliche Vermögenserklärung abgegeben, obwohl alle Staatsbeamten in Leitungspositionen dazu verpflichtet sind? Wie konnte er mit seinem vergleichsweise bescheidenen Gehalt ein schmuckes Haus in Washington erwerben?

Trotz dieser Fragwürdigkeiten wird sich in Nigeria schon bald der Wind zugunsten Ribadus drehen. Als der todkranke Präsident Umaru Yar'Adua am 5. Mai 2010 stirbt, tritt dessen Stellvertreter Goodluck Jonathan die Nachfolge an. Der verfemte Ribadu wird über Nacht rehabilitiert und kehrt bereits im Juni aus dem Exil zurück. Der neue Staatschef will ihn als Berater gewinnen – um ihn zu neutralisieren. Denn die ehrgeizigen Pläne des Heimkehrers haben sich auch in Abuja herumgesprochen. Jonathan genießt die Süße der Macht, er will wiedergewählt werden. Ein Jungtürke ohne *connections* hat in seiner Regierungspartei, der People's Democratic Party (PDP), nicht die geringste Aussicht, auf den Schild gehoben zu werden. Ribadu weiß das und sucht deshalb sein Glück beim Action Congress of Nigeria (ACN), einem Parteienbündnis, in dem sich eine jüngere Generation von Reformern sammelt.

Am 14. Januar 2011 gewinnt Nuhu Ribabu unangefochten die Vorwahlen seiner Partei und wird zum Präsidentschaftskandidaten gekürt. Er hat ein wichtiges Zwischenziel erreicht. Aber kann er es ganz nach oben schaffen?

Abuja, 13 Beira Street, Wahlkampfzentrale des ACN. Computer, Kopiergeräte, Mobiliar, alles nagelneu. An den Wänden frisch gedruckte Poster: »Ribadu for President! Fada da cikawa!« – Es ist möglich! Draußen im Hof steht eine Flotte himmelblau gespritzter Lautsprecherwagen. Im Vorzimmer des Kandidaten drängeln sich Helfer und Bittsteller: Marktfrauen, Studenten, Arbeitslose, Überläufer aus anderen Parteien, auch ein paar Chiefs, traditionelle Stammesführer, warten auf eine Audienz. Alle wollen ihren Hoffnungsträger irgendwie unterstützen. Alle wollen die Fahne mit dem Besen schwingen – das Symbol des ACN. »Zeit fürs Großreinemachen«, sagt ein Funktionär.

Ribadu, zugebaut von Tischtelefonen, Handys und Akten, gibt sich zuversichtlich wie immer, Selbstzweifel kennt er nicht. »Jonathan ist mein Hauptkonkurrent, ich werde ihn schlagen.« Erschöpft sieht der Spitzenkandidat aus, weil er in diesen turbulenten Tagen nachts nur drei bis vier Stunden schläft und ständig mit hundert Sachen gleichzeitig beschäftigt ist. Dass ihm die Auguren wenig Chancen geben, irritiert ihn nicht. »Obama traute auch keiner den Sieg zu.« Im Unterschied zu seinem Vorbild aus Amerika fehlt ihm allerdings so ziemlich alles, was man für einen Wahlsieg in einem großen, komplizierten, chaotischen Land braucht: Charisma und taktische Raffinesse, politische Erfahrung, starke Seilschaften, Medienmacht und verdammt viel Geld. Die Leitartikler halten ihn für ein einfältiges Greenhorn. »Die Schildkröte Ribadu versucht, den Elefanten Jonathan herauszufordern«, spottet einer.

Der Elefant ist Präsident und hat eine volle Kriegskasse, um eine flächendeckende Kampagne zu finanzieren und sich mit großen und kleinen Gefälligkeiten das Wohlwollen der Wähler und den Beistand von Gouverneuren, Abgeordneten und Jubeljournalisten zu erkaufen. Hinter Ribadu steht kein hochkarätiger Sponsor, keiner der trickreichen Paten, die die unsichtbaren Strippen ziehen. Dafür hat er jede Menge Gegner: Wirtschaftskriminelle, die, wenn er an die Macht käme, um ihren ergaunerten Reichtum fürchten müssen, und korrupte Politiker, die er überführt hat und die sich nun an ihm rächen wollen. »Nothing is beyond redemption«, wiegelt Ribadu ab. Frei übersetzt: Nichts, was man nicht vergeben kann.

Ein schöner Satz. Aber er zeigt auch, dass der Präsidentschaftsanwärter die Realitäten manchmal recht blauäugig sieht. Und dass er mit den Grundrechenarten zu wenig vertraut ist – *mathematics*, so nennen die Nigerianer das politische Ränkespiel, das in opaken Netzwerken und Zirkeln gespielt wird. Es ist ein fein austariertes Geben und Nehmen zwischen Bundesstaaten, Ethnien, Parteien, Institutionen, Regionen und Religionen, an dem stets dieselben Akteure beteiligt sind. Inhaltliche Fragen spielen bei diesem Geschachere nicht die geringste Rolle, die nigerianische Politik ist vollkommen hohl und frei von Ideologien. Es geht immer nur um Posten und Pfründen, Macht und Moneten. Ein nigerianischer Senator verdient ohne Zulagen 450 000 Dollar pro Jahr, das Vielfache eines deutschen Bundestagsabgeordneten.

Chancenlos? »Ich werde es allen zeigen!«, versichert Ribadu mit einem triumphierenden Lächeln. »Ich bin der Gladiator. Nichts« und niemand kann mich aufhalten!« Es klingt wie naiver Trotz. Doch dieser Mann wird von einer unerschütterlichen Überzeugung getrieben, er ist geradezu besessen von seiner historischen Sendung – und wirkt manchmal wie ein kleiner Vogel, der zu hoch geflogen ist und orientierungslos durch das Vakuum der Politik flattert. Nach 25 Jahren im Staatsdienst denkt er in technokratischen Ordnungsstrukturen, aber es gibt diese Strukturen nicht, nicht in Nigeria.

Man könnte schon verzagen, wenn man sich die logistischen Herausforderungen eines Urnengangs in diesem Land vor Augen hält. Die meisten der 120 001 Wahllokale stehen in abgelegenen Dörfern ohne Stromversorgung und Telefonnetz, erreichbar nur über miserable Straßen. Das Wählerverzeichnis erfasst 73,5 Millionen stimmberechtigte Bürger, doch Ribadus Berater fanden heraus, dass es sage und schreibe 1,3 Millionen Phantomwähler enthält mit den Namen von Toten, Kindern, Mehrfachwählern, fiktiven Personen oder Prominenten. Mike Tyson, Morgan Freeman, Oprah Winfrey – sie alle haben ein Votum in Nigeria. Bei früheren Wahlen tauchten oft auch mit gefälschten Stimmzetteln vollgestopfte »Geisterurnen« auf. Freie und faire Wahlen sind unter derartigen Umständen eigentlich gar nicht möglich. Ein Heer von Manipulatoren wird alles tun, damit Goodluck Jonathan Präsident bleibt.

Ribadu wischt alle Einwände vom Tisch. »Ich habe einen Traum. Ich will ein neues Nigeria und setze auf neue Kräfte. Auf die Armen und Betrogenen, auf die Frauen und die Jungen, auf die aufstrebende Mittelschicht. Das sind Millionen von Menschen, die endlich ein besseres Leben leben wollen.« Ähnliche Worte hat man auf diesem Kontinent schon einmal gehört, aus dem Mund von Thomas Sankara, dem revolutionären Präsidenten aus Burkina Faso. Der wurde ermordet, als er anfing, die Privilegien der Reichen und Mächtigen zu beschneiden. »Ich fürchte mich nicht. Allah beschützt mich«, sagt Ribadu und entschuldigt sich. Der Muezzin ruft zum dritten Gebet des Tages. Der Glaube ist seine Kraftquelle, er befolgt alle vorgeschriebenen Rituale, aber für den aufgeklärten Muslim ist die Religion kein politisches Streitthema. Eigentlich wäre einem Land, dessen Klima von christlichen und islamischen Geiferern vergiftet wird, ein solcher Präsident zu wünschen.

Ribadu kommt! Die Studenten des Zuba College, einer Lehrerausbildungsstätte vierzig Kilometer außerhalb von Abuja, haben sich auf dem Campus versammelt und erwarten aufgeregt den Kandidaten. »Er ist anders als die anderen Politiker«, schwärmt der Vorsitzende des Studentenrates. »Er führt eine Bewegung der Herzen an. Er wird die Wende bringen.« Der Funke ist übergesprungen, jedenfalls hier in Zuba.

Kirchenstill ist es, als Ribadu zu den angehenden Lehrkräften spricht. Kampf der Korruption. Schaffung von Arbeitsplätzen. Bessere Gesundheitsversorgung. Freie Erziehung für alle und so weiter. Er spult sein Programm herunter. »It's possible – es ist möglich, ihr müsst nur an mich glauben.« Knackige Parolen am Ende einer merkwürdig trockenen Rede. Ribadu spricht ziemlich schlapp für einen, der Afrikas Obama sein will. Aber Halima Mamuda lässt nichts auf ihr Idol kommen. »Wir teilen seinen großen Traum, und wir müssen alle Opfer bringen, um ihn wahr zu machen.« Die junge Politologin, eine Muslimin aus dem Norden, koordiniert die Kampagne »Frauen für Ribadu«. »Wir haben einen Präsidenten verdient, der uns Zukunftsperspektiven gibt. Nigeria ist ein reiches Land. Es ist doch eine Schande, dass unsere Kinder an Infektionskrankheiten sterben, weil sie nicht mal Antibiotika bekommen.«

Ein Pulk von Studenten umringt den Lautsprecherwagen und hält zerknitterte Scheine hoch. Sie wollen für Ribadus Feldzug spenden – obwohl sie selber kein Geld haben und kaum die Studiengebühren zahlen können. So etwas hat man in Nigeria noch nicht gesehen. Normalerweise ist es genau umgekehrt: Die Menschen strömen zu Veranstaltungen, weil sie kleine Werbegeschenke erwarten, T-Shirts, ein Säckchen Maismehl oder wenigstens eine warme Mahlzeit. Wer viel gibt, erhält viele Stimmen. »Wir können nicht Millionen verteilen wie die Regierungspartei, die sie aus der Staatskasse klaut«, ruft Ribadu. »Wir brauchen eure Hilfe, jeder Naira zählt.« Stürmischer Applaus, strahlende Gesichter.

Die Rückfahrt in die Hauptstadt führt am Zuma Rock vorbei, einem gewaltigen Monolithen, der sich schroff aus der Ebene erhebt. Ein Fluch lastet auf dem Berg, der Volksmund erzählt, dass zahlreiche Leute, die ihn besteigen wollten, nie mehr zurückgekehrt seien. Vor ein paar Jahren soll sogar ein Hubschrauber verschollen sein, der auf dem Zuma Rock gelandet war. Ribadu telefoniert. Washington. London. Lagos. Er will einen gigantischen Berg erobern, der Aufstieg ist noch lang und gefährlich. Und man weiß in Nigeria nie, ob er nicht unterwegs verschwindet. Nuhu Ribadu vertraut fest auf den Segen Allahs und auf seinen Ruhm als Korruptionsbekämpfer. Und er hat eine Geheimwaffe: die modernen Kommunikationstechnologien. »Ich nutze sie wie Barack Obama.« Über Mobiltelefone und die sozialen Medien sind unterdessen auch in Nigeria die hintersten Winkel erreichbar. Ribadus Statements kann man auf YouTube sehen, über Facebook und Twitter laufen Graswurzelkampagnen seiner Anhänger. »Die Demokratie in Afrika hat eine neue Dimension, das haben die Volksaufstände in Arabien gezeigt. Wir führen die erste elektronische Wahlschlacht auf unserem Kontinent«, erklärt Ade Atobatele. Der bullige Mann ist quasi der Feldherr Ribadus, ein ausgefuchster IT-Experte, der IBM und andere Branchenriesen berät. Soeben versendet er per Tastendruck fünf Millionen Kurznachrichten aus einem Set von 5000 Textvarianten, die auf personalisierte Profile zugeschnitten sind. Die Empfänger werden aufgefordert, jeweils zehn bis zwölf weitere Leute zu umwerben. »So können wir theoretisch drei Viertel der 80 Millionen Handybesitzer in Nigeria erreichen.« Praktisch braucht Ribadu jeweils 25 Prozent der Stimmen in zwei Dritteln der 36 Bundesstaaten, um in die Stichwahl zu kommen. Wenn seine IT-Strategie aufgeht, ist dieses Ziel durchaus erreichbar.

Verabredung im Restaurant »Chez Victor«. Ribadu lässt auf sich warten, dreißig Minuten, eine Stunde. Er mag Unpünktlichkeit nicht, aber er ist unpünktlich, in Nigeria ist das kein Widerspruch. Niemand erkennt ihn, als er endlich im Restaurant eintrifft. Auch an diesem Abend wird er wieder ausführlich über die große Demütigung sprechen, man spürt, wie sehr der Sturz und dessen skandalöse Begleitumstände bis heute in seiner Seele wühlen: ein Spitzenbeamter, der mit Herzblut seiner Nation dient – und verjagt wird wie eine räudige Buschratte. Sitzt die Kränkung so tief, dass sie nur noch durch das höchste Staatsamt geheilt werden kann? Hat dieser manchmal so verletzlich wirkende Mann tatsächlich das Zeug, den schwierigsten Staat Afrikas zu lenken? Wird er die geheimen Informationen, die er als Korruptionsbekämpfer gesammelt hat, gegen seine Widersacher einsetzen? Kann er den Versuchungen der Macht widerstehen? Er wäre nicht der Erste in Afrika, der als Heilsbringer antrat und zum lausigen Despoten mutierte. Ribadus Primärtugenden – Pflichtgefühl, Selbstdisziplin, Fleiß, Standhaftigkeit, Charakterstärke – sprechen ganz eindeutig für ihn. Er verkörpert die Werte einer neuen afrikanischen Mittelschicht, die endlich die alten Kleptokraten loswerden und ihre Lebenschancen nutzen will.

Beim Nachtisch sagt Ribadu ganz beiläufig: »Trau keinem Nigerianer.« Ein selbstironischer Scherz, man ist gewarnt.

Lagos Island, März 2011. Hunderttausend Menschen haben sich auf dem Tafawa Balewa Square versammelt. Der Paradeplatz wird von gewaltigen Betontribünen gerahmt, über dem Hauptportal thronen pompöse Skulpturen von Schimmeln und Adlern, den Wappentieren der Republik. Es herrschen Saunatemperaturen, das Gedränge unter der Tribüne ist so bedrohlich, dass der Fotograf beinahe zwischen den Leibern zerquetscht wird. Eine geradezu hysterische Erwartung hat die Masse erfasst, man fühlt sich wie in einem modernen Kolosseum, und da rollt auch schon der Wagenkorso des Gladiators herein. Er schwingt den Besen wie ein Schwert, schüttelt tausend Hände und steigt auf die Bühne, um seine Botschaft zu verkünden: *Yes, we can!* Am Ende ruft er die »Broom Revolution« aus, die Revolution der Besen. Orkanartiger

Jubel brandet auf. Der Kandidat glüht. So siegesgewiss hat man ihn noch nie gesehen. Ribadu ist bis auf die Haut durchnässt, als er die Hotelsuite 919 bezieht. Er streift seine Sandalen ab. Wirft eine frische Babanriga über. Betet. Ruht. Auf dem Schreibtisch liegt seine Nachtlektüre. *Der lange Weg zur Freiheit* von Nelson Mandela, daneben die Erinnerungen von Barack Obama *Audacity of Hope*. Hoffnung wagen.

Nachtrag: Bei der Präsidentschaftswahl gaben 2 079 151 Wähler Mallam Nuhu Ribadu ihre Stimme, das entsprach einem Anteil von 5,4 Prozent. Er konnte nur in einem der 36 Bundesstaaten, in Osun, die Mehrheit gewinnen und landete abgeschlagen auf dem dritten Platz. Der alte und neue Präsident heißt Goodluck Jonathan.

JERUSALEMA!

Aufstieg und Niedergang des Hoffnungslandes Südafrika

Jetzt ist man von dem Rechten allzu weit,
Ich lobe mir die guten Alten;
Denn freilich, da wir alles galten,
Da war die rechte goldne Zeit.

Minister in Faust, erster Teil

Gänseaugenblauer Himmel, violett blühende Jacarandabäume, der Duft von Jasmin, die Luft prickelnd wie Champagner. Dazu dieses atemberaubende Panorama: vor mir die Wolkenkratzer der City, der Hafen, die silbern gleißende Atlantikbucht, hinter mir die Felsabstürze des Tafelbergs. Ein Sommermorgen in Kapstadt. Ich bin zu Fuß unterwegs zu meinem Büro im Stadtzentrum und denke: Kann es einen schöneren Standort für einen Korrespondenten geben? San Francisco vielleicht? Oder Rio de Janeiro?

Jäh werde ich aus den schwärmerischen Vergleichen gerissen, denn schon frühmorgens zeigt Kapstadt sein zweites Gesicht. Überladene Kleinbusse kriechen die steile Molteno Road hinauf, Maids, Babysitter, Putzfrauen steigen aus. Dann treffen die Gärtner und Handlanger ein. Auch *dog walkers*, die Rassehunde ausführen, sind schon zu sehen. Und die erste Schicht der Müllsammler durchwühlt die Abfalltonnen nach Essbarem. Die vielen Dienstboten, Bettler und Obdachlosen kommen jeden Werktag in unser Viertel mit dem hübschen Namen Oranjezicht, »Orangenblick«. Es sind fast ausnahmslos *blacks* oder *coloureds*, wie das in der alten südafrikanischen Farbenlehre heißt. Ich wohne mit meiner Familie seit dem Jahr 2000 in Kapstadt und habe mich an die Gegensätze gewöhnt, oft nehme ich sie gar nicht mehr wahr.

Manchmal aber beschleicht mich auf dem Weg zur Arbeit ein tiefes Unbehagen. Es sind die Momente, in denen mir bewusst wird, warum das Leben in Kapstadt für uns Weiße so angenehm ist: Weil 25 Jahre nach dem Ende der Apartheid die Rassentrennung fortdauert und wir davon profitieren. Unsere Privilegien beruhen auf einem jahrhundertealten Ausbeutungssystem. Die Mehrheit der weißen Capetonians ist mehr oder weniger wohlhabend, die Nicht-Weißen sind überwiegend arm. Die einen treten in der Regel als Master und Madam auf und bewohnen prächtige Häuser mit Swimmingpools, die anderen sind Servants, billige Arbeitskräfte, Lohnsklaven, die in den Townships leben. In der City boomen die Kliniken für Schönheitsoperationen, in den Armutszonen haben die Krankenstationen oft nicht einmal Schmerztabletten. Schwarze Kinder gehen hungrig in den Unterricht, weiße Schüler bestellen in der Pause per Lieferservice Sushi. An speziellen Feiertagen wird nachts der Tafelberg angestrahlt; das Felsmassiv leuchtet dann wie ein riesiger Quarz, gleichzeitig versinken die Squatter Camps am Stadtrand in mittelalterlicher Finsternis. Wir leben in postkolonialen Zeiten, aber Cape Town ist eine Kolonialstadt geblieben. Das extreme Wohlstandsgefälle prägt alle Metropolen Südafrikas, des Landes mit dem höchsten Ungleichheitsindex der Welt, aber nirgendwo ist die Kluft so tief wie in Kapstadt.

Zum Ende meiner Korrespondentenzeit unternahm ich zwei lange Rundfahrten durch die Kaprepublik, um noch einmal zurückzublicken auf die turbulenten Jahrzehnte des Übergangs und zu bilanzieren, was sich seit dem Untergang der Apartheid anno 1994 verändert hat. Das Fazit sei an dieser Stelle schon vorweggenommen: Südafrika ist ein Land, das sich in einer schweren politischen, wirtschaftlichen und sozialen Krise befindet. Ein Land, das geplagt wird von Massenarbeitslosigkeit, Armut, Krankheit, Korruption, Rassismus und Gewalt. Eine konfuse Nation, die zuweilen so wirkt, als hätte sie den Glauben an sich selbst und ihre

Mission verloren: den Aufbau einer sozial gerechten Gesellschaft, in der alle Bürger und Bürgerinnen die gleichen Chancen haben. Ich hätte mir einen derartigen Niedergang nicht vorstellen können, als ich Anfang 1993 nach Südafrika zog. Damals wurde gerade das Ende der Apartheid gefeiert. Das weiße Rassistenregime hatte kapituliert, ein Jahr später übernahmen Nelson Mandela und seine Befreiungsbewegung African National Congress (ANC) das Ruder. Seinerzeit war Südafrika die große Hoffnung Afrikas, ein demokratisches Leitbild für den Kontinent, eine weltweit bewunderte Regenbogennation. Es würde die Menschen aller Hautfarben versöhnen, die obszönen Gräben zwischen Armen und Reichen einebnen, eine wirtschaftliche Lokomotive für den marginalisierten Erdteil sein. Dachte ich.

Aber es kam anders, ganz anders.

Die Reise beginnt in der Bergarbeitersiedlung Grootvlei, eine knappe Autostunde von der Wirtschaftsmetropole Johannesburg entfernt. Hier lebt Meshack Shithlangu und wartet seit Jahren auf den ausstehenden Lohn. Jeden Tag sitzt er vor seinem kleinen Backsteinhaus, und jeden Tag wird die Hoffnung kleiner. »Sie haben uns belogen und betrogen«, schimpft er. »Wir haben geschuftet und bekamen irgendwann kein Geld mehr.« Shithlangu, 39 Jahre alt, gelernter Maschinenschlosser, hat in der Zeche gleich nebenan gearbeitet. Das Bergwerk war schwer angeschlagen, aber dann kreuzte dieser dicke Mann auf und versprach, es zu sanieren. Shithlangu erinnert sich noch genau, wie er in einem schwarzen Honda Civic vorfuhr. »2009 war das, an einem sonnigen Tag wie heute.« Der Mann sei gar nicht ausgestiegen. »Er ließ nur die getönte Seitenscheibe herunter und sagte, dass er unsere Jobs retten wird.« Die Kumpel haben ihn nie wiedergesehen. »Khulu, dieses Schwein«, sagt Shithlangu.

Gemeint ist Khulubuse Zuma, ein Neffe des damaligen Präsidenten Jacob Zuma. Er hatte zusammen mit Zondwa Mandela,

Betrogen von der korrupten Elite: Der arbeitslose Bergarbeiter Meshack
Shithlangu wartet seit Jahren auf seinen Lohn.

einem Enkel des verstorbenen Nationalhelden Nelson Mandela, die Firma Aurora gegründet und zwei insolvente, aber voll betriebsfähige Goldminen in Orkney und hier in Grootvlei übernommen; für die zwei Objekte haben die beiden nach allem, was man weiß, fast nichts bezahlt. BEE nennt man solche Deals im neuen Südafrika, Black Economic Empowerment. Ein staatliches Programm zur Förderung schwarzer Unternehmer, das zu einem Wohlfahrtssystem für Millionäre pervertierte. Die von Weißen gesteuerten Konzerne haben nach den Ende der Apartheid dunkelhäutige Kandidaten in ihre Vorstände und Aufsichtsräte aufgenommen; viele Begünstigte wurden als Anteilseigner über Nacht steinreich, ohne dafür irgendetwas leisten zu müssen, und die weißen Wirtschaftskapitäne konnten sich brüsten, die schwarze Elite an ihrem Reichtum zu beteiligen. Der Status quo aber, das von den britischen Kolonialisten aufgezwungene und in die kapitalistische Weltökonomie integrierte Wirtschaftssystem, wurde nicht angetastet. Es war ein historischer Kompromiss, den das alte Establishment und die neuen Machthaber ausgehandelt hatten. Das Kapital und die Produktionsmittel blieben größtenteils in weißer Hand, die schwarze Bevölkerungsmehrheit war nach wie vor benachteiligt. Kritiker sagen, dies sei der folgenschwerste Konstruktionsfehler des neuen Südafrika gewesen: Man habe die politische durch die ökonomische Apartheid ersetzt.

Khulubuse Zuma & Konsorten ließen Gold im Wert von zehn Millionen Dollar verschwinden und schlachteten das Bergwerk komplett aus. Sie verscherbelten Vortriebsmaschinen, Förderaufzüge, Stahltrossen, sämtliche Gerätschaften, die irgendwie Geld brachten. Schließlich standen alle Räder still, und 5300 Kumpel waren arbeitslos. »Das sind doch alles nur Gangster«, sagt Meshack Shithlangu, der Bergarbeiter. Er und Tausende seiner Kollegen warten weiter auf ihren Lohn. Die Chefs von Aurora wurden zwar von einem Gericht zu Entschädigungszahlungen in Millionenhöhe verurteilt, doch Khulubuse Zuma hat nur ein paar Raten überwiesen und tauchte dann ab. Manchmal entdeckt Shithlangu in der Zeitung Bilder von ihm: Khulu in Edelclubs, Zigarre, reichlich Champagner, schöne Frauen – die Fettlebe eines Neureichen. Der Fall Aurora ist nur eines von zahllosen Beispielen dafür, wie sich die neue schwarze Elite bereichert. Er veranschaulicht die grenzenlose Gier und die kriminelle Energie, die den Absturz des reichsten Landes Afrikas herbeiführten. Seit Jahren untersucht eine Sonderkommission unter dem Vorsitz des Verfassungsrichters Raymond Zondo die Plünderungen in der Ära des Präsidenten Jacob Zuma, der von 2009 bis 2018 regierte, und was sie zutage fördert, übersteigt die schlimmsten Befürchtungen. Nach groben Schätzungen wurden allein in Zumas zweiter Amtszeit rund 1,5 Billionen Rand veruntreut, vernichtet oder gestohlen – rund 100 Milliarden Euro. Der Familienclan und die Günstlinge des Ex-Staatschefs gründeten über hundert Firmen oder Scheinfirmen, erhielten den Zuschlag für milliardenschwere *tenders*, Ausschreibungen für fiktive oder echte Staatsaufträge, die zumeist gar nicht ausgeführt wurden. Sie kassierten für Straßen, die nur auf dem Papier existieren, für Lehrbücher, die nie gedruckt wurden, für Röntgengeräte, auf die die Krankenhäuser vergeblich warteten, für Musterfarmen, auf deren Weiden die Kühe verhungerten. Selbst Mittel aus dem Programm zur Speisung bedürftiger schwarzer Schulkinder wurden abgezweigt. Nach Zumas Sturz ging die organisierte Staatskriminalität munter weiter, und während der Corona-Pandemie zeigte sich, dass die Täter auch über Leichen gehen. Die Strafverfolgungsbehörden stellten die sprunghafte Zunahme betrügerischer Geschäfte bei der Beschaffung von medizinischem Material fest und ermitteln in über 300 Fällen.

Im Laufe der Jahre wurden staatliche Unternehmen, Geldinstitute und Pensionsfonds systematisch geplündert und in den Bankrott getrieben, darunter der nationale Stromversorger Eskom, die Fluglinie South African Airways, die Land Bank zur Finanzierung der Bodenreform, die Rundfunkanstalt SABC, die Transportgesellschaft Transnet, die Eisenbahnen, Häfen und Pipelines betreibt. Es wird lange dauern, ehe die von Zuma und seiner Clique angerichteten Schäden behoben sind, Pessimisten halten sie für irreparabel. Sie vergleichen die Stimmung im Land mit der Niedergeschlagenheit während der Great Depression, die die Vereinigten Staaten infolge der Wirtschaftskrise in den 1930er Jahren heimsuchte.

Johannesburg, Stadt des Goldes, Metropole der Diebe. Sie residieren in Prunkvillen, die an die Paläste im dekadenten Rom erinnern. Rauschen in Limousinen oder gepanzerten SUVs durch die Straßen. Kippen Sundowners in exklusiven Whiskybars, bevorzugt Johnnie Walker Blue, die Flasche für umgerechnet 700 Euro. Ihre Gattinnen gehen in Luxusmalls wie Hyde Park Corner shoppen. Eine Verkäuferin in der Boutique »Luminance« präsentiert ein karminrotes Prachtkleid, Óscar de la Renta, 200 000 Rand, 2018 waren das rund 12 500 Euro. »So was kaufen nur Regierungsfrauen«, flüstert sie hinter vorgehaltener Hand. »Black diamonds« werden diese Kundinnen genannt. Ihr Motto: Bling-bling! Wir können uns alles leisten, das Land gehört jetzt uns!

»Was wollen Sie hier? Weiterfahren!«, bellt ein Sicherheitsmann. Er bewacht ein protziges Anwesen im Johannesburger Reichenviertel Saxonwold, dessen Außenmauern von einem Stahlzaun mit speerartigen Zinken bekränzt werden. Hier residieren die Guptas, drei Brüder aus Indien, die 1993 nach Südafrika übersiedelten, im gleichen Jahr, als auch ich ankam. Sie sind mittlerweile Multimillionäre; ich muss wohl irgendetwas falsch gemacht haben. Minister und ANC-Abgeordnete gehen bei den Guptas ein und aus, die durchtriebenen Brüder sind bestens befreundet mit dem weitverzweigten Clan des Präsidenten Zuma. Sie machen nicht nur bombige Vorzugsgeschäfte mit der Regierung, sondern bestimmen sogar mit, wer im Kabinett sitzt, um zu ihren Gunsten zu arbeiten.

Die haarsträubenden Vorgänge gingen als »State capture« ins politische Vokabular ein, Eroberung oder Unterwanderung des Staates. Die treibende Kraft dieser konzertierten Aktion sei die einst ruhmreiche Regierungspartei, sagt Justice Malala:»Der ANC, an den wir bedingungslos geglaubt haben, hat unsere Demokratie gestohlen und zerstört die Gesellschaft.«Justice war ein angehender Journalist, als ich ihn 1994 kennenlernte, ein junger Schwarzer, der vor Zuversicht glühte. Heute zählt er zu den einflussreichen Meinungsmachern Südafrikas, seine Kommentare sind ernüchternd. Aber wie konnte es so weit kommen? Wodurch haben sich aufrechte Freiheitskämpfer in unersättliche Ganoven verwandelt?»Politiker wie Zuma halten sich nicht für korrupt. Sie glauben, dass ihnen der Reichtum als Belohnung für ihren aufopferungsvollen Widerstand gegen die Apartheid zusteht«, sagt Malala und erinnert an die Mantras der ANC-Genossen, die schon unmittelbar nach dem Machtwechsel zu hören waren.»Wir haben nicht gekämpft, um arm zu sein.« Oder:»Jetzt ist unsere Zeit zu essen.« Essen? Es ist ein großes Fressen, wie es das im postkolonialen Afrika seit der Ära des zairischen Despoten Mobutu wohl nicht mehr gegeben hat.

Wir sitzen in einem Café in Melville, einem Viertel der Liberalen und Alternativen. Gemischte Paare, junge schwarze Professionals beim Frühstück.»Die kleinen Fortschritte in den sozialen Beziehungen täuschen«, sagt Malala.»Wir sind auch zweieinhalb Jahrzehnte nach der Wende eine tief verwundete und keineswegs versöhnte Gesellschaft.« Die weltweit gelobte Truth and Reconciliation Commission zur Aufarbeitung der Verbrechen während der Apartheid erwies sich am Ende als Passionsspiel, in dem die Opfer Bruchstücke der Wahrheit erfuhren und den Tätern, sofern sie geständig waren, Persilscheine ausgestellt wurden. Sie dürfen jetzt ihren Lebensabend in Country Clubs oder auf Golfplätzen genießen und vom Wohlstand zehren, den sie in den Jahrzehnten der Rassentrennung akkumuliert haben. War da was? Echte Aussöhnung fällt auch deshalb so schwer, weil die materiellen Disparitäten nicht kleiner geworden sind. Grob geschätzt verfügen 10 Prozent der rund 57 Millionen Südafrikaner, überwiegend Weiße, über 90 Prozent des Landes, des Kapitals, der Immobilien, während 80 Prozent der Schwarzen gar nichts besitzen. Aber ihre Brüder und Schwestern aus der neuen Oberschicht, die *nouveaux riches*, gehören nun auch zur Klasse der Privilegierten; sie haben es geschafft und werden vom Volk gleichermaßen beneidet, bewundert – und verachtet.

Cindy Mfabe wurde vor 27 Jahren im Alexandra Community Health Centre geboren, ich habe die Klinik in der Zeit des Umbruchs besucht, sie sieht mittlerweile noch verwahrloster aus als damals, einige Gebäude drohen einzustürzen. Das Gesundheitszentrum ist in den Augen der jungen Frau ein Symbol des Scheiterns. Ihr Wohnort Alexandra, eines der ältesten Townships im Norden Johannesburgs, ist nach wie vor ein Slum: übervölkert, vermüllt, gewaltgeplagt. Das neue Südafrika sei nie in Alex angekommen, sagt Mfabe. »Ich sehe nichts, was die ANC-Regierung für uns getan hätte.« Dabei geht es ihr eigentlich ganz gut. Sie arbeitet als Modeschöpferin für den Stardesigner David Tlale und bewohnt ein hübsches Haus im besseren Teil von Alexandra, wo die neue schwarze Mittelschicht lebt – Beamte, Lehrer, Polizisten. Nebenan wurde ein modernes Einkaufs- und Vergnügungszentrum gebaut, die Alex Mall. »Man hat die Armut ein bisschen aufgehübscht, aber ihre Ursachen werden nicht bekämpft«, sagt Mfabe. Wenn sie aus dem Fenster schaut, sieht sie die alte Geografie der Apartheid: Im Vordergrund eine Ballung von Blechhütten, dahinter die Hochhäuser von Sandton City, der reichsten Quadratmeile nicht nur Südafrikas, sondern des gesamten Kontinents. Acht Ampeln oder dreißig Gehminuten trennen die schöne weiße Welt von den Elendsquartieren der Schwarzen. »Wir werden jeden Tag daran erinnert, dass wir schwarz sind«, sagt Mfabe, »schwarz und minderwertig.«

Weiterfahrt Richtung Indischer Ozean. Frisch geteerte Autobahnen, hohe Verkehrsdichte, Mobilfunktürme, Windkraftanlagen, Latte Macchiato in nagelneuen Raststationen. Und alle rennen mit Handys herum. In zweieinhalb Jahrzehnten durchlief Südafrika trotz aller Rückschläge eine rasante Modernisierung, und selbst die konfuse Regierung kann auf einige Erfolge verweisen. Seit 1994 wurden drei Millionen Häuser gebaut, zahlreiche Townships elektrifiziert, der Sozialstaat eingeführt. 18 Millionen benachteiligte Bürger erhalten staatliche Unterstützung. Doch die Signaturen der Rassentrennung prägen nach wie vor das Land. Jede weiße Stadt, jedes Burendorf hat eine hässliche schwarze Schwestersiedlung, ein Township, räumlich abgesondert wie in alten Zeiten.

John Turner wohnt auf einem anderen Planeten: in Hilton, einer Kleinstadt mit 9000 Einwohnern, zwei Drittel davon weiß. Villen im Tudorstil, gepflegte Rasenflächen, blühende Hortensien, alles *very british*. Ein perfektes Umfeld für das Hilton College, eine der besten und teuersten Privatschulen Südafrikas. Jahresgebühr: umgerechnet rund 20 000 Euro. Kein Problem für den 18-jährigen Turner, der aus einer begüterten Anwaltsfamilie kommt. Er legt gerade sein Abitur ab, deshalb darf er zur feschen Schuluniform eine Krawatte mit weißen Lilien tragen. Turner ist ein höflicher junger Gentleman, der mitunter so altklug redet wie der FDP-Chef Christian Lindner in seinen Gymnasialtagen. »Südafrika hat ein gewaltiges Potenzial, es gibt kein anderes Land, in dem man so gut lebt«, sagt er. Wenn man die »richtige« Hautfarbe und keine materiellen Sorgen hat, möchte man hinzufügen. Turner steht für eine aus Europa stammende Upper class, die nach der Wende ungeschoren davongekommen ist. Niemand hat den Weißen ihr Vermögen, ihre Villen, ihre Ländereien weggenommen. Aber sie haben Angst, dass sich das ändern könnte, wenn Südafrika weiter abstürzt. Der ANC hat mehrfach gedroht, das in der Verfassung verankerte Recht auf Eigentum auszuhebeln und

»weißes« Land zu verstaatlichen. Turner ist dennoch zuversichtlich: »Es läuft vieles falsch in Südafrika, aber meine Generation
kann das korrigieren.« In seiner Lehranstalt wächst die künftige
Elite heran, immerhin sind vier von zehn Schülern schwarz, gemischt oder indischstämmig, ein Gutteil erhält Stipendien von
Privatunternehmen. Dennoch wirkt das Hilton College wie ein
Elysium, das weit von den Realitäten des Landes entfernt ist.

Die Realitäten lassen sich im 150 Kilometer entfernten Umzimkhulu besichtigen, einer Stadt im KwaZulu-Natal, in der ausschließlich Schwarze leben. Hier tobt ein brutaler Wettstreit um
politische Ämter, denn sie öffnen den schnellsten Weg aus der
Armut. Der Besuch des Ortes wird zum Déjà-vu: In den frühen
1990er Jahren habe ich mehrfach über die blutigen Schlachten
berichtet, die sich Anhänger des linken ANC und der rechten
Inkatha-Partei in dieser Provinz lieferten. Oft wird vergessen, dass
die Übergangszeit keineswegs friedlich verlief; vor den ersten
freien Wahlen 1994 starben 15000 Menschen. Damals sprachen
die Leute von den Killing fields, jetzt heißen sie wieder so: Mord-
felder. Es gibt allerdings einen großen Unterschied. Seinerzeit haben die ANC-Genossen den politischen Feind bekämpft, heute
bringen sie sich gegenseitig um. Allein in KwaZulu-Natal wurden
in jüngster Zeit über hundert Parteimitglieder ermordet. Sie konkurrierten um gut bezahlte Posten als Bürgermeister oder Ge-
meinderäte, um vordere Plätze auf den Wahllisten, um staatliche
Aufträge. Manche mussten sterben, weil sie Korruption und Misswirtschaft anprangerten.

So wie Sindiso Magaqa, Ex-Generalsekretär der ANC-Jugendliga, Stadtrat in Umzimkhulu, ein Nachwuchspolitiker mit dem
Ruf, ehrlich und unbestechlich zu sein. Er hatte aufgedeckt, dass
bei der Renovierung einer Gedenkhalle, die niemand braucht,
Millionen unterschlagen wurden. Hinter Magaqas Haus steht
ein anthrazitfarbener Mercedes ML 500, die rechte Seite ist von
43 Kugeln aus Sturmgewehren durchsiebt. Das Werk von Izin-

kabi, Auftragskillern. Magaqa überlebte wie durch ein Wunder, sein Zustand habe sich im Krankenhaus gebessert, erzählt seine Frau Gugu. »Doch ein paar Tage später starb er, ich bin mir sicher, dass er vergiftet wurde.« Die Witwe lässt sich den Schmerz nicht anmerken, aber ihre Verbitterung kann sie nicht verbergen. »Manchmal hasse ich den ANC«, sagt sie.

Das Industriegebiet rund um Port Elizabeth wurde in Nelson Mandela Bay Municipality umgetauft, hier befindet sich das Zentrum der südafrikanischen Autoproduktion. Volkswagen, General Motors und zahlreiche Zulieferer betreiben große Werke. Es gibt gut entlohnte Arbeit, eine hoch qualifizierte schwarze Facharbeiterschaft, üppige Steuereinnahmen. Port Elizabeth sollte eigentlich glänzend dastehen, aber die Stadt bietet vielerorts einen jämmerlichen Anblick: Straßen, übersät mit Schlaglöchern und Unrat, geborstene Wasserleitungen, verstopfte Gullis, verwahrloste Parks, verfallende Häuser. Warum das so ist, kann man nachlesen in einem Buch mit dem Titel *How to Steal a City* – Wie man eine Stadt stiehlt. Der Autor Crispian Olver, Arzt, Anti-Apartheid-Aktivist, Experte für Verwaltungsfragen, hat im Auftrag des zuständigen Staatsministers untersucht, wie Port Elizabeth heruntergewirtschaftet wurde. Er beschreibt ein kriminelles Syndikat von Politikern, Stadträten, Beamten und Geschäftsleuten, die den öffentlichen Haushalt regelrecht ausgeblutet haben. Sie verhielten sich wie hirnlose Parasiten, die ihren Wirt auffressen.

Port Elizabeth ist keine Ausnahme, sondern die Regel. In zahllosen Städten und Gemeinden kollabiert die Infrastruktur, Administration, Schulwesen, Gesundheitssystem, Wasser- und Stromversorgung, Kanalisation, Müllabfuhr, nichts funktioniert mehr. Ende 2019 waren nach Angaben des nationalen Rechnungsprüfers landesweit 239 der 257 Verwaltungsbezirke insolvent. Patronage, Vetternwirtschaft, Korruption und Missmanagement haben sich wie ein Krebsgeschwür ausgebreitet, vom Präsidialamt über die Ministerien, Behörden, Staatsunternehmen und Provinzregierungen bis hinunter in die kleinsten Gemeinden, Polizeistationen, Hospitäler und Dorfschulen. Der Fisch beginnt bekanntlich am Kopf zu stinken, aber irgendwann stinkt er bis zur Schwanzflosse.

Die ANC-Regierung hätte aus dem postkolonialen Desaster in vielen afrikanischen Staaten Lehren ziehen können, doch sie hat alle Fehler wiederholt. Auch sie blähte nach der Machtübernahme den Staatssektor auf und schuf eine »Bourgeoisie von Bürokraten«. Die Zahl der Minister wurde verdoppelt, die der Vizeminister verdreifacht, Ministerialdirektoren gibt es unterdessen zehnmal so viele. Im öffentlichen Dienst wurden Hunderttausende von neuen Stellen ausgeschrieben und häufig mit Parteigenossen, Familienangehörigen, Verwandten oder Freunden besetzt, mit unqualifizierten Leuten, die wenig bis gar keine Ahnung von ihren Aufgaben hatten. Zudem bezieht eine unbekannte Zahl von Phantombeamten oder längst verstorbenen Angestellten monatliche Gehälter. Manche Bewerber fälschten ihre Lebensläufe, um lukrative Jobs zu ergattern – in keinem öffentlichen Dienst der Welt verdient man im Verhältnis zum Durchschnittseinkommen mehr. Dadurch entstand zwar eine kaufkräftige schwarze Mittelschicht, gleichzeitig aber ein dysfunktionaler Staatsapparat. Und schon bald nahm sich das einfache Volk das Verhalten der Eliten zum Vorbild. Soziologen sprechen von der *culture of entitlement*, von einer Kultur des Anspruchsdenkens nach der Devise: Wir haben lange gelitten, jetzt steht uns alles zu, und zwar sofort und kostenlos. Warum sollte man zum Beispiel die Stromrechnung begleichen? Dass der staatliche Energieversorger Eskom so schwer angeschlagen ist, liegt nicht nur an der Misswirtschaft, Inkompetenz und Abzockerei auf allen Betriebsebenen, sondern auch an der Zahlungsunwilligkeit der Verbraucher. Ende 2019 standen bei Eskom die Kunden – Städte, Gemeinden und Privathaushalte –

nach amtlichen Angaben mit 441 Milliarden Rand in der Kreide. Das sind umgerechnet rund 24 Milliarden Euro.

Kein Tag vergeht, an dem nicht irgendwo zwischen Limpopo und Westkap sogenannte *service delivery protests* aufflammen, gewalttätige Unruhen, die sich gegen korrupte, unfähige und faule Lokalpolitiker richten – und hinter den Kulissen oft von ANC-Funktionären befeuert werden, die selbst an die Fleischtöpfe wollen. Die kollektive Wut hat mittlerweile einen Flächenbrand entfacht. Die Regierung spielt die Massenproteste herunter und macht die Apartheid für alle Missstände verantwortlich. Kein Zweifel, die Vergangenheit hat eine schwere Erblast hinterlassen, aber wenn ANC-Parteibonzen darauf verweisen, ist es nur eine billige Ausrede, um vom eigenen Versagen abzulenken. Wer es wagt, sie zu kritisieren, wird als Rassist, Reaktionär, Agent des weißen Monopolkapitals oder Verräter der »nationaldemokratischen Revolution« gebrandmarkt.

Lwando Nkamisa kann die ideologischen Kampfformeln nicht mehr hören, er hat längst das Vertrauen in den ANC verloren und sich der Oppositionspartei Democratic Alliance angeschlossen. Der Student der Agrarwissenschaften zählt zu den wenigen Schwarzen, die es an die Eliteuniversität in Stellenbosch geschafft haben, aber er kommt sich in dieser idyllischen, immer noch persilweiß anmutenden Stadt wie ein unerwünschter Fremdling vor. »Die ANC-Regierung hat uns zwanzig Jahre zurückgeworfen. Wir sind jetzt wieder da, wo wir am Anfang waren.« Am Anfang, 1994, war Nkamisa ein Jahr alt. Er zeichnet eine Kurve auf ein Blatt Papier. Sie steigt nach seiner Geburt stetig an, bleibt eine Weile stabil – und fällt steil ab. »Unsere Machtelite hält Südafrika für ein exzeptionelles Land. Aber mittlerweile sind wir ein ganz gewöhnlicher afrikanischer Staat mit den üblichen Problemen.«

Nkamisa spricht für die Generation der Born-frees, der jungen Südafrikaner, die nach dem Ende der Apartheid geboren wurden. Ihre Bewunderung für die Lichtgestalt Nelson Mandela ist deutlich abgeklungen. Er habe zu viele Zugeständnisse an das weiße Establishment gemacht, sagen viele. Und nicht wenige bezeichnen den ANC ganz unverhohlen als »Mafia-Bande«, die ihre Ideale verraten habe und das Land hemmungslos ausraube. Sie fühlen sich betrogen von einer Regierung, die viel versprochen und wenig gehalten hat. Es gibt kaum Länder, in denen die Jugendarbeitslosigkeit – 56 Prozent! – so beunruhigend hoch ist. Viele Born-frees wenden sich desillusioniert von der Politik ab, nicht wenige junge schwarze Männer ohne Bildung und Zukunftsaussichten folgen dem ANC-Abtrünnigen Julius Malema und seinen Economic Freedom Fighters, einem verlogenen und korrupten Linkspopulisten, der eine zweite, echte Revolution verspricht.

Dabei hat das Land alles, was man für eine erfolgreiche Entwicklung braucht: jede Menge Bodenschätze, enormes landwirtschaftliches Potenzial, eine gute Infrastruktur. Südafrika ist trotz aller Rückschläge immer noch eine einigermaßen stabile Demokratie, die von einer fortschrittlichen Verfassung geschützt wird. Die Justiz ist weitgehend unabhängig, die Presse frei, die Zivilgesellschaft streitbar. Das sind in Afrika keine Selbstverständlichkeiten. Aber die Kaprepublik ist auch ein Zwitterwesen: einerseits ein moderner Industriestaat, in dem die Digitalisierung weiter fortgeschritten ist als in mancher EU-Region, andererseits ein rückständiges Entwicklungsland, in dem jeder zweite Bewohner nicht genug für ein menschenwürdiges Dasein hat. »Nelson Mandela hatte eine Utopie, aber er hat es nicht geschafft, die Menschen mitzunehmen«, sagt Lwando Nkamisa. Der miserable Zustand Südafrikas, das mittlerweile von sämtlichen Ratingagenturen auf Ramschniveau herabgestuft wurde, sei das Ergebnis eines kolossalen Politikversagens; der ANC-Regierung fehle ganz einfach die fachliche Kompetenz, um einen komplizierten Staat zu lenken. Es klingt wie das Lamento jener Weißen, die schon immer gesagt haben, dass »die Schwarzen« nicht regieren können, in unserem

Wohnviertel hören wir gelegentlich den Ausdruck »M-Government«, M für *monkeys*, Affen. Je weiter es bergab geht, desto gröber werden die rassistischen Anfeindungen.

Die Revolution hat ihre Kinder gefressen und als Ganoven wieder ausgeworfen. Auch prominente Weggefährten von Mandela prangern seit Jahren die moralische Verkommenheit der politischen Klasse an; der ehemalige anglikanische Erzbischof Desmond Tutu, eine Ikone des Widerstands, wandte sich angewidert vom ANC ab und erklärte, er werde diese Partei nie wieder wählen. Die ANC-Abgeordnete Makhosi Khoza, Aktivistin seit ihrem zwölften Lebensjahr, geht noch weiter: Die Regierung unterscheide sich nicht vom Apartheidregime, in Wahrheit sei sie noch viel übler. Solche Anklagen sind sicherlich übertrieben, aber sie erschütterten im Laufe der Jahre auch meinen Glauben an die Rechtschaffenheit des ANC und ließen die politischen Verirrungen seit der Wende in einem anderen Licht erscheinen.

Der Niedergang hatte sich schon unter Präsident Mandela abgezeichnet, im größten Rüstungsskandal der südafrikanischen Geschichte. Der Milliardendeal zwecks Modernisierung der Streitkräfte war mit Bestechungszahlungen im großen Stil verbunden. Welchen Anteil französische und deutsche Zulieferer daran hatten, ist bis heute nicht geklärt. Im Rückblick erscheint das opake Waffengeschäft wie der erste Sündenfall des neuen Südafrika. Es folgte die irrationale Aidspolitik unter Präsident Thabo Mbeki, der die Existenz des tödlichen HI-Virus leugnete und die staatliche Ausgabe von antiretroviralen Medikamenten blockierte; sein Starrsinn soll rund 300 000 infizierte Südafrikaner das Leben gekostet haben; Aidsaktivisten beschuldigen Mbeki des Völkermords. Dann kamen die fremdenfeindlichen Treibjagden in den Nullerjahren, als Zuwanderer aus afrikanischen Nachbarstaaten durch die Townships gehetzt, gelyncht und getötet wurden – und die Regierung tatenlos zusah. Dann, im August 2012, die Tragödie von Marikana, das furchtbarste Massaker seit dem Ende der

Apartheid: 34 streikende Bergarbeiter wurden von aufgestachelten Polizeieinheiten erschossen, die meisten von hinten. Schließlich Nkandla, ein Name, der zum Inbegriff für Jacob Zumas Räuberregime wurde: Nkandla heißt Zumas Heimatdorf, in dem er sich eine Luxusresidenz erbauen ließ, Besucherzentrum, Schwimmbad, Amphitheater, Viehgehege, Bunker und Hubschrauberlandeplatz inklusive, größtenteils finanziert mit widerrechtlich abgezweigten Steuergeldern.

Von Anfang an gab es Zweifel an der moralischen Eignung dieses Mannes für das höchste Staatsamt. Er war zu einer Witzfigur geworden, weil er allen Ernstes verkündet hatte, man könne die Ansteckung mit HI-Viren durch eine Dusche nach dem Geschlechtsverkehr vermeiden. Überdies drohten ihm Anklagen in sage und schreibe 783 Fällen, unter anderem wegen Bestechung, Betrug, Geldwäsche, Erpressung. Noch vor seiner Vereidigung wurde das Strafverfahren unter mysteriösen Umständen eingestellt. Kaum im Amt, ließ Zuma die Scorpions zerschlagen, die einzige Spezialeinheit, die effektiv gegen Korruption vorging. Um sich und seine Kamarilla vor künftigen Ermittlungen zu schützen, besetzte er die Polizeispitze, die Geheimdienste und die Generalstaatsanwaltschaft mit kreuzloyalen Apparatschiks. Kriminelle Parteigenossen hatten fortan die Garantie, straffrei davonzukommen, viele sitzen nach dem Sturz Zumas weiterhin unbescholten auf der Regierungsbank oder im Parlament – und nicht im Gefängnis, wo sie eigentlich hingehören.

Der Umfang dieses Buches würde nicht ausreichen, um alle Straftaten dieser Bande aufzulisten, deshalb hier nur ein paar besonders krasse Beispiele. Ende 2018 ging die VBS Mutual Bank pleite, 2,2 Milliarden Rand hatten sich in Luft aufgelöst, Tausende von schwarzen Kleinsparern verloren ihre Einlagen. Dennoch durften hochrangige ANC-Politiker, die nachweislich am Bankraub beteiligt waren, mit dem Segen der Parteiführung in Amt und Würden bleiben. Als David Mabuza Premierminister der Provinz Mpumalanga war, wurden nach Angaben des nationalen Schatzmeisters umgerechnet rund 2,5 Milliarden Euro Steuergelder gestohlen oder verschwendet. Ein Whistleblower gab zu Protokoll, Mabuza sei sogar in politische Morde verwickelt; der Hinweisgeber wurde von Unbekannten vergiftet, der Beschuldigte zum Vizepräsidenten befördert. Auch Ace Magashule, Ex-Premier des Bundeslandes Free State, hat sich im Amt schamlos bereichert, unterdessen ist er Generalsekretär des ANC. Stephen Brislin, der katholische Erzbischof von Kapstadt, hat ihn als jungen Aktivisten im Freistaat erlebt. Er erzählte mir, dass Magashule schon damals eine zwielichtige Gestalt war und dass immer wieder Spenden von internationalen Solidaritätsgruppen verschwanden. Anlässlich der Präsentation eines Buches mit dem Titel *Gangster State*, das Magashules Machenschaften enthüllt, bedrohten angeheuerte Krawallmacher die Besucher der Lesung und zerfetzten Exemplare des Buches. Eine Sektion der ANC-Jugendliga kündigte an, weitere Ausgaben zu verbrennen. Als Deutsche wissen wir: Wenn Bücher verbrannt werden, ist die Freiheit in höchster Gefahr.

Woher sie kamen, was sie wollten, wie sie wurden: Es gibt einige Indizien, dass der Keim des moralischen Verfalls schon in der Zeit des Widerstands gelegt wurde. Dass nicht jeder Freiheitskämpfer so tapfer, selbstlos und ehrenwert war, wie das heute gern dargestellt wird; dass manche *comrades* wenig Unrechtsbewusstsein hatten, weil ja alle Aktionen – vom Banküberfall bis zum Bombenanschlag – im Geiste einer guten Sache geschahen. Vermeintliche Spione wurden in ANC-Camps gefoltert oder liquidiert. In den Townships verübten sogenannte Self Defense Units (SDUs) Selbstjustiz und kaltblütige Morde, Kader von Umkhonto we Sizwe, dem bewaffneten Flügel des ANC, kooperierten mit kriminellen Syndikaten. Das erklärt auch, warum sich die Partei der Befreier ebenso vehement gegen die Aufklärung ihrer Verbrechen durch die Wahrheitskommission wehrte wie die Verantwortlichen des Apartheidterrors. Und jetzt tut sie alles, um die Machtstrukturen zu erhalten, selbst wenn die Demokratie dabei vor die Hunde geht. Die in Verruf geratenen Politiker, Abgeordneten, Funktionäre und Beamten fühlen sich über dem Gesetz stehend und wehren sich mit allen Mitteln gegen die Zerschlagung ihrer Netzwerke. Sie haben viel zu verlieren: soziales Prestige, üppige Gehälter und Zuschläge, Dienstlimousinen, Übernachtungen in Fünf-Sterne-Hotels, Luxusreisen ins Ausland, die Familie inklusive, und jede Menge Freiflüge, First Class, mindestens aber Business Class – bis zu 65 000 waren es in den fetten Jahren. Das ist übrigens einer der Gründe, warum die staatliche Fluglinie SAA in den Ruin getrieben wurde und unterdessen den Flugbetrieb eingestellt hat.

Die Halbwüste der Karoo, weites, leeres, karges Land, in dem Schlüsselromane von John Maxwell Coetzee spielen. Zum Beispiel *Life & Times of Michael K*, die Geschichte eines entwurzelten Mannes, der durch ein zerfallendes Südafrika irrt. Oder *Disgrace*, ein Werk von Dostojewski'scher Wucht, in dem es um Schuld und Sühne nach der Wende geht. Im Kapstädter Parlament beschimpften schwarze Abgeordnete den Autor als Rassisten, in Oslo verlieh man ihm den Literaturnobelpreis. Wie so viele seiner weißen Landsleute, die in Südafrika keine Zukunft mehr sehen, ist Coetzee nach Australien ausgewandert. Das Machtsystem des ANC ähnelt immer mehr jenem Herrschaftswesen, das George Orwell in dem Roman *Animal Farm* persifliert: Die Tiere besiegen gemeinsam ihre Unterdrücker, die Menschen, aber ihre Anführer, die Schweine, übernehmen allmählich das Kommando und fressen die Früchte der Freiheit alleine auf. Ihre Losung: Alle Tiere sind gleich, aber manche sind gleicher.

Zurück in Kapstadt. Es ist 5.30 Uhr morgens, über dem Küstengebirge steigt gerade die Sonne auf, als ein untersetzter, wohlbeleibter Mann im Township Gugulethu zum Frühsport aufbricht. Er trägt ein schwarzes Tracksuit und Nike-Turnschuhe, dazu eine Mandela-Kappe. »Er sieht so frisch aus wie eine Daisy« – wie ein Gänseblümchen –, schwärmt eine Kollegin. Der Mann schreitet zügig voran, hinter ihm marschiert ein Pulk unausgeschlafener Mitarbeiter. Um diese Stunde sind noch nicht viele Leute unterwegs, manche bleiben wie angewurzelt stehen, als sie den Mann erkennen: Cyril Ramaphosa, den frischgebackenen Präsidenten. So etwas hat es seit Mandelas Tagen nicht mehr gegeben: ein volksnaher Politiker, der nicht von aggressiven Leibwächtern abgeschirmt wird, ein Staatschef zum Anfassen, der selbst anfasst. Ramaphosa schüttelt Hände, klopft Anhängern auf die Schulter, macht Witze. Auf einem vorbeifahrenden Müllaster recken Arbeiter die Fäuste und rufen: »Amandla!« Das bedeutet »Macht« oder »Kraft« – der alte Schlachtruf des ANC. Es klingt, als würden sie von diesem Mann die Befreiung von der Befreiungspartei erhoffen.

Ramaphosa hatte einen »new dawn« angekündigt, einen Neuanfang, und eine regelrechte »Ramaphoria« ausgelöst. Der ehemalige Gewerkschaftsführer, der als Unternehmer vom BEE-Programm profitierte und zum zwölftreichsten Südafrikaner aufstieg, hat, soweit man weiß, eine saubere Weste. Er genießt den Ruf eines Reformers, wurde aber vor allem deshalb mit großer Mehrheit gewählt, weil der ANC noch vom »Befreiungsbonus« zehrt: Die Menschen haben nicht vergessen, wer den Kampf für die Demokratie angeführt hat. Unter Ramaphosa soll es nun endlich wieder aufwärts gehen. Man fragte sich allerdings schon bei seinem Amtsantritt, warum er als langjähriger Vizepräsident das Treiben der Kleptokraten stillschweigend hingenommen hat. Hat er wirklich den Mut und die Entschlossenheit, den Augiasstall auszumisten und kriminelle ANC-Kader hinter Schloss und Riegel zu bringen? Es geht nicht nur um ein paar faule Äpfel: Die Partei ist mittlerweile durch und durch verrottet. Zunächst sah es nicht so aus, als würde Ramaphosa radikal durchgreifen, denn das hätte ihn schnell den Kopf kosten können. Schließlich ist er abhängig von Parteigeneralen wie David Mabuza oder Ace Magashule, die jede Menge Dreck am Stecken haben und zu den Königsmachern gehören, die ihm auf dem Parteikongress die Mehrheit beschafft haben. Ramaphosa überlässt diese heikle Arbeit der Zondo-Kommission und den Gerichten, die Mühlen der Justiz mahlen zwar langsam, aber sie mahlen. Das ist die ermutigende Nachricht.

Im November 2020 wurde Haftbefehl gegen Ace Magashule erlassen. Das ist die beunruhigende Nachricht. Denn dieser Warlord wird nicht zulassen, dass sein Imperium angetastet wird. Er hat zahlreiche militante Unterstützer, die ihn für das Opfer einer Verschwörung halten. ANC-Insider schließen nicht mehr aus, dass er einen parteiinternen Putsch anzetteln und die Macht an sich reißen könnte. Es wäre der Anfang vom Ende der Demokratie in Südafrika.

Manchmal kommt mir die allmähliche Auflösung eines Großporträts von Nelson Mandela, das an der Fassade der City Hall in Kapstadt prangt, wie ein böses Omen vor: Man sieht das Lächeln des Nationalhelden nur noch unscharf, die Ikone ist ausgebleicht, bald wird sie ganz verschwunden sein.

Yamkela Masala ist schon kurz nach fünf Uhr aufgestanden und ins dreißig Kilometer entfernte Zentrum von Kapstadt gefahren, um die weißen Kunden zu bedienen – Büromenschen, Hipster, Touristen. Er arbeitet als Barista in einem Café an der Shortmarket Street, gleich gegenüber von meinem Büro. »Wieder so ein Morgen«, sagt Masala und schiebt einen Cappuccino über den Tresen. »Auf dem Weg zur Bushaltestelle habe ich zwei Leichen am Straßenrand liegen sehen.« Ob er tatsächlich Tote gesehen hat oder vielleicht auch nur Betrunkene, die ihren Rausch ausschliefen, lässt sich nicht überprüfen. Fest steht, dass er in einem lebensgefährlichen Umfeld lebt, in Khayelitsha, dem am dichtesten bewohnten Township Kapstadts: 400 000 Menschen, ein Meer aus

Hütten, das sich bis zum Horizont ausdehnt. Es ist angeblich der fünftgrößte Slum der Welt. »Neues Heim« bedeutet sein Name in der Sprache der Xhosa, ein Hohn für seine Bewohner. Nach Feierabend nimmt mich Masala mit hinaus in sein Township. Zwanzig Kilometer Stau, die Fahrt in einem klapprigen Kleinbus dauert anderthalb Stunden. »Es ist ein langer Weg zur Freiheit«, sagt er, eine ironische Anspielung auf den Titel von Mandelas Autobiografie. Im Vergleich zu vielen Slums, die ich in Afrika gesehen habe, schneidet Khayelitsha gar nicht so schlecht ab. Die meisten Häuser und Hütten sind elektrifiziert, man fährt über asphaltierte Hauptstraßen, passiert neue Wohnblöcke, Einkaufszentren, Busbahnhöfe, Krankenhäuser, Schulen. Doch hinter den Kulissen wohnen Not und Hunger. Eine Studie ergab, dass es achtzig Prozent der Kapstädter Haushalte mit Niedrigeinkommen an Nahrungsmitteln mangelt. Und weil jedes Jahr Tausende von Arbeitsmigranten und Landflüchtlingen zuwandern, werden im ohnehin übervölkerten Armutsgürtel die Verteilungskämpfe immer brutaler. Einen markanten Gegensatz dazu bieten wohlgenährte Lokalpolitiker, die man manchmal in ihren dicken Autos herumkurven sieht.

»Welcome to Khayelitsha!« Kinder hüpfen um uns herum, halbstarke Männer mustern uns misstrauisch. Wir befinden uns in einer No-go-Area, Weiße verirren sich selten hierher. Krankenwagen trauen sich nicht mehr in die Gegend, weil sie oft überfallen werden. Polizisten verschanzen sich nachts in ihren Wachen, auf Patrouillen würden sie nur ihr Leben riskieren.

Rund 130 Banden mit geschätzt 100 000 Mitgliedern terrorisieren die Siedlungen an der Peripherie Kapstadts. Prostitution, Raubüberfälle, Schutzgelderpressungen, Rauschgift- und Waffenhandel sind ihre Einkommensquellen. Diese Brennpunkte der Gewalt tragen erheblich zur Kriminalstatistik bei, allein im Berichtsjahr 2018/19 verzeichnete die Polizei landesweit 21 022 Morde; alle neun Minuten kommt es zu einer Vergewaltigung, selbst Kleinkinder werden zu Tode gefickt. In den Zeitungen werden gebetsmühlenartig die Ursachen genannt: Armut, Chancenlosigkeit, soziale Erniedrigung, schwierige Sozialisation und so weiter. Menschenunwürdige Lebensbedingungen, die zu seelischer Verrohung führen, herrschen in allen Slums der Welt, doch warum lösen sie in südafrikanischen Townships derartige Gewalteruptionen aus? Die jungen, überwiegend arbeitslosen Männer fühlen sich nutzlos und gekränkt, sagen Sozialpsychologen, vielen fehlen männliche Rollenmodelle, weil ihre Väter die Familien verlassen haben. Und seit dem Ende der Apartheid ist ihnen der Feind abhandengekommen, den sie bekämpfen könnten: das weiße Unterdrückerregime. Also lassen sie ihren Frust, ihre Wut, ihre Minderwertigkeitsgefühle an den Schwächsten aus. Weiße Machos handeln übrigens genauso, auch sie prügeln, vergewaltigen und töten ihre Partnerinnen, auch sie fühlen sich gedemütigt, weil sie nach der Wende ihre Vormachtstellung verloren haben. Die Gewaltexzesse zeigen die Gebrochenheit der südafrikanischen Gesellschaft, schreiben die Sozialwissenschaftler Kgabo Morifi und Pheto Matshwi. Ihre Bestandsaufnahme gipfelt in einem niederschmetternden Befund: »Wir sind in die Barbarei abgesunken.«

Yamsela Masala kauft eine Tüte Chips im Kiosk an der Ecke, sein Abendbrot. Dann schlendert er in die Mpuku Street, Hausnummer B 55074: ein Blechwürfel, acht Quadratmeter, Bett, Gasheizer, Mikrowelle, Wasserkanister, Flatscreen, mehr hat nicht Platz in seinem Heim, mehr besitzt er auch nicht. Er arbeitet hart und kommt trotzdem auf keinen grünen Zweig. So ergeht es Millionen von Südafrikanern und Südafrikanerinnen, die sich im informellen Sektor irgendwie durchschlagen und von einem besseren Leben nur träumen können. Draußen, vor Yamselas Hütte, tauchen dreißig Meter hohe Peitschenleuchten die Umgebung in ein gespenstisches Gefängnishoflicht – Relikte der Apartheid. Sie erinnern die Anwohner daran, dass die Vergangenheit nicht vergangen ist. Die Sonne versinkt hinter dem Tafelberg. Masala verriegelt

Dahinvegetieren in trostlosen Verhältnissen: Blechhütten in der Barackensiedlung Blikkiesdorp am Rande des Kapstädter Flughafens.

das eiserne Gitter an seiner Tür. »Jetzt kommen bald die Gangster raus und schießen herum. Das ist unsere Nachtmusik.« Es ist die Stunde, in der die weißen Capetonians ihren Sundowner genießen.

Khayelitsha, ein Mikrokosmos des neuen Südafrika: 26 Jahre nach der historischen Wende erscheint es wie ein Land am Ende des Regenbogens, zutiefst verunsichert, bislang gescheitert bei dem Versuch, sich neu zu erfinden. Noch ist Luft nach unten, doch Schwarzseher befürchten, dass Südafrika zu einem Failed State degenerieren könnte. Sie verweisen auf das Menetekel Simbabwe; das einst blühende Nachbarland wurde vom Diktator Robert Mugabe und seinen Spießgesellen auf den Hund gebracht. Ich kann dystopischen Prognosen nichts abgewinnen, es sind die Szenarios der Ratlosen. Auch wenn dieses Kapitel so ungnädig ausgefallen ist, als hätte es ein enttäuschter Liebhaber geschrieben: Südafrika ist mitnichten ein rettungsloser Fall, noch halte ich es für reformfähiger als etwa die USA, die in vielerlei Hinsicht einem Entwicklungsland gleichen. Ihren »Trump«, den Kleptokraten Zuma, haben die Südafrikaner längst in die Wüste geschickt. Wer kann ausschließen, dass die Kaprepublik nicht schon in der nächsten Generation von geläuterten Politikern regiert wird? Von Männern und Frauen, die angetrieben werden von jener kreativen Kraft, die ihr Land immer wieder entfaltet?

Während sich Covid-19 auch am Kap rasend schnell ausbreitete, ging der Song »Jerusalema« weltweit viral, eine Mischung aus Gospel und House, geschrieben von einem bis dahin unbekannten DJ, gesungen von der Sängerin Nomcebo. Ende 2020 hatten allein auf der Plattform TikTok eine Milliarde Menschen das Lied gehört. Er ist in diesen düsteren Zeiten eine südafrikanische Ode an die Freude, die unerschütterliche Zuversicht, das Leben.

WO WAR GOTT?

Rückkehr nach Ruanda, zwanzig Jahre nach dem Genozid

Princess blieb bis zuletzt skeptisch. Sie konnte es einfach nicht glauben, dass schwarze Menschen wählen dürfen, und je näher das Wahldatum rückte, desto stärker wurden ihre Zweifel. Princess war unsere Hausangestellte in Johannesburg, eine dicke, behäbige, humorvolle Frau. Eigentlich heißt sie Nolizwe Mneno, aber sie hatte sich umgetauft, weil sich die Weißen afrikanische Namen schwer merken können.

»Ich weiß schon, wem ich meine Stimme gebe«, kündigte Princess an. Sie war angesteckt von der fiebrigen Stimmung, die damals, im April 1994, ganz Südafrika erfasst hatte. Am Monatsende stand die erste freie Wahl in der Geschichte des Landes an, und erstmals sollten alle Bürger teilnehmen dürfen, schwarze, weiße und farbige. In die kollektive Vorfreude mischte sich allerdings die Angst, dass die Wende doch noch schiefgehen könnte. Der Untergang der Apartheid machte Schlagzeilen in aller Welt, ein epochales Ereignis, über das nahezu 400 Korrespondenten berichteten. Ich war einer davon.

16. April, noch elf Tage bis zur »Mutter aller Wahlen«. Im Pressetross begleite ich Nelson Mandela, den Präsidenten in spe, in die Township Umlazi bei Durban. Es ist einer seiner letzten großen Auftritte vor der Wahl. Rund 50 000 Menschen haben sich unter freiem Himmel versammelt, sie tanzen, johlen, trällern und feiern den Freiheitskämpfer wie einen Messias. Das Ende der weißen Herrschaft ist nah, in der Kaprepublik sollte ein Traum Afrikas wahr werden. Das war die Nachricht, die Geschichte jener Tage. Und keiner ahnte das Ausmaß des Alptraums, der sich zeitgleich im Zentrum des Kontinents ereignete. Auch ich nicht. Ich

schrieb damals, aus der Ferne, unverzeihliche Texte, für die ich mich bis heute schäme.

Die ersten Meldungen aus dem 4000 Kilometer entfernten Ruanda waren konfus: militärisches Kräftemessen, blutige Unruhen, ethnisches Gezänk, Bruderzwist. Im *Spiegel*, Ausgabe 16/1994, stand:»Anarchie, die aus sich selbst lebt«. Typisch Afrika eben. »Ruanda?«, meinte ein britischer Kollege, »da hauen sich wieder mal Tutsi und Hutu die Köpfe ein, der ewige Stammeskrieg.« Der »Stammeskrieg« war ein Völkermord, der furchtbarste seit der Judenvernichtung durch die Nationalsozialisten und den Killing Fields in Kambodscha.

»Wir wurden alleingelassen, die ganze Welt hat weggeschaut«, sagt Jonathan Nturo, ein schlanker, feingliedriger Mann von 34 Jahren. Er ist schick gekleidet, weinrote Lederjacke, Jeans von Burberry, die Augen hinter einer Ray-Ban-Sonnenbrille verborgen. Nturo ist ein Abarokotse, ein Überlebender. Er will cool wirken beim Besuch in der Hölle, aus der er entkam. Er steht auf der Bergkuppe von Murambi, einer Streusiedlung im Süden Ruandas, und erzählt, wie er mit seiner Familie und fünf Rindern hier ankam. Wie sie zwischen 50000 zu Tode verängstigten Menschen ein Notlager aufschlugen, auf der Baustelle einer Sekundarschule, gleich neben den drei gelben Betonmischern, die noch immer an derselben Stelle stehen und vor sich hin rosten. Die Soldaten der Regierungsarmee versprachen, die Flüchtlinge zu schützen. Es gab noch Hoffnung, den Massenmördern zu entkommen. Jonathan war damals 14 Jahre alt.

In der Hauptstadt Kigali war am 6. April um 20.20 Uhr Ortszeit die Maschine des Präsidenten Juvénal Habyarimana beim Landeanflug abgeschossen worden. Über die Drahtzieher wird bis heute gerätselt. Das Attentat war der Auftakt zum Genozid. Noch in derselben Nacht zogen die Präsidialgarde und die Milizen der Interahamwe (»Gemeinsam kämpfen« in der Landes-

Warum habt ihr uns nicht geholfen? Jonathan Nturo klagt bei seiner Rückkehr an den Ort des Grauens in Murambi die Gleichgültigkeit der Weltfamilie an; keine Außenmacht hat versucht, den Völkermord in Ruanda zu verhindern.

sprache Kinyarwanda) mordbrennend durch Kigali. Eine Clique fanatischer Hutu hatte die Macht an sich gerissen und beschlossen, die Minderheit der Tutsi, rund zehn Prozent der Bevölkerung, endgültig auszurotten. Premierministerin Agathe Uwilingiyimana, eine moderate Reformpolitikerin, wird nackt in ihrem Versteck gefunden; ein Geschoss hat ihre linke Gesichtshälfte zerfetzt, in ihrer Vagina steckt eine Bierflasche. Binnen einer Woche erfasst der Mordbrand das ganze Land.

»Mein Vater wollte es zunächst nicht glauben«, erinnert sich Nturo. »Erst als auch in unserer Region die Dörfer brannten und drei meiner Geschwister umgebracht wurden, brachen wir Richtung Murambi auf.« Sie erreichten den Fluchtort am 10. April um vier Uhr nachmittags. Am Abend desselben Tages, um 22.30 Uhr Ortszeit, ruft Roméo Dallaire aus Kigali seine Einsatzzentrale in New York an. Der kanadische Generalmajor leitet UNAMIR, die Interventionstruppe der Vereinten Nationen. Sie soll den fragilen Frieden und den Übergang zur Demokratie sichern, der 1993 im Abkommen von Arusha ausgehandelt worden war. Dallaire warnt seit Monaten eindringlich vor der Gewalteskalation in Ruanda. Schon im Januar hatte er in einem verschlüsselten Telex von geheimen Waffenlagern, Mordlisten und Todesschwadronen berichtet. Nun ist der Worst Case eingetreten. Der UN-Kommandeur fordert, das Kontingent der Blauhelme sofort zu verstärken; mit rund 4000 Mann und einem robusten Mandat könne die Katastrophe verhindert werden. Seine Vorgesetzten im Department for Peacekeeping Operations, das der spätere UN-Generalsekretär Kofi Annan leitet, lehnen ab. Sie wollen nicht wahrhaben, dass sich in Ruanda ein Menschheitsverbrechen anbahnt. In den folgenden hundert Tagen ermorden das Regime der Hutu und seine Helfershelfer 800 000 Tutsi und gemäßigte Hutu. Fünf Tote pro Minute. Wohl nie in der Menschheitsgeschichte haben so viele Täter in so kurzer Zeit so viele Mitmenschen umgebracht. Roméo Dallaire wird vom »afrikanischen Holocaust« reden.

In Murambi brach das Inferno am 21. April um drei Uhr nachts aus. Plötzlich feuerten die Soldaten wahllos in die Menge und warfen Handgranaten, berichtet Nturo. Eine Stunde später drangen die Milizen von den umliegenden Hügeln in das Lager ein und begannen, die hilflosen Flüchtlinge systematisch abzuschlachten – mit Macheten, Messern, Speeren, Sicheln, Feldhauen, Knüppeln. Die Familie Nturo wurde im allgemeinen Chaos auseinandergerissen, Jonathan schloss sich einer Gruppe von jungen Männern an, die sich verzweifelt wehrten und die Angreifer mit Ziegelsteinen von der Baustelle bewarfen. Doch die Übermacht war zu groß. Wie durch ein Wunder gelang es rund hundert Eingeschlossenen, im Sperrfeuer der Armee zu fliehen, mittendrin Jonathan Nturo. Sie rannten ins Tal hinunter und schwammen durch den Murambi-Fluss.

Nturo deutet auf die Bananenpflanzung auf dem gegenüberliegenden Hang, in der er sich im Morgengrauen versteckt hatte. Er will sich nicht anmerken lassen, wie sehr ihn die Erinnerungen aufwühlen. Aber er wirkt verstört, gestikuliert heftig, redet hastig, stottert manchmal. »Wir haben Angst, darüber zu reden«, sagt er, erzählt von schlaflosen Nächten, wenn ihn die Gespenster der Vergangenheit heimsuchen, von mehreren Therapien, die aber nicht geholfen hätten gegen die posttraumatischen Belastungsstörungen.

In Murambi starben mindestens 40 000 Menschen, es war der Schauplatz einer der furchtbarsten Schlächtereien. Die genaue Zahl der Toten kennt niemand, noch heute werden im Umland Skelette entdeckt. »Kubera umurimo wari wakozwe«, dankte der Präfekt des Verwaltungsbezirks Gikongoro den Killerhorden. »Ihr habt gute Arbeit geleistet.«

Die ersten Fernsehbilder, die in jenen Tagen um die Welt gingen, waren so ungeheuerlich, so unbegreiflich, dass die Kommentatoren von einer »Verirrung der Natur« sprachen. Von einem Blutrausch. Von der *maladie de tuer*, der »Krankheit des Tötens« –

als wäre der Völkermord wie ein Virus über Ruanda gekommen. Heute wissen wir: Der Genozid war nicht das Werk archaischer Chaosmächte, sondern einer gebildeten, modernen Elite, die sich aller Instrumente eines hoch organisierten Staates bediente: des Militärs und der Polizei, der Geheimdienste und Milizen, des Verwaltungsapparates und der Massenmedien. Die Täter waren keine Dämonen, sondern Erfüllungsgehilfen eines verbrecherischen Systems. Sie folgten einer einfachen Vernichtungslogik: Wenn wir nicht sie, die Tutsi, ausrotten, werden sie uns, die Hutu, vernichten.

In Murambi wurde eine nationale Gedenkstätte errichtet, die Rohbauten der Schule hat man so belassen, wie sie seinerzeit waren. »Die Medien beschrieben das Geschehen nicht als Völkermord, sondern als Stammeskrieg«, steht auf der ersten Infotafel. In Ruanda hat man die Einfältigkeit der Weltpresse nicht vergessen. Die Mordexzesse hatten nicht das Geringste mit einem »Stammeskrieg« zu tun, denn Hutu und Tutsi teilen seit Jahrhunderten Sprache, Sitten und Kultur, sie schlossen Ehen untereinander und können sich oft selbst nicht voneinander unterscheiden. Die Ursachen der Tragödie waren ganz andere: der wachsende Bevölkerungsdruck in einem kleinen Agrarland, der Verteilungskampf um knappe Ressourcen, der Machtwahn der herrschenden Elite, die Segregationspolitik der deutschen und belgischen Kolonialherren, die den latenten Rassismus zwischen den Volkgruppen schürte.

Aus den offenen Türen der Klassenzimmer von Murambi dringt unerträglicher Verwesungsgestank. Im Innern liegen Hunderte von kreideweißen Leichen auf Holzpritschen. Sie wurden mit Kalk konserviert, hochgewachsene Männer mit abgeschlagenen Gliedmaßen, geköpfte Kinder, zertrümmerte Schädel, aus denen Speerspitzen ragen, vergewaltigte Frauen mit auseinandergerissenen Beinen, in den Gesichtern das gefrorene Grauen, als wären die Verbrechen erst gestern verübt worden. Es gibt vermut-

Blick in die Hölle: gekalkte Leichen in der Gedenkstätte Murambi, wo eines der furchtbarsten Massaker verübt wurde.

lich kein Mahnmal auf der Welt, in dem die menschliche Bestialität so unverhohlen und brutal veranschaulicht wird. Jonathan Nturo schiebt seine Ray Ban hoch. Er sagt jetzt gar nichts mehr. Er kämpft mit den Tränen. Erst als er, draußen, auf eine grasüberwachsene Betonplatte tritt, findet er die Sprache wieder. »Hier drunter ist das Massengrab, auf dem die Franzosen Volleyball gespielt haben.« Die Franzosen, die eine enge Freundschaft mit dem Hutu-Regime pflegten, die es mit Waffen versorgten und die Milizen trainierten – ein gewisser Didier Tauzin, General der Forces armées françaises, war der persönliche Militärberater von Präsident Juvénal Habyarimana – und die eine »Rettungsmission« entsandten, als die Mordorgien vorbei waren: die »Opération Turquoise«. Die französischen Streitkräfte schufen einen Sicherheitskorridor, durch den die Totmacher im Schutz von Hunderttausenden von Hutu-Flüchtlingen nach Burundi oder ins damalige Zaire entkommen konnten. Die Brandstifter spielten sich als Feuerwehrleute auf, in Frankreich wurde jahrelang über die schändlichen Verwicklungen der eigenen Regierung gestritten. Von Präsident François Mitterrand ist der Satz überliefert: »Ein Genozid in Afrika ist nicht so schlimm wie anderswo.«

An der Ausfahrt der Gedenkstätte winken ein paar Buben mit selbst gebastelten Windrädern. »Die Normalität ist unheimlich«, sagt Nturo. »Ich wundere mich manchmal, dass hier noch Gras wächst. Dass das Leben weitergeht.« Er will noch hinauf nach Gataba, wo sein Vater und sein Bruder erschlagen wurden. Auch ihnen gelang die Flucht aus Murambi, aber sie haben es nur bis in das kleine Bergnest auf dem nächsten Hügel geschafft. Ein Radfahrer kommt uns entgegen, auf seinem Gepäckträger ein Stapel nagelneuer Macheten. Die blanken Klingen blitzen im Sonnenlicht.

Eigentlich hatte Nturo vor, mit der Ehefrau des Mörders seiner Angehörigen zu reden. Aber als wir im Schritttempo an ihrem Laden vorbeifahren, verliert er den Mut: »Nein, heute nicht. Die Stimmung ist seltsam.« Die Stimmung ist feindselig, die Leute auf dem Dorfplatz starren auf unseren Geländewagen. Nturo möchte nicht, dass wir aussteigen, um sie zu befragen. Die Antworten, sagt er, könnten wir ohnehin in ihren argwöhnischen Blicken lesen: Da kommt dieser Kerl schon wieder mit Journalisten an und wühlt die alten Geschichten auf. Es muss doch endlich mal Ruhe sein. Die »Vorfälle« liegen schließlich schon zwei Jahrzehnte zurück, die Vergangenheit ist vergangen.

Aber die Vergangenheit will nicht vergehen, nicht für Jonathan Nturo, nicht hier in Gataba. Die Leichen lagen vor dem mit weißen Fliesen gekachelten Marktstand, einer Art Freibank, an der Fleisch von Rindern und Ziegen zerteilt wird. Vier Männer hatten den Vater und den Bruder totgeschlagen, ihr Anführer, ein wohlhabender Businessman, sitzt im Gefängnis, seine Frau führt die Geschäfte weiter. In Gataba, wo Täter und Opfer nebeneinander herleben, die Mehrheit der Hutu, die Minderheit der Tutsi. Die einen verdrängen, was damals geschah, die anderen können es nicht vergessen. Wer über die Hutu-Tutsi-Frage allzu laut nachdenkt, wird wegen »Divisionismus« und Volksaufwiegelung zu schweren Strafen verurteilt. Die Regierung hat Versöhnung angeordnet. In den Herzen der Menschen ist sie noch nicht angekommen.

Ruanda wird von einem autoritären Regime unter der Führung von Präsident Paul Kagame regiert, einem Tutsi. Seine Rebellenarmee hatte 1994 das Land erobert und den Völkermord beendet. Ruanda ist wirtschaftlich erfolgreich, eine Entwicklungsdiktatur nach dem Modell Chinas oder Singapurs. Und wie dort werden Oppositionelle drangsaliert und notfalls zum Schweigen gebracht.

Rückfahrt nach Kigali. Auf den Reisfeldern im Talgrund arbeiten Brigaden von Strafgefangenen. Die gewöhnlichen Kriminellen tragen rosarote Häftlingskluft, aus der Ferne sehen sie aus wie Flamingos. Dazwischen die Völkermörder in leuchtendem

Orange. »Jeder soll sehen, dass sie *génocidaires* waren. Sie müssen büßen für ihre Verbrechen, das ist gerecht so«, sagt Nturo. Die Mehrheit der Täter wurde von sogenannten Gacaca-Gerichten verurteilt, von Volkstribunalen. Denn das Justizwesen war regelrecht ausgeblutet, es gab nur noch wenige Richter und Staatsanwälte in Ruanda.

Jonathan Nturo wuchs in einer 14-köpfigen Großfamilie auf, aber außer ihm haben nur die Mutter, zwei Schwestern und ein Bruder überlebt. Mehrfach wurde er gebeten, Führungen in Murambi zu leiten, er lehnte jedes Mal ab. Er hat eine hohe Schutzmauer um sich aufgebaut, sie bröckelt, wenn er an den Ort des Todes zurückkehrt. Seine Bewältigungsstrategie heißt Verdrängen durch harte Arbeit und beruflichen Erfolg. Er hat an der Universität Butare Betriebswirtschaft und Rechnungswesen studiert, als Finanzmanager einer Hilfsorganisation verdient er ganz gut. Er lebt allein in Kigali. Er will nicht reduziert werden auf die Figur des Abarokotse, des Überlebenden, der für immer und ewig in seiner Erinnerung eingesperrt ist.

Es gibt diese schuldlosen Häftlinge wider Willen, Dancille Nyirabazungu ist eine von ihnen, sie sitzt seit zwanzig Jahren im Gefängnis der Vergangenheit. Die Zeit sei im April 1994 stehen geblieben, sagt sie. Ihre Armut erinnere sie jeden Tag an das Gemetzel, das in der Kirche von Ntarama geschah, einen Steinwurf von ihrer Lehmhütte entfernt. Sie hat zwanzig Familienmitglieder und Verwandte verloren, fünf ihrer neun Kinder wurden getötet, der Ehemann starb unter den Machetenhieben vor dem Altartisch der Kirche. Die 61-Jährige haust mit ihrem Sohn und zwei Enkelkindern in zwei engen, dunklen Räumen. Kein Stuhl, kein Tisch, kein Strom, kein Wasseranschluss, im Gemüseacker ein Plumpsklo. Sie kommt gerade von der Arbeit, ihre Kleider sind zerschlissen und voller Staub, sie schleppt Steine auf einer Baustelle für einen Tageslohn von knapp einem Euro.

Gefangen in der Vergangenheit: Kein Tag vergeht, an dem die Witwe Dancille Nyirabazungu nicht an die Verbrechen denken muss.

Ntarama liegt im Bezirk Bugesera, einem sumpfigen, unwirtlichen, von Stechmücken geplagten Landstrich, in den nach den ersten großen Pogromen in den 1950er Jahren viele Tutsi geflüchtet waren oder zwangsumgesiedelt wurden. Im April 1994, in der Zeit des Itumba, des schweren Regens, sollten sie endgültig wie Ungeziefer vernichtet werden. Die vom Hass besessenen Hutu nannten sie »Inyenzi«, Kakerlaken. Tausende Tutsi flohen aus dem Umland in die Kirche von Ntarama – in der Hoffnung, dass der heilige Ort verschont werde, denn viele Verfolger waren gläubige Katholiken, die wie ihre Opfer jeden Sonntag die Messe besuchten. Auch Dancille Nyirabazungu und ihre Familie suchten Schutz im Gotteshaus gleich nebenan. Am 15. April, um acht Uhr morgens, umzingelten Milizionäre das Gelände. Sie schlugen Löcher in die Backsteinmauern der Kirche und warfen Handgranaten hinein. Dann drangen sie in den Innenraum ein und töteten die Halbtoten und Schwerverletzten. Auf der Stirnwand des Nebengebäudes, in dem einst die Sonntagsschule untergebracht war, ist noch ein großer, dunkler Fleck zu erkennen – das Blut zerschmetterter Säuglinge und Kleinkinder. In der Ecke lehnt eine Stange. »Damit«, sagt Dancille Nyirabazungu, »haben sie Frauen durchbohrt, von der Scheide bis zur Schädeldecke.« Sie spricht mit tonloser Stimme, sachlich kühl, und wären da nicht diese Augen, man könnte meinen, ihre eigene Geschichte ließe sie völlig ungerührt. Es sind Augen, in die sich das Grauen geätzt hat, unauslöschlich.

Warum? Warum? Warum? Fragt sie sich immer und immer wieder. Sie hat keine Erklärung für die Barbarei. Wie wäre es auch erklärbar, dass Ärzte ihre Patienten im Krankenbett umbringen? Dass Lehrer ihre Schüler massakrieren? Dass Nonnen Gläubige mit Benzin überschütten und anzünden? Dass Familienväter Embryos aus den Leibern von Schwangeren reißen? »Macht weiter! Die Gräber sind noch nicht voll!«, hetzte der nationale Rundfunksender Radio Milles Collines den entfesselten Mob auf. Das Morden wurde zur Bürgerpflicht, zu einer Art sozialhygienischem Gemeindedienst. Die einfachen Leute, erzogen zur Autoritätshörigkeit, gehorchten den Organisatoren und töteten, getrieben von Furcht, Hass und nackter Mordlust, aber auch von der Gier nach dem Eigentum der Opfer. Am Ende erreichte das mordende Kollektiv jenen utopischen Zustand, den der Soziologe Wolfgang Sofsky beschreibt: die Freiheit des Blutrausches, die totale Entgrenzung, in der jedes Gesetz, jede Moral, jedes Tabu aufgehoben ist.

Dancille Nyirabazungu, damals 41 Jahre alt, versteckte sich in der Sakristei, unter den Leichenbergen, den kleinen Eric im Bauch. Er wurde im Juni 1994 geboren, ein Kind des Völkermords. Die Mutter hat ihm den Beinamen Rucyamubicyika gegeben, »der, der Schlimmes überstanden hat«. Die Mörder leben nebenan, im Dorf oder auf dem nächsten Hügel. Man grüße sich, sagt Dancille Nyirabazungu. »Sie haben um Vergebung gebeten. Wir haben vergeben.« Es fällt schwer, ihr das zu glauben. Wo war Gott in diesen Tagen des Mordens? »Er war hier, sonst hätten wir nicht überlebt«, antwortet Dancille Nyirabazungu und fragt zurück: »Wo wart ihr? Warum habt ihr uns nicht geholfen?«

Bis heute lösen solche Fragen ein Gefühl der Mitschuld in mir aus. Denn nicht nur die Vereinten Nationen, der Westen, die afrikanischen Bruderstaaten haben versagt, sondern auch wir, die Journalisten. Wir sind der *Big Story* in Südafrika nachgejagt – und haben Ruanda kaum beachtet oder nur Klischees über das Land verbreitet. An 15. April, als das Massaker in Ntarama in vollem Gang war, wurde meine flott hingeschriebene Fernanalyse in der Wochenzeitung *Die Zeit* veröffentlicht. Ich fabulierte über den »grausamen Stammeskrieg im Herzen Afrikas«, bei dem jeder gegen jeden kämpfe. *Bellum omnium contra omnes* – die Lateinerformel passt immer, wenn man vom tatsächlichen Geschehen wenig Ahnung hat. Am Ende schrieb ich, dass eine Intervention von außen wohl zwecklos sei. Der Text enthält die unverzeihlichsten Irrtümer, die mir in meinem Berufsleben unterlaufen sind.

Am 18. April 1994 ging im Büro des UN-Missionschefs Roméo Dallaire das Fernschreiben 1173 aus New York ein. Die Zentrale am East River kündigt den Rückzug der Blauhelme an. Kurz darauf beschließt der UN-Sicherheitsrat in der Resolution 912, die Friedenstruppe fast vollständig abzuziehen. Nur 270 Mann sollen bleiben – und die letzten Weißen im Lande evakuieren. Die Vereinten Nationen vermieden ganz bewusst das G-Wort: G für Genozid. Denn dann hätten sie laut Konvention über die Verhütung und Bestrafung des Völkermords aus dem Jahre 1948 eingreifen müssen. Aber Europa war mit einem »wichtigeren« Konfliktherd beschäftigt, mit Jugoslawien, das seit Beginn der 1990er Jahre zerfiel. Und nach dem Desaster von Somalia, wo 1993 eine humanitäre Militärmission jämmerlich gescheitert war, wollte ohnehin keine der maßgeblichen Mächte intervenieren. Im Gegenteil: »Gestützt von den USA, Frankreich und Großbritannien, unterstützte und ermutigte die UNO letztlich den Völkermord in Ruanda«, schreibt Dallaire in seiner zornigen Rückschau, die unter dem Titel *Handschlag mit dem Teufel* 2003 erschienen ist. »Ein amerikanischer Offizier schämte sich nicht, mir zu erklären, das Leben von 800 000 Ruandern sei nicht mehr wert als das Leben von zehn amerikanischen Soldaten.«

Sonntag, 24. April 1994. In der katholischen Kirche von Ntarama ist es grabesstill, zwischen dem Gestühl liegen die Toten, um sie herum sind Alltagsutensilien verstreut, Löffel, Blechtöpfe, Bastkörbe, Kämme. *Nature morte*, ein Stillleben der Grausamkeit. Auf dem Kirchhof, im Busch ringsum, in den Sümpfen unten im Tal liegen Hekatomben von Leichen.

Es ist 7.45 Uhr am Morgen. In der Regina Mundi Church, der größten katholischen Kirche in Soweto, hat gerade die Frühmesse begonnen. Noch drei Tage bis zur Wahl, die Menschen sind euphorisch. Sie singen die Nationalhymne, »Nkosi sikelel' iAfrika« – Gott schütze Afrika. Sie feiern das Leben, die Freiheit, die

Zukunft. An der Decke sind die Einschusslöcher der Kugeln zu sehen, die weiße Soldaten auf der Jagd nach schwarzen Widerstandskämpfern abgefeuert haben. Die Gewaltexzesse der Apartheid – sie sind nur noch unscharfe Erinnerung. Wir Berichterstatter werden vom allgemeinen Hochgefühl mitgerissen, einige Kollegen stimmen in den Gesang der Gläubigen ein.

Am Wahltag begleite ich Nolizwe Mneno alias Princess zur Urne. Sie ist überglücklich. Sagt auf Afrikaans zu einem burischen Polizisten, der hinter ihr ansteht: »Moenie skiet nie vandaag« – heute müssen Sie nicht schießen. Dann tritt sie in die Wahlkabine und macht ihr Kreuzchen, links neben dem Bild von Nelson Mandela. Die Gewaltexzesse von Ruanda – sie sind, in jenen Stunden des Glücks, noch keine Erfahrung, noch nicht einmal Ahnung.

DER VERGESSENE MASSENMORD

Nach dem Sturz des Diktators Mugabe holt Simbabwe die Vergangenheit ein

Die Handgranate explodierte an einem Samstagnachmittag kurz nach 15 Uhr. Präsident Emmerson Mnangagwa hatte gerade eine Wahlkampfrede gehalten und eilte, umringt von hochrangigen Parteifunktionären, aus dem überfüllten White City Stadion in Bulawayo. Der Mordanschlag galt allein ihm, dem Mann, der im November 2017, nach dem Militärputsch gegen den Diktator Robert Mugabe, die Macht an sich gerissen hatte. Die Attentäter wollten verhindern, dass er zum legitimen Staatschef Simbabwes gewählt wird.

Zwei Menschen wurden getötet, 49 verletzt. Mnangagwa blieb unversehrt, und auch wir hatten verdammtes Glück: Der Sprengsatz ging unmittelbar vor der Rednertribüne hoch, wo wir dreißig Minuten zuvor noch gestanden hatten. Als wir später in die leere Arena zurückkehrten, lagen an der Stelle zerfetzte Kleidungsstücke, Parteifahnen und Klappstühle herum.

Die Fahndung nach den Tätern lief, Spekulationen schwirrten durch die Stadt. Standen Mnangagwas Feinde in der eigenen Regierungspartei Zimbabwe African National Union-Patriotic Front (Zanu-Pf) hinter dem Anschlag? Oder war es ein Racheakt von Oppositionellen, hier in Bulawayo, der Hauptstadt des Matabelelandes, wo viele Menschen ganz offen sagen, dass sie den »Präsidenten der Putschisten« hassen? Sie haben nicht vergessen, dass er in den 1980er Jahren eine Terrorkampagne koordinierte, bei der nach groben Schätzungen 20 000 Menschen getötet wurden. Mnangagwa war seinerzeit Minister für Staatsicherheit und steuerte die Central Intelligence Organisation, den allgegenwärtigen Geheimdienst.

»Dieser Kerl will Präsident werden? Ich werde ihn niemals wählen, er ist ein Verbrecher!«, ruft Moffat Nyathi voller Zorn. Er kann die Geschichte nicht mehr ertragen, die seine Mutter Midah, 65, gerade erzählt. Die Mörder kamen irgendwann im Dezember 1984 ins Dorf Silozwi, an den genauen Tag erinnert sie sich nicht mehr. »Wir mussten uns auf den Boden legen, dann prügelten die Soldaten mit Gewehrkolben auf uns ein. Sie fragten meinen Mann, wo er seine Waffe versteckt hat. Immer und immer wieder fragten sie, aber wir hatten nie eine Waffe.«

Midah Nyathi war hochschwanger, sie hatte Angst, durch die Schläge ihr Kind zu verlieren. Die Mutter von acht Kindern sitzt in einer sauber aufgeräumten Lehmhütte, die Wände sind mit Tierpostern tapeziert. »Es hätte noch viel schlimmer kommen können«, sagt sie. In einem 1997 erstellten Report der katholischen Bischofskommission schildern Augenzeugen, wie Soldaten mit Bajonetten die Bäuche von schwangeren Frauen aufschlitzten und die zappelnden Föten herausrissen. Das kirchliche Gremium hatte 3534 Opfer befragt. Sie berichteten von Massenexekutionen, von bestialischer Folter, von abgeschnittenen Köpfen, von Vergewaltigungen mit zugespitzten Stöcken, von zahllosen Familien, die in ihre Hütten gesperrt und verbrannt wurden. Allein in den ersten sechs Wochen der Militäroperation waren 2000 Menschen im staatlichen Auftrag ermordet worden.

»Gukurahundi« heißt das Losungswort der Schlächterei. Es bezeichnet in der Sprache des Mehrheitsvolkes der Shona den Frühlingsregen, der die Spreu vom Vorjahr wegschwemmt. Präsident Robert Mugabe strebte ein Ein-Parteien-Regime an; er wollte nicht nur die konkurrierende Befreiungsbewegung Zimbabwe African People's Union (Zanu) vernichten, deren militärischer Flügel gemeinsam mit seiner Rebellentruppe gegen das weiße Kolonialregime gekämpft hatte, sondern auch alle Abweichler aus der Bevölkerungsminderheit der Ndebele. Zu diesem Zweck ließ er von 106 Militärberatern aus dem verbündeten

Nordkorea eine Elitetruppe ausbilden, die fast ausschließlich aus Shona bestand: die Fünfte Brigade. Die Todesschwadronen, rund 3000 Mann, fielen Ende Januar 1983 im Matabeleland ein und verübten einen der grausamsten Massenmorde in der postkolonialen Geschichte Afrikas.

Links und rechts von Midah Nyathi haben der jüngste und der älteste Sohn Platz genommen, Bhekinkosi, 34, der damals geboren wurde, und Moffat, 45, der als Elfjähriger mit ansehen musste, wie seine Eltern gequält wurden. »Mein Vater hat sich gewehrt«, sagt er, »sie fesselten ihn mit einem Draht. Dann schmolzen sie Plastiktüten und tropften die heiße Flüssigkeit auf seine Beine.« Nach stundenlanger Tortur zerrten die Soldaten den Vater und zwei weitere Dorfbewohner auf einen nahen Berg und erschossen sie. »In der Bibel steht: Lerne, zu vergeben«, sagt Bhekinkosi. »Ich kann das nicht. Ich werde die Täter umbringen, wenn ich sie finde.« Die Täter trugen leuchtend rote Barette, die unverkennbare Kopfbedeckung der Fünften Brigade.

Dorfbewohner verscharrten die von Hunden und Schakalen angefressenen Leichen auf halber Höhe des Berges im Unterholz. Moffat kauert neben dem Erdhaufen, in der Hand eine Weihwasserschale aus Ton. Seine Familie wollte den Vater nach traditionellem Ritus beerdigen, doch die Behörden untersagten es. Erst vor ein paar Wochen durften seine sterblichen Überreste exhumiert werden. Midah Nyathi erkannte ihren Ehemann an der khakibraunen Jacke und der schwarzen Hose, die er am Tag der Ermordung trug. Am 4. August 2018 darf er nun endlich bestattet werden, vier Tage nach den Präsidentschaftswahlen, die Emmerson Mnangagwa mit hoher Wahrscheinlichkeit gewinnen wird. Denn seine Partei hat eine gut geölte Werbemaschinerie, verfügt über Finanzmittel aus der Staatskasse, kontrolliert die gleichgeschalteten Massenmedien und die Wahlkommission.

Und wenn alles schiefgehen sollte, steht das Militär Gewehr bei Fuß. Es wünscht sich ohnehin einen neuen Gewaltherrscher –

»Ich werde die Täter umbringen«: Die Witwe Midah Nyathi und ihr Sohn Moffat erzählen von den Gräueltaten der Fünften Brigade, die im Auftrag des Präsidenten Robert Mugabe im Matabeleland wütete.

und Mnangagwa bringt alle Qualifikationen dafür mit. »Erst Mugabe, dann Mnangagwa, das ist unerträglich«, sagt Moffat. Er steht jetzt an der Stelle, an der die Hütten seiner Familie niedergebrannt wurden, ein verbitterter Mann, der den Glauben an die Gerechtigkeit schon lange verloren hat.

1988 besuchte der damalige Bundespräsident Richard von Weizsäcker Simbabwe. Er verlor kein Wort über das Verbrechen. Und auch wir, die Berichterstatter in seinem Tross, stellten keine kritischen Fragen und fielen auf die Propaganda der Regierung herein: Es waren ja nur ein paar Dissidenten und Banditen ausgelöscht worden, die das unabhängige Simbabwe bedroht hatten. Weizsäcker lobte in einem Gespräch mit mir seinen Amtskollegen Mugabe als klugen, besonnenen Staatsmann, und beim festlichen Bankett sah man Minister Mnangagwa selbstzufrieden grinsen.

Jamila, Mako, Tsholotsho, Zibunkululu, Mkayeni. In jeder Ortschaft ein Massengrab. Hier elf Tote, im nächsten Dorf neun, im übernächsten zehn. Opfer ohne Namen, verscharrt im Busch. »Der Norden des Matabelelandes ist wie ein Leichenfeld«, sagt Mbuso Fuzwayo, 41, ein Aktivist, der uns auf dieser Reise begleitet. Seit Jahren kämpft er für die Aufklärung der Menschenrechtsverletzungen und die Entschädigung der Überlebenden. Er spricht von einem Genozid, von einem Völkermord, der vergessen und nie gesühnt wurde.

Der Vernichtungsfeldzug von Mugabe, Mnangagwa & Co. gegen das Volk der Ndebele war politisch motiviert. Sie wollten mit Gewalt die Nation einen und Andersdenkende zum Schweigen bringen – und verbreiteten das Gift des Tribalismus. Simbabwe ist 38 Jahre nach der Unabhängigkeit ein tief gespaltenes Land. Fuzwayo redet nur noch von zwei Stämmen, von Shona, den Tätern, und von Ndebele, den Opfern. Als uns ein Anhalter um eine Mitfahrgelegenheit bittet, fragt er abwehrend: »Bist du Shona? Wir nehmen nämlich nur Ndebele mit.«

Die meisten Angehörigen seiner Ethnie zählen Präsident Mnangagwa, einen Shona, zu den Hauptverantwortlichen der Massaker, ihn und Perence Shiri, den Oberst, der die Fünfte Brigade kommandierte und nun Agrarminister ist.

Emmerson Mnangagwa war einer der einflussreichsten Guerilleros im Freiheitskampf gegen die rhodesische Kolonialherrschaft, er wurde schwer gefoltert, saß zu Beginn von zehn Kerkerjahren in der Todeszelle. Nach der 1980 errungenen Unabhängigkeit bekleidete er verschiedene Ministerämter und stieg schließlich zum Vizepräsidenten auf. Ein harter, linientreuer Apparatschik, der 54 Jahre an der Seite Mugabes stand, für dessen kriminelles Regime die Drecksarbeit erledigte und sich wie alle Parteibonzen hemmungslos bereicherte.

In diesen Wahlkampfwochen will er von der Vergangenheit nichts mehr wissen. Mnangagwa tritt als entschlossener Reformer auf und verspricht den Simbabwern eine goldene Zukunft: Arbeit, Häuser, Wohlstand für alle. Beim jüngsten Weltwirtschaftsgipfel in Davos bezirzte er westliche Geldgeber, in sein heruntergewirtschaftetes und vollkommen verarmtes Land zu investieren. Und natürlich gelobte er, die korrupten Netzwerke zu zerschlagen, von denen er selbst profitierte.

Bei seinem Auftritt im Stadion von Bulawayo trug Mnangagwa ein knallbuntes, fröhlich wirkendes Parteihemd – als wäre die Zanu-Pf ein harmloser Karnevalsverein und nicht ein Machtapparat, der das Volk jahrzehntelang unterdrückt hat. Er präsentierte sich als »Vater der Nation«, herzlich und volksnah, ganz das Gegenteil des eiskalten Despoten Mugabe. Und Tausende »Jubelperser« feierten ihn. Die Partei hatte sie aus allen Teilen des Landes herankarren lassen, denn in Bulawayo würde Mnangagwa wohl nicht einmal einen Frühstückssaal füllen.

»Du musst diesem Mann nur ins Gesicht schauen, dann weißt du: Er ist falsch wie eine Schlange«, sagt Henry Khabo. Der Kleinbauer aus dem Ort Nyathi ist 67 Jahre alt, besteht aber darauf, dass er erst 35 sei.»Ich bin am 21. Januar 1983 geboren.« Es war der Tag, an dem die Fünfte Brigade ihn und sechs weitere Gefangene in den Wald von Kwamba transportierte. Sie mussten sich nackt ausziehen, ihre Kleider mit Paraffin übergießen und anzünden. Dann wurden sie der Reihe nach erschossen.»One, two, three …«, zählt Khabo.»Den siebten Schuss hörte ich nicht mehr.« Die Kugel fuhr durch seine linke Wange und trat hinter dem Ohr wieder aus. Die Henker hielten ihn für tot.

Khabo schüttelt sich, schlackert mit den Füßen, macht zittrige Handbewegungen. Der schmächtige Mann will veranschaulichen, wie es ist, wenn Drähte an den Gliedmaßen und Genitalien befestigt und Stromstöße durch den Körper gejagt werden. Seine Peiniger verdächtigten ihn, ein Regimegegner zu sein. Khabo hat Tränen in den Augen, während er seine Leidensgeschichte erzählt. Die Einschussnarbe in seinem Gesicht erinnert ihn jeden Tag daran. »Es wird in diesem Land niemals Versöhnung geben«, sagt er.

Acht Kilometer hinter dem Ort Maphisa steht in großen weißen Buchstaben »Gukurahundi« auf der Teerstraße. An dieser Stelle zweigt rechts ein Schotterweg ab, nach ein paar Minuten erreichen wir eine flache Senke zwischen Felskuppen, die wie Walfischrücken aussehen. Hier lag Bhalagwe, der berüchtigte Militärstützpunkt. In geheimen Luftaufnahmen aus dem Jahr 1982 sind 180 größere Gebäude zu erkennen, Schuppen aus Asbestplatten, in denen auf jeweils 72 Quadratmetern 136 Menschen in Dreierreihen zusammengepfercht wurden.

Überlebende berichten, dass sie in ihren Exkrementen auf dem nackten Boden schlafen mussten, Austreten war nachts verboten. Am Morgen wachten sie neben Mitgefangenen auf, die infolge der Misshandlungen durch Soldaten und Geheimdienstleute gestorben waren. Dann wurden sie selbst in die Schuppen geschleppt und geschunden. Vor Erschießungen mussten die Opfer ihre eigenen Gräber ausschaufeln, manche bewegten sich noch, als sie in den Gruben lagen. Im Report der Catholic Commission

Gukurahundi – der Regen, der die Spreu vom Vorjahr wegschwemmt: Nachfahren der Opfer erinnern auf der Straße vor dem Vernichtungslager Bhalagwe an den Massenmord.

for Justice and Peace in Zimbabwe wurden diese Gräueltaten erstmals dokumentiert. Insgesamt gingen rund 8000 Menschen durch das Militärcamp, mindestens 1000 wurden ermordet, die genaue Zahl der Toten kennt niemand. Die Folterstätten und Gefängnisschuppen wurden niedergerissen, unzählige im Busch verstreute Eternitscherben zeugen noch von ihren Standorten. Übrig geblieben ist auch eine von Dornengestrüpp überwucherte Ruine – die Offiziersmesse, in der sich die Menschenschinder nach vollbrachter Arbeit betranken.

Ein junger Viehhirte kommt zufällig des Weges, er erzählt, dass die Leute das ehemalige Militärcamp aus Furcht meiden würden. »Es ist ein Ort des Schmerzes, sagen meine Eltern.« Aber er weiß nicht so genau, was damals geschah, in der Schule wurde nie darüber gesprochen.

Bhalagwe, ein Ort des Schweigens. Man hört nur das Gurren von Buschtauben und das helle Glockengebimmel herumstreunender Ziegen. Am Rande des Geländes finden sich zwei Betongevierte, auf deren Umrandungen »Mass graves« eingeritzt wurde. Die einzigen Massengräber, die auf die hier verübten Verbrechen hindeuten.

»Die meisten Leichen wurden nachts in Militärlastern zur Antelope Mine transportiert. Die Soldaten kippten sie in die Stollen und warfen Handgranaten hinterher, um die Spuren zu beseitigen«, sagt ein alter Lehrer, der eine Woche im Lager interniert war, brutal misshandelt wurde und wie durch ein Wunder überlebte. »Ich habe mit eigenen Augen gesehen, wie Leute totgeschlagen oder erschossen wurden.« Der 76-Jährige lebt in der Nähe von Bhalagwe. Er möchte anonym bleiben. Denn er befürchtet, dass sich der Horror wiederholen könnte. Die Leute im Umland sind vorsichtig, wenn sie über den Massenmord reden, sie sprechen von »incidents«, Vorfällen.

Rostige Fördertürme, verfallene Gebäude, zugeschüttete Schächte – die aufgelassene Antelope Mine, Abladeplatz der Leichen. In der Umgebung suchen noch immer ein paar Goldgräber ihr Glück, sie kommen alle aus dem Shonaland. Gukurahundi? »Nie gehört. Was ist das?«, heuchelt einer. Fuzwayo, unser Begleiter, verzieht das Gesicht und drängt zum Gehen. »Es ist gefährlich, wenn ihr hier Shona befragt, sie hetzen uns Geheimpolizisten auf den Hals.«

Präsident Mugabe und sein Sicherheitsminister Mnangagwa waren über die Gewaltexzesse schon früh und sehr genau im Bilde. Hochrangige Kirchenvertreter hatten ihnen bereits im März 1983 eine Liste der schweren Menschenrechtsverletzungen persönlich übergeben; sie nahmen sie mit steinerner Miene entgegen – und verschärften den Terror. Den Südteil des Matabelelandes, in dem 400 000 Menschen im dritten Jahr unter einer andauernden Dürre litten, ließen sie regelrecht aushungern: Alle Märkte und Läden wurden geschlossen, die Nahrungsmittelhilfen eingestellt. Wie viele Menschen den Hungertod starben, ist unbekannt.

Emmerson Mnangagwa trat damals wie ein simbabwischer Joseph Goebbels auf. Am 4. März 1993 hielt er unweit der Kleinstadt Lupane eine öffentliche Ansprache, in der er die Regierungsgegner »Kakerlaken« schimpfte und die Fünfte Brigade als DDT bezeichnete, ein Pestizid, das alles Ungeziefer ausrotten werde. Heute beteuern er und alle anderen Drahtzieher, sie hätten mit dem Massenmord nichts zu tun gehabt.

Einen Tag nach Mnangagwas Hetzrede vollstreckten die Schergen der Fünften Brigade in Mzola, einer Streusiedlung rund achtzig Kilometer nordöstlich von Lupane, das furchtbarste Massaker der gesamten »Säuberungskampagne«. Die Dorfbewohner wollen zunächst nicht mit uns reden, wir könnten ja Spione der Regierung sein. Doch dann führt uns Reman Nyoni, ein traditioneller Führer, hinunter zum Fluss Cewale. Vor einer Sandbank bleibt er stehen. »Hier trieb die Fünfte Brigade die unschuldigen Leute zusammen. Sie mussten sich nebeneinander aufstellen, dann wurden sie mit AK-47-Gewehren niedergemäht.« 62 Menschen starben im Kugelhagel.

Unter den Toten waren drei Verwandte des Dorfchefs. Er selbst überlebte nur, weil ihn die Soldaten schon vor der Hinrichtung so brutal zusammengeschlagen hatten, dass er bewusstlos liegen blieb. Nyoni ist aufgewühlt, er raucht ununterbrochen in Zeitungspapier gerollten Tabak, während er uns die Massengräber zeigt. Eines unter dem großen Affenbrotbaum vor dem einstigen Militärlager, ein weiteres zwischen Sisalagaven, das dritte neben einem Termitenhügel. Nyoni erklärt, dass die Geister der Toten Unheil über die Lebenden bringen, solange sie nicht in Frieden ruhen können.

»Wir mussten auf den Gräbern tanzen und dazu klatschen und Parteilieder singen, während die Soldaten mit Peitschen und Stöcken auf uns eindroschen«, sagt Elica Nkomo, 68. Sie sitzt unter einem Mangobaum im Rollstuhl, die Spätfolge einer Kinderlähmung. Ihr jüngerer Bruder wurde in jener Nacht am Fluss ermordet. Ihr 1987 verstorbener Ehemann hat schwer verletzt überlebt. Eine ihrer Schwestern wurde von den Soldaten vergewaltigt; sie hat sich bis zu ihrem Tod nie wieder davon erholt. »Wir leiden bis heute unter den Folgen«, sagt sie. In der Region seien viele Menschen spurlos verschwunden, viele Opfer seien gelähmt, verkrüppelt, taub, blind oder geistesgestört. »Mugabes Killer haben uns beschuldigt, die Dissidenten zu unterstützen. Jetzt fürchten wir uns vor seinem Nachfolger.«

Mnangagwa, immer wieder Mnangagwa – kein Gespräch, in dem der Name nicht fällt. Es ist, als würde er wie ein böser Geist über dem Matabeleland schweben. Gerade jetzt, in der Hochphase des Wahlkampfes, brechen die Wunden wieder auf. Die Regierung hat zwar ein lausiges »Versöhnungsgesetz« auf den Weg gebracht, will sich aber nicht entschuldigen und lehnt Entschädigungen ab. Selbst die Oppositionspartei MDC erwähnt die Vergangenheit nur beiläufig, denn auch sie wird von Shona dominiert.

Die Opfer leben wie eh und je in Armut. Sie fühlen sich alleingelassen in ihrer Trauer und Wut. Und in ihrer Hoffnungslosigkeit.

»Das Krokodil hat die Sonne gefressen«, sagen die Ndebele, wenn es finster wird über ihrem Land. »Ngwena«, Krokodil – das ist der Kampfname von Emmerson Mnangagwa.

MANN OHNE HÄNDE

Wie ein Opfer des Bürgerkriegs in Sierra Leone sein Schicksal bewältigt

Als ich Jusu Jarka kurz vor dem Osterfest im Jahr 1999 zum ersten Mal sah, war er einer der verzweifeltsten Menschen, die mir je in Afrika begegnet sind. Er saß auf der Steinbank unter der Pinie im Innenhof eines verwahrlosten Krankenhauses in Freetown, der Hauptstadt Sierra Leones, und streckte mir seine vernarbten Armstummel entgegen. Rebellen hatten ihm beide Unterarme abgehackt, die Tat lag noch keine hundert Tage zurück.

Wie grüßt man einen Mann, der keine Hände mehr hat? Ich berührte verlegen seine Schulter und setzte mich neben ihn. Jarka hatte mehrere Notoperationen überstanden, aber sein Lebenswille war gebrochen. Er wirkte gehetzt, verwirrt, gramzerfressen. Sein Kopf war kahl geschoren, er schaute mich aus stumpfen Augen an und stammelte unzusammenhängende Sätze. »Ein Säugling ist besser dran als ich. Wenn es am Kopf juckt, muss ich mich wie ein Tier am Bettgestell scheuern.« Jusu Jarka besaß nur das, was er am Leib trug, ein türkisgrünes Netzhemd, blutverklebte Shorts, Badeschlappen. Ein schwer traumatisierter Mann von 45 Jahren, ohne Hände, ohne Hoffnung. »Wie könnte ich je wieder arbeiten? Wie soll ich meine Familie ernähren? Wer will mich?«, fragte er und antwortete sich selbst: »Niemand.«

Jusu Jarka hat den grausamen Bürgerkrieg überlebt, der von 1991 bis 2002 in seinem Land tobte: die Regierungstruppen von Sierra Leone gegen die Aufständischen der Revolutionary United Front (RUF), dazwischen die hilflose Friedenstruppe der Vereinten Nationen. Erst eine robuste Militärintervention der ehemaligen Kolonialmacht Großbritannien beendete das Blutvergießen. Die Schätzungen zur Zahl der Toten liegen zwischen 50 000 und

200 000; mindestens 5000 Menschen wurden Hände, Arme oder Beine abgehackt.

Das Connaught Hospital, in dem Jusu Jarka lag, war überfüllt, in den Krankensälen brütete süßlicher Fäulnisgestank. Überall das gleiche Bild: verstümmelte Männer, Frauen, Kinder. Es fehlte an Betten, Medikamenten, Verbandszeug, Ärzten, Pflegepersonal. Die Patienten warteten vergeblich auf Prothesen. »Die Schwarzen sind nicht gut zueinander«, sagte Jarka und erzählte eine jener Leidensgeschichten, die wir Afrika-Korrespondenten immer wieder hören. Wir schreiben sie auf und lösen bei den Lesern große Bestürzung aus, die Opfer aber bekommen unsere Artikel selten zu Gesicht, wir sehen sie in der Regel nie wieder, und ihre Schicksale geraten schnell in Vergessenheit, während wir schon über den nächsten Krieg, die nächste Hungersnot, die nächste Katastrophe berichten. Am Ende sind die Leidtragenden nur austauschbare Statisten auf unserer medialen Erregungsbühne. Doch manchmal lassen uns die Bilder nicht mehr los, und wenn es den Lesern genauso geht, dann ist das ein Glücksfall.

So war es bei Jusu Jarka. Seine Geschichte, im Februar 2000 erschienen im Magazin *Geo*, erreichte die Kirchengemeinde St. Matthäus im westfälischen Minden; sie sammelte 1400 Mark und überwies die Kollekte über eine Hilfsorganisation nach Freetown. Die umgerechnet 1,5 Millionen Leones waren Jarkas Startkapital in eine neue Zukunft, sie brachten wieder Zuversicht in sein Leben. Einen Teil des Geldes verwendete er, um die Amputees and War Wounded Association of Sierra Leone zu gründen, den Verband der Kriegsversehrten. Er kämpfte für die Entschädigung der Menschen, denen es wie ihm ergangen war. Er gewann den Beistand humanitärer Organisationen. Er beschaffte Prothesen aus dem Ausland. Ihm selber wurden im Jahr 2000 künstliche Arme angepasst, im Long Island Hospital in New York, eine amerikanische Stiftung hatte das möglich gemacht. Jarka fühlte sich wieder wie ein normaler Mensch, er hatte als Vorsitzender des

Kriegsversehrtenverbandes eine Mission, die ihn antrieb. 2001 schenkte ihm seine Frau einen weiteren Sohn. Zum Dank für den Bericht, der die Hilfe aus Deutschland ausgelöst hatte, gab er ihm meinen Vornamen: Bartholomäus.

Zwölf Jahre später, Wiedersehen in Freetown. Bartholomäus ist unterdessen zehn Jahre alt, ein hübscher, schlaksiger, wortkarger Junge, der mich zunächst misstrauisch mustert. Sein Vater eilt auf mich zu, und wieder weiß ich nicht, wie ich ihn begrüßen soll. Er reicht mir die rechte Prothese. Kalter Stahl. Die Greifzangen sind in konische Holzschäfte geschraubt, auf denen dünne Drähte zu den Bandagenzügen laufen, »zuggetätigte Armprothesen« nennen Orthopäden solche Hilfsgeräte, sie funktionieren mit eigener Muskelkraft. Wenn Jarka sie ruckartig hochreißt, um seine Worte durch Gesten zu verstärken, sieht das aus, als werde eine Marionette von unsichtbarer Hand bewegt.

»*Welcome.* Endlich schauen Sie mal vorbei«, sagt er mit leicht vorwurfsvollem Unterton. »Letzte Nacht habe ich geträumt, dass meine Hände nachgewachsen sind und ich Sie in einem Auto herumfahre.« Er ist jetzt 57 Jahre alt, ein Mann von stämmiger Gestalt, kerngesund und kräftig, seine Oberarmmuskeln – »Drücken Sie mal!« – fühlen sich an wie vollgepumpte Reifen. »Trotzdem bin ich ein nutzloser Krüppel.«

Die ganze Familie hat sich zum Empfang versammelt, Mariama, seine 43-jährige Ehefrau, ihre sieben Kinder und der Enkelsohn Jussuf. Sie leben seit acht Jahren auf der Jui Kobba Farm in Kossoh, einer Siedlung für Kriegsopfer, die mit Zuschüssen aus Norwegen gebaut wurde. Die Jarkas bekamen das Flurstück Nr. 3 zugeteilt: zwei schmale, mit Lehm verputzte Ziegelbauten, dahinter ein Schuppen, Bananenstauden, Papayabäume, ein paar Ziegen, Hühner, Enten, der Blick fällt hinunter auf einen sumpfigen See. An Orten wie diesen sind die Verstümmelten vor den Augen der Öffentlichkeit verborgen, viele Mitbürger wollen sie auch gar

Wiedersehen nach elf Jahren: Jusu Jarka hat wieder Lebensmut, sein Sohn Bartholomäus, benannt nach dem Autor, ist sein wichtigster Assistent.

nicht sehen. »Die Leute verdrängen die Vergangenheit. Unser Anblick weckt böse Erinnerungen«, sagt Jarka und führt mich zu seinem Lieblingsplatz im Hinterhof, an dem er jeden Tag sitzt und liest und grübelt. Bartholomäus rückt einen Holzstuhl zurecht und glättet den Faltenwurf seines Kaftans. »Er ist mein bester Assistent«, lobt der Vater.

Die Jarkas sind eine ganz normale afrikanische Großfamilie, eine von Millionen Notgemeinschaften, die das Leben im Mangel teilen. Die kleine Landwirtschaft sichert die Grundversorgung, man verkauft überschüssige Feldfrüchte am Straßenrand, die Mutter näht Tischdecken aus Batiktüchern, die erwachsenen Söhne und Töchter verdienen durch Gelegenheitsjobs ein bisschen Geld hinzu. »Aber es ist immer zu wenig«, klagt Jarka. Oft denkt er an die Zeit zurück, als er noch ein relativ wohlhabender Mann war.

Lamine Jusu Jarka kommt am 1. Juni 1954 zur Welt und wächst in kleinbäuerlichen Verhältnissen auf. Das Heimatdorf kann ihm keine Zukunft bieten, er verlässt es schon in jungen Jahren, geht zum Militär, arbeitet sich zum Offizier hoch und wird genau 13 Jahre und 90 Tage dienen. Anschließend erhält er bei der Barclays Bank in Freetown eine feste Anstellung als Wachmann. Weil er seine Aufgabe pflichtbewusst erfüllt und gut Englisch spricht, wird er sogar zum Sicherheitschef befördert. Dann bricht der Bürgerkrieg aus, die Bank wird geschlossen, das gesicherte Leben ist vorbei.

Jetzt hockt Jarka oft hinter seinem Haus, missmutig, verdammt zur Untätigkeit, auf einen rettenden Engel wartend. Der Kriegsversehrtenverband ist eingeschlafen, weil die Finanzmittel fehlen. Die eigene Regierung hat die Geschädigten vergessen. Und die Hilfsorganisationen, die sich nach dem Bürgerkrieg um die Opfer rissen, lassen sie im Stich. Der Wanderzirkus der Barmherzigkeit ist weitergezogen.

Aber Jarka ist eine Kämpfernatur, er würde niemals aufgeben. Er diktiert seiner Tochter Sia Bittbriefe, telefoniert mit Regierungsbeamten, sucht in der Zeitung nach Jobs – und übt tagaus, tagein mit seinen Prothesen. Stolz demonstriert er die mühsam erlernten Fertigkeiten. Er blättert mit den glatten Krallen in einem zerfledderten Magazin, schüttet einen Löffel Zucker in den Tee, schabt mit dem Nassrasierer seine Wangen. »Es ist nicht leicht, und nicht alles geht. Ich kann mich zum Beispiel auf der Toilette nicht richtig säubern.« Wenn er solche Sätze sagt, verdüstert sich seine Miene, die Stirn legt sich in Kummerfalten, und die Furchen um seine Augen, Nasenflügel und Mundwinkel werden noch tiefer.

Bartholomäus hat unterdessen Zutrauen gefasst, in den nächsten Tagen wird er nicht mehr von meiner Seite weichen. Auch nach Kissy will er unbedingt mitkommen, zu den Schauplätzen des Grauens, die sein Vater heute noch einmal mit uns begeht. Kissy, ein Viertel von Freetown, liegt hoch über dem Zentrum der Hauptstadt. Unser Rundgang beginnt in der Thompson Street, an einem alten, knorrigen Mangobaum. Die Leute rasten gerne im Schatten seines dichten Laubdachs, tauschen Neuigkeiten aus oder schauen einfach nur hinunter auf den graublauen Atlantik. Eine Schar fröhlicher Kinder belagert den Baum. Sie turnen auf der vom Regen ausgeschwemmten Wurzelstelze herum, die wie das Bein einer Riesenkrabbe vom Stamm absteht.

Jusu Jarka verscheucht die Kinder. »Das ist die Stelle«, sagt er und legt seine beiden Prothesen auf die Wurzel. »Hier haben sie mir die Arme abgehackt. Sie fragten: Lange oder kurze Ärmel?« Jarka hält kurz inne, sein Gesicht verzerrt sich zu einer Grimasse, der Phantomschmerz ist in die abgeschlagenen Glieder gefahren. Er beschreibt, wie die schwere Feuerwehraxt zweimal auf seine Unterarme niedersauste. Links zack! Rechts zack! »Der Mann mit der Axt schrie lachend: ›Jetzt geh zu deinem Präsidenten und arbeite für ihn!‹«

»Sie wollten, dass ich verrecke. Aber ich lebe noch.« Jarka lächelt bitter – und doch irgendwie triumphierend.

Anfang 1999, als die Rebellen über Freetown herfielen, begann die schlimmste Phase des Bürgerkriegs. Zwei Wochen wurde um die Hauptstadt gekämpft, dann verstummte der Geschützdonner plötzlich. Jarka erinnert sich noch genau an die Stille, die am Morgen des 20. Januar 1999 über Kissy lag. War der Alptraum endlich vorbei? Für ein paar Stunden durfte er hoffen. Aber es war nur die trügerische Ruhe vor dem Orkan, der Tod und Verderben über sein Viertel bringen sollte. Um die Mittagszeit hörte Jarka die ersten Schüsse und Schreie. Die Rebellen, unter ihnen viele Kindersoldaten, hatten in der 300 Meter entfernten St. Patrick's Church begonnen, mit Macheten und Messern wahllos Menschen zu massakrieren. Allmählich »arbeiteten« sie sich die Thompson Street hoch, bis zum Holzhaus mit der Nummer 3a, in dem sich Jarka und seine Tochter Hannah verkrochen hatten; die anderen Familienmitglieder waren zu Freunden geflohen oder irgendwo in der Stadt unterwegs. Um drei Uhr nachmittags droschen die Schlächter an die Vordertür. Hannah entkam durch ein Fenster auf der Rückseite des Hauses. Der Vater, ein kampfgeschulter Ex-Soldat, konnte nach einem heftigen Handgemenge mit den Eindringlingen ebenfalls fliehen. Doch schon ein paar Straßenzüge weiter schlugen ihn zwei junge Burschen nieder und zerrten ihn zur Richtstätte unterm Mangobaum. »Vor mir standen fünf Männer an. Sie wurden nacheinander umgebracht. Kopfschuss oder Genickschuss. Ich war der Sechste in der Reihe.«

Die Szenen verfolgen ihn bis heute. Nachts plagt ihn der immer gleiche Alptraum. Er rennt vor den Rebellen weg, doch seine Beine sind bleischwer. Er steht gelähmt vor dem Hünen mit der Feuerwehraxt. Er starrt auf die Ledermaske über dem rußgeschwärzten Gesicht. Er hört das Hohngelächter des Henkers, als seine Unterarme in den Staub plumpsen. Er sieht, wie einer der Spießgesellen sie in eine Tasche voller amputierter Hände wirft. »Es waren Trophäen, die den Kommandeuren präsentiert wurden, um in der Rangordnung aufzusteigen.«

»Let's shoot him!« – Legen wir ihn um!, brüllte einer der Rebellen, ein schmächtiger Kindersoldat, kaum älter als Jarkas dritter Sohn Joseph. Doch der Anführer der Rotte meinte nur: »Nein, er soll verrecken, wir wollen keine Kugeln vergeuden.« Wie viele Menschen unter dem Mangobaum verstümmelt wurden, kann Jarka nicht sagen. Aber den Namen des Scharfrichters wird er nie vergessen: CO Cuthands – Kommandant Handabschneider. Bis hierher hat er die Geschehnisse sachlich referiert, mit kühler, schauerlicher Genauigkeit. Nur an den zitternden Prothesen sieht man, dass er innerlich bebt, dass die Erinnerung an den unsäglichen Schmerz und die Todesangst aufflackern. Ein Jahrzehnt lang hat er diesen Ort gemieden, er hasst Kissy, dieses arme, heruntergekommene Viertel. Heute ist er zum ersten Mal zurückgekehrt.

Wir besuchen Madeleine Samuels, eine dickleibige Matrone, die gerade auf der windschiefen Veranda ihres Holzhäuschens Plastikteller abwäscht. Zu ihr, seiner nächsten Nachbarin, rannte der Schwerverletzte, sie goss Jod über seine Wunden und verband ihn notdürftig mit Lumpen und Windeln. »Mister Jarka starrte auf seine blutenden Armstümpfe und schrie und schrie und schrie, die ganze Nacht hindurch«, erinnert sich Frau Samuels. Sie spuckt angewidert auf den Boden. »Die Rebellen waren vollgepumpt mit Drogen. Sie ersäuften Kinder in den Latrinen. Sie schlitzten die Bäuche von Schwangeren auf. Sie stachen Augen aus.« Verstümmeln, nicht töten – das ist Barbarei mit Kalkül: Den Opfern werden Arme, Augen, Geschlechtsteile genommen, die Organe der Schaffenskraft, Wahrnehmung und Fortpflanzung. Aus der neueren Gewaltforschung weiß man, dass im mordenden Kollektiv alle Gesetze, Werte und moralischen Tabus aufgehoben werden; die Täter steigern sich in einen regelrechten Blutrausch und empfinden absolute Macht und uneingeschränkte Freiheit.

Missis Samuels drückt das viel einfacher aus: »Es waren Teufel, die aus der Hölle gestiegen sind.« Die Teufel töteten, folterten und vergewaltigten im Namen der Rebellentruppe RUF. Foday Sankoh, ihr Anführer, wollte die korrupte Regierung stürzen; seine Mörderbande verfolgte indes keine politischen Ziele, sondern wurde von der blanken Gier getrieben, vom Wahn, alles im Lande zu besitzen und zu beherrschen: Territorien, Dörfer, Viehherden, Brunnen, Nahrungsmittel, die Körper der Frauen, vor allem aber Blutdiamanten, die sie im Austausch gegen Waffen an Charles Taylor lieferten, den Staatschef des Nachbarlandes Liberia.

Vor drei Jahren stand Jusu Jarka dem Ex-Präsidenten persönlich gegenüber, in Den Haag, als Zeuge im Prozess des Internationalen Strafgerichtshofs, der Taylor wegen schwerer Kriegsverbrechen angeklagt hatte. Da saß der Warlord in feinem Zwirn und mimte den Unschuldigen. Jarka hielt ihm seine Prothesen unter die Augen. Es war eine der ergreifendsten Szenen in der seit 2007 laufenden Verhandlung. »Taylor drehte einfach den Kopf zur Seite und ignorierte mich«, erzählt Jarka. »Als ich seinen Anwalt Griffiths fragte, ob er ihn verteidigen würde, wenn sein Sohn unter den Opfern wäre, sagte er kleinlaut: ›Ich tue nur meinen Job.‹« Demnächst soll das Urteil über Taylor gefällt werden, Jarka verfolgt den Prozess im fernen Holland sehr aufmerksam. »Das Weltstrafgericht ist eine große Errungenschaft. Denn die Täter kommen nicht mehr ungeschoren davon. Sie wissen jetzt, dass sie immer und überall zur Verantwortung gezogen werden.« (Charles Taylor wurde 2012 schuldig gesprochen und zu 50 Jahren Gefängnis verurteilt.)

Am Morgen nach der Verstümmelung schleppte sich Jusu Jarka den Berg hinunter. Die zerklüftete Straße säumen bis heute die Ruinen niedergebrannter Häuser. Zwei Buben deuten mit neugierigem Schaudern auf seine Krallen. Manche Anwohner erkennen Jarka und grüßen ihn herzlich. Er ist prominent in Freetown, denn er hat die saumselige Regierung immer wieder ermahnt, den Kriegsopfern beizustehen. Oft war sein Bild in der Zeitung, eines zeigt ihn zusammen mit Paul Wolfowitz, dem ehemaligen Präsidenten der Weltbank. »Der gehörte auch zu denen, die Hilfe versprachen. Aber nichts kam.«

Rose Street 43 b, ein blechumzäuntes Geviert, in dem rund tausend schwer verwundete Flüchtlinge zusammengepfercht waren, viele lagen im Sterben. Gelegentlich kehrten die Killer zurück und erschlugen oder erschossen Menschen. Jarka gelang es mit letzter Kraft, sich ins Connaught Hospital zu schleppen. Dort hörte er, wie ein Pfleger vorschlug, ihm eine erlösende Spritze zu geben. Der Arzt weigerte sich und entschied: »Wer vier Tage ohne medizinische Hilfe überlebt hat, der kommt durch.«

Die Betonbank, auf der in der Osterzeit 1999 der todtraurige Mister Jarka saß, steht jetzt nicht mehr unter der Pinie im Innenhof, sondern am Rande des überdachten Gehwegs. Sonst hat sich nichts verändert. Die Stahlrohrliegen in der Station 3, die rostigen Infusionsgalgen, die löchrigen Moskitonetze, das Bett Nr. 14, in dem Jarka drei Monate lang lag und litt, weil die Schmerzmittel ausgegangen waren – alles noch an Ort und Stelle. Und da ist auch noch Patrick, der Krankenpfleger. An Jarka kann er sich gut erinnern. »Er war ein geduldiger Patient. Erstaunlich, was er aushielt.« Ein Europäer wäre vermutlich wahnsinnig geworden, wenn ihn Jarkas Schicksal ereilt hätte. Offenbar gibt es tief im Innern dieses Mannes etwas Unantastbares, Unzerstörbares.

Die Nacht fällt wie ein Stein auf Freetown. In der Dunkelheit erscheint die Stadt wie ein endloser Slum, der um die verwitterte Pracht der britischen Kolonialbauten herumwuchert. Mittendrin das Haus, in dem Graham Greene Romane schrieb. Jarka ist ziemlich erschöpft. »Der Rundgang hat mich doch viel mehr mitgenommen, als ich dachte«, bekennt er. Ein Anruf auf der Heimfahrt nach Kossoh. Im Handy erklingt eine Dawah, ein muslimischer Segen. Jarka klaubt es mit seinen Greiflingen aus der Umhängetasche und meldet sich. Man staunt, wie souverän er das Gerät auf der holprigen Schlaglochpiste bedient. Bartholomäus schaut aus dem Fenster. Er war den ganzen Tag wortlos hinter uns hergelaufen und ließ sich nicht anmerken, wie sehr ihn der Ausflug in die Vergangenheit verstörte. Als wir eine Militärpatrouille passieren, fragt er seinen Vater unvermittelt: »Sind das die Soldaten, die deine Hände abgeschlagen haben?« Weil der Vater nicht gleich antwortet, fügt er hinzu: »Wenn ich einmal groß bin, werde ich dich rächen!« Jarka schweigt, seine Augen sind feucht.

Was würde er tun, wenn ihm der »Kommandant Handabschneider« zufällig über den Weg liefe? Beschleichen ihn manchmal Rachegelüste? »Nein, nie. Das würde mir meine Hände auch nicht zurückgeben«, erklärt er und liest mit seiner rechten Metallzange einen Kiesel auf. »Ich habe den Hass im Haus von Mekka gelassen.« Dann wirft er den Kiesel an die Hinterwand seines Hauses, so wie er damals, 2003, die Steine auf die Kaaba geworfen hat, um den Scheitan zu besiegen. Jarka ist ein tiefreligiöser Muslim. Die Hadsch, die Pilgerfahrt in die heilige Stadt, war sein größter Traum. Sie hat ihm den Seelenfrieden geschenkt, und seither trägt er den Zusatz »Hadschi« im Namen. Nagt kein Zweifel an ihm? Fragt er sich nie, warum Gott all die Kriegsgräuel zugelassen hat? »Nein. Mein Unglück war göttliche Vorsehung. Es ist Allahs Wille, dass ich überlebt habe.«

In der mit schwarzen Stoffbahnen abgedunkelten Wohnkammer hängen Bilder aus Mekka, dazwischen Koransuren in goldenen Lettern. Der enge Raum ist auch Jarkas Büro. In Sammelmappen hat er seine Unterlagen aufbewahrt: vergilbte Landkarten mit den Dörfern der Kriegsversehrten, Eingaben an die zuständigen Ministerien, die Mitgliederliste des Opferverbandes, Fotos, Zeitungsausschnitte. Jarka ist bestens informiert über das politische Geschehen – und hat nicht viel Hoffnung für sein Land. Sierra Leone ist immer noch bitterarm, unterentwickelt und gewaltgeplagt, auch unter Präsident Ernest Bai Koroma geht es kaum voran. Kann eine Gesellschaft, die durch die Hölle ging, je wieder normal funktionieren?

Keine Angst vorm Fliegen: der Autor als junger Aktivist mit Dany, dem jüngsten Sohn unseres Gastgebers in Tansania. Dort betrat ich 1980 zum ersten Mal afrikanischen Boden, um an einem Entwicklungsprojekt mitzuarbeiten. Ich ahnte damals nicht, dass dieser Einsatz meine berufliche Zukunft vorherbestimmen würde. Sieben Jahre später kehrte ich als Auslandskorrespondent nach Afrika zurück.

Der Kleptokrat Joseph Kabila, Präsident der Demokratischen Republik Kongo, fantasiert im Interview über die goldene Zukunft seines verrotteten Staates.

Kritik der schwarzen Vernunft: Die Werke des Philosophen Achille Mbembe haben meinen Blick auf Afrika maßgeblich geprägt. Hier unterhalten wir uns im Garten seines Ferienhäuschens in Südafrika über die Fehlentwicklungen des Kontinents.

Im Frühjahr 2014 erläuterte mir Ellen Johnson Sirleaf, die Präsidentin Liberias, die Folgen der Ebola-Pandemie in ihrem Land. Die damals einzige Staatschefin Afrikas verwahrte sich gegen die Untergangsprognosen westlicher Berichterstatter: »Wir legen uns nicht zum Sterben nieder.«

Manchmal ist der Humor stärker als die Erinnerung an das Grauen: Gespräch mit Überlebenden, zwanzig Jahre nach dem Genozid in Ruanda.

Gruppenbild mit Staatschefs: der Autor zwischen Bundespräsident Horst Köhler und seinem nigerianischen Amtskollegen Umaru Yar'Adua in Abuja. In der Hauptstadt Nigerias fand 2008 eine hochkarätig besetzte Konferenz im Rahmen von Köhlers Initiative »Partnerschaft mit Afrika« statt.

Journalisten unerwünscht: Nur im Pressetross des deutschen Entwicklungsministers Gerd Müller war eine Begegnung mit dem eritreischen Präsidenten Isaias Afwerki möglich. Ein Interview lehnte der Diktator allerdings kategorisch ab.

Die Normalität täuscht: Besuch bei Opfern des Massenmords in Simbabwe, den der Diktator Robert Mugabe in den 1980er Jahren anordnete.

Stars von morgen: Ende der 1990er Jahre trainierte ich eine Jugendmann-
schaft in Johannesburg. Der Mittelfeldspieler Sandile (rechts neben mir)
war ein Ausnahmetalent. Ich hoffte, dass er den Sprung in die südafrikanische Nationalelf schaffen würde, rechtzeitig zur Fußball-WM, die 2010
erstmals in Afrika ausgetragen wurde. Leider vergeblich.

Prophet der Regenbogen-Nation: Der ehemalige Erzbischof Desmond Tutu war einer der wortgewaltigsten Vorkämpfer gegen die Apartheid. Ich habe ihn im Verlauf der Jahre immer wieder getroffen und wurde jedes Mal angesteckt von seinem unerschütterlichen Optimismus.

»Wüstenschiffe« zum Verkauf: Bei den Recherchen über das Schicksal gestrandeter Migranten bleibt Zeit für einen Besuch des Kamelmarkts in Agadez, Niger.

Besser schlecht gefahren als gut gelaufen: In Afrika ist es manchmal nicht einfach, von A nach B zu kommen. Die Reise auf einem voll beladenen Lastwagen in Südnigeria war unbequem und riskant, aber als Katholik konnte ich auf Schutz des Herrn Jesus vertrauen.

Der letzte Tag. Es regnet und regnet und regnet. Die Straße hinaus nach Kossoh hat sich in einen Schlammpfad verwandelt. Hadschi Jusu Jarka sitzt unter dem Blechdach am Hauseingang. Es ist einer dieser Tage, an denen er in unendlicher Traurigkeit versinkt. »Ich spüre meine tauben Fingerspitzen. Aber ich fühle nichts, wenn ich die Brust meiner Frau streichle. Wenn eine Münze zu Boden fällt, muss ich sie mit dem Mund aufheben.« Und wenn Bartholomäus etwas ausgefressen hat, sagt er zu seinem Vater: »Du kannst mich nicht schlagen, du hast keine Hände mehr.«

Der Muezzin ruft. Jarka streift seinen weißen Kaftan über und geht zur kleinen Moschee gleich nebenan. Mohammed, der älteste Sohn, begleitet ihn. Er trägt ein T-Shirt mit dem Aufdruck »Oberbayern«, darunter das Bild eines Burschen mit Trachtenhut, der Bier trinkt und Schweinernes verspeist. Wenn das der Imam wüsste ... Beim Waschritual gebraucht Jarka seine Füße so geschickt wie unsereins die Hände. Dann schaltet er sein Mobiltelefon ab, kniet nieder auf dem mit Stragulafliesen ausgelegten Boden und betet. Der Glaube spendet im jeden Tag die Kraft, sein Los zu tragen.

Es ist Ramadan, am offenen Feuer im Hinterhof wird gerade Iftar zubereitet, das Mahl des Fastenbrechens. Es hat aufgehört zu regnen, bis zum Essen ist noch etwas Zeit. Jarka ist wieder guter Dinge und fordert mich zu einem Zweikampf im Schattenboxen heraus. Wir sind fast auf den Monat genau gleich alt. Schon in der ersten Runde kontert er mich aus – der mit seiner linken Zange angedeutete Nierenhaken hätte mich in einem echten Duell umgehauen. Der Sieger lacht. Er wirkt an diesem Abend glücklich, aber zufrieden ist er nicht. Ständig plagen ihn Geldsorgen, seine Prothese müsste längst ausgetauscht oder wenigstens repariert werden. Er weiß nicht, wie er die nächsten Schulgebühren für Bartholomäus zahlen soll, 135 000 Leones pro Jahr, das ist verdammt viel für sein knappes Budget.

»Nimm ihn mit nach Deutschland, ich habe ihn auf deinen Namen getauft, du bist sein zweiter Vater. Er soll es einmal besser haben.«

Mutter Mariama nickt zustimmend. Solche Bitten werden in den Krisengebieten Afrikas häufig an uns Chronisten herangetragen. Die bedrängten Menschen greifen nach jedem Rettungsanker. Eine Telefonnummer, eine Visitenkarte, ein Kontakt nach Europa wird mit der Hoffnung verknüpft, irgendwann und irgendwie der Not entfliehen zu können.

Bartholomäus hat aufmerksam zugehört und schaut mich mit keckem Blick an. »Und? Nimmst du mich mit, Vater Bartholomäus?«

GESANG DER FLUSSGEISTER
Siachilaba.
Oder: Die rettende Kraft der Musik

Um die zwölfte Stunde hatte das Thermometer noch 38 Grad Celsius angezeigt. Jetzt werden die Schatten der Baobabbäume allmählich länger, und die milde Sonne des Spätnachmittags gießt honiggelbes Licht über den Kraal. Die Lehmwände der Rundhütten, die grazilen Kegeldächer aus Stroh und Reet, der tönerne Kornspeicher, das um die Feuerstellen verstreute Kochgerät, der Busch ringsum, alles beginnt unwirklich zu glühen. Das Leben erwacht aus der Hitzestarre. Küken piepsen. Bruthennen gackern. Ziegen meckern. Ein Säugling quengelt. In das Gezwitscher der Buben, die wie aufgescheuchte Vögel herumschwirren, mischen sich die Schleiftöne von Granitsteinen, zwischen denen Hirse zermahlen wird. Ein Dorf in Afrika, staubig, arm, gleichmütig, von der heiteren Melodie des Alltags durchwoben ...

Trrrrrrmmmmm! Urplötzlich schneidet ein kurzer Trommelwirbel durch die Beschaulichkeit. Es folgen, wie vom Zufall eingestreut, hohe Pfeiftöne. Ein kurzes Intervall. Dann erschallen Hörner, einzeln, im Zwieklang, zu vieren, schließlich gemischt in sämtlichen Tonfarben, sanft und schrill, brummend und kichernd, tubadumpf und flötenhell. Dann steigen, unterlegt von dröhnenden Trommelschlägen, Gesangsfetzen aus einem Gewirr johlender, juchzender, trällernder Stimmen. Was zunächst wie heillose Dissonanz anmutet, schwillt zur furiosen Klangwolke an, die alle Geräusche des Kraals verschluckt. Und Siachilaba, die Streusiedlung im unwegsamen, stillen Hinterland Simbabwes, wird zur Bühne von Simonga, einem Ensemble aus drei Dutzend stampfenden und tanzenden Akteuren: Hornisten mit Halsgebinden aus Stachelschweinborsten und Kronkorken oder Perlhuhnfedern im Haar; Trommler, deren Kopfputz aus Sisalfasern an Gamsbärte erinnert; Sängerinnen in blauem Tuch mit perlenbestickten Lendenschurzen, in den durchbohrten Nasenscheidewänden dünne Schmuckhölzchen. Ein junger Irrwisch hat – als wolle er koloniale Klischees bedienen – sogar einen Bastrock an! Der Boden zittert, die Luft vibriert. Staub wirbelt im rhythmischen Getrampel der Füße auf. Die Musikanten überblasen kurze, schlanke Hörner, stoßen in Trillerpfeifen, schütteln Blechglocken oder Insakas, angerostete Kondensmilchdosen, die zu Rasseln umfunktioniert wurden. Mittendrin, von unsichtbarer Hand getragen, schwebt die große Ngoma, eine mit Elefantenohr bespannte Trommel. Die Truppe verharrt vor einem Stein, zieht im Stampfschritt weiter, umkreist eine Hütte, stoppt ein paar Trommelschläge lang vor dem Eingang, rasselt mit Kling und Klang weiter, verschwindet hinter dem Rinderpferch, taucht wieder auf, wiederholt den Zickzack durch den Kraal. Springprozession. Spielmannsspuk. Perchtentreiben. Musikstampede. Wie könnte man dieses Zwitterwesen aus Klängen und Körpern beschreiben? Nach anderthalb Stunden, die glutrote Sonnenscheibe legt sich soeben im Busch schlafen, verstummen die Instrumente, scheinbar planlos und ebenso prompt, wie sie begonnen hatten. Die Musikanten versammeln sich in der Mitte des Kraals und trinken Hirsebier aus Zwei-Liter-Kübeln. Die Ahnen zechen mit: Aus jedem Gefäß wird ein Mundvoll auf die Erde gegossen.

Es ist nicht lange her, da saß ein Quartett ausländischer Musikexperten in dieser Runde, und die Fragezeichen in ihren Augen müssen so groß gewesen sein wie Tenorschlüssel. Sie waren aus Österreich, Südafrika und den USA gekommen, um die Ursprünge der wunderlichen Tonga-Musik zu untersuchen. »An das säuerlichherbe Hirsegebräu haben wir uns schnell gewöhnt, die Herkunft der Musik aber blieb ein Rätsel«, berichtet Peter Androsch, ein Komponist aus Linz. »Sie klingt gleichzeitig prähistorisch und

Gastspiel der Musikanten aus Siachilaba in einem Nachbardorf: Frappante
Verwandtschaften mit unserer zeitgenössischen Kunstmusik.

postmodern.« In einer Nachbetrachtung skizziert Androsch die »frappanten Verwandtschaften mit unserer zeitgenössischen Kunstmusik, die Intonation mit mikrotonalen Abstufungen, die polyrhythmischen Muster, die asynchronen Temposchwankungen, die Agogik, das Auseinanderstreben und die Wiedervereinigung des Klangkörpers«. Was er gehört hat, erinnert ihn an die Neutöner des Westens: »Da lugten die Tonga hervor, pusteten in Ligetis ›Kammerkonzert‹, ja, in Charles Ives ›Central Park in the Dark‹ aus dem Jahre 1906 (!).« Zwei Meister, stellvertretend für die klassische Moderne, und jede Menge Fachchinesisch – wo die Musik der Tonga herkommt, wie sie entstand, bleibt schleierhaft.

Jossam Munkuli, der »Kapellmeister« von Simonga, ist schon betrunken. Er wundert sich, dass sich die Bleichgesichter wieder einmal wundern. »Ist doch alles ganz einfach. Fragt Siankwede.« Er führt uns zu einem alten Mann, der uns schon während des Spektakels aufgefallen war. Er überragte alle anderen, löste sich ab und zu aus dem Ensemble und führte seinen Speer wie einen Taktstock. »Das ist unser bester Mwimbi«, erklärt Jossam. Das Wort bedeutet so viel wie »Herr der Töne« und lässt sich am ehesten mit »Komponist« übersetzen. Wir werden einer baumlangen, schlaksigen Gestalt vorgestellt, an der alles eine Nummer zu groß wirkt: die Arme, die Finger, die Füße, der Echsenhals mit den prallen Adern. Nur die Ohren scheinen für einen Kompositeur zu klein geraten. Seine Augen sind nicht mehr scharf, der Blick ist glasig-matt, nach innen gerichtet. Vor uns sitzt Siankwede Bokotela Mudenda, der berühmte Mwimbi.

Er ist um das Jahr 1930 herum geboren, aber so genau weiß er das nicht. Er hat vier Frauen und 21 Kinder, einige stehen, gestaffelt wie Orgelpfeifen, im Halbkreis hinter ihm und kichern über unsere komischen Fragen. Wie Ngoma Buntibe, die Musik der Tonga, entstanden ist? »Sie war schon immer da.« Wann wird gespielt? »Bei Totenfeiern.« Warum bewegt sich die Gruppe im Spiel? »Weil wir alle Wege nachgehen, die der Tote im Leben gegangen ist. Ein Nachfahr muss seinen Mizimu erben, seinen Schatten. Sonst wird er zum bösen Geist.« Ist jemand gestorben? »Nein. Wir spielen einfach so. Manchmal machen wir auch Wettbewerbe. Das ist heute anders als früher.« Spielen die Musiker, was ihnen gerade in den Sinn kommt? »Nein, nein. Da sind feste Regeln.« Fragt sich, wie diese Regeln vermittelt werden – die Notenschrift ist den Tonga so unbekannt wie eine CD. Siankwede lacht. Nimmt zwei Holzstöckchen. Schlägt einen Takt voller abenteuerlicher Synkopen. Summt und wiegt sich in einem monotonen Sprechgesang. »So spiele ich jedem Musiker die neuen Stücke vor.« Und wie komponiert er sie? Siankwede versteht die Frage nicht. Wie kommen die Töne in den Kopf des Mwimbi? »Ich träume sie.« Träumen? »Die Geister der Ahnen tragen sie in den Schlaf.« Die Vorväter liegen im Wasser begraben, erzählt Siankwede, in einem großen See, der einmal ein Fluss war und vom Dorf so weit weg ist, dass er ihn auf seinen kranken alten Beinen nicht mehr erreichen kann.

Der große See heißt Kariba. An seinem Südufer, vier Stunden Fußmarsch von Siachilaba entfernt, liegt Malala – ein Fischercamp, über dem die Schwermut brütet. Das Blechboot zirkelt durch einen Wald aus Baumskeletten, die aus dem reglosen Wasserspiegel stechen. Die abgestorbenen Bäume, überkrustet mit dem knochenbleichen Kot der Kormorane, wirken im fahlen Morgenlicht noch gespenstischer. Flusspferde tauchen mit wütendem Grunzen bedrohlich nahe aus dem Wasser. Jack Muleya, einer der Glücklichen aus Siachilaba, die im Besitz einer zerbeulten Jolle und einer gültigen Fanglizenz sind, hadert. Die Krokodile haben schon wieder ein Netz zerfetzt, und die Ausbeute – drei Mugwaya, eine Handvoll Mucheni, Brassen und Tigerfische – ist mager.

Irgendwo auf dem trüben Grund, in versunkenen Dörfern, deren Namen keiner mehr nennt, ruhen die Ahnen der Tonga. Die Fischer sagen, man könne an windstillen Tagen hören, wie sie Hirse stampfen oder Speerspitzen auf dem Amboss plätten.

Manchmal dringe das Krähen der Hähne herauf und der Schall von Hörnern und Trommeln. Dort unten, wo der Schießpulverbaum Mupolopopo wächst, wo die Felsen laufen können und auch sonst recht sonderbare Dinge geschehen, liegt das verborgene Tal. »Ich habe noch nie etwas gehört«, sagt Muleya. Aber er glaubt an Nyaminyami, den grollenden Flussgott, der gelobt hat, seinem Volk das geraubte Land wiederzugeben.

Die Fluss-Tonga hatten seit urvordenklichen Zeiten die Ufer des Sambesi bevölkert. Dann kam jener Tag im unseligen Jahr 1956, als ein Bote vom Sikanyana – so nannte der Volksmund den britischen Distriktkommissar Ivor Cockcroft – die schlechte Nachricht überbrachte: »Die Regierung baut einen Staudamm. Bald wird das Wasser steigen, wir müssen euch umsiedeln.« Die Tonga wurden deportiert, Gegenwehr war zwecklos, sonst wäre es ihnen ergangen wie dem aufsässigen Makaza. Der wurde kurzerhand in Fesseln gelegt und wie ein störrischer Ziegenbock verladen. Drüben in Chipepo, wo ein Clan Widerstand leistete, starben im Juni 1958 sechs Menschen im Kugelhagel der Kolonialpolizei. Sechs Monate später, am 3. Dezember 1958, wurden am Stauwehr zu Kariba die Flutschleusen geschlossen. Der Dammbau, ausgeführt von der italienischen Firma Impresit, war vollendet, das alte Leben der Tonga vorbei. Binnen zwei Jahren versanken ihre Hütten, Viehpferche und Kornspeicher, die Gräber der Ahnen, das Schwemmland und die Vergangenheit in den Fluten des Kariba-Sees. 57 000 Natives, Eingeborene, mussten dem pharaonischen Projekt weichen. Kraals, Sippen, Familien wurden auseinandergerissen und in karstige, semiaride Landstriche der damaligen Kolonien Nordrhodesien (heute Sambia) und Südrhodesien (Simbabwe) verfrachtet. In die Sprache der Tonga ist dieses Unglück als Kulonzegwa eingegangen: die große Vertreibung. Aber die Jungen können mit dem Wort ebenso wenig anfangen wie mit den wehmütigen Erzählungen der Alten. Sie haben keine Bilder mehr von den versunkenen Flussauen, Bilder, wie sie Nzima

Muzamba, ein alter, ausgemergelter Bauer, heraufbeschwört. »Das Schwemmland am Sambesi war so fruchtbar, dass wir zweimal im Jahr ernten konnten. Wir hatten Gemüsegärten und immer genug Wasser. Wir konnten fischen und Hippos jagen. Heute ist alles verboten.«

Die neue Heimat von Muzamba hieß Siachilaba: wasserarmer, staubiger, glutheißer Busch, so weit das Auge reicht. »Es gibt zu wenig Regen. Die Brunnen trocknen oft aus. Die Böden sind mager.« Die Vertriebenen bauen Sorghum und Fingerhirse an; Schwärme von limonengrünen Webervögeln plündern regelmäßig die Saat. Manchmal zertrampeln Elefanten die Ernte. Löwen, Hyänen und Tsetsefliegen dezimieren ihre Rinder. Den Tieren im Sambesi-Tal sollte es besser ergehen als den Menschen. Sie waren vor dem Stauwasser auf die höchsten Bergkuppen geflohen, die sich in schrumpfende Inseln verwandelten, je höher der Seespiegel stieg. Im Zuge der fünfjährigen »Operation Noah« wurden sie in die weitläufigen Nationalparks auf der Hochebene umgesiedelt. Dort erfreuen sie sich bis heute fürsorglicher Hege, während die Tonga von der Regierung in der Hauptstadt Harare, die 1980 das Kolonialregime abgelöst hatte, vergessen wurden. Arbeit, Schulen, Krankenstationen, Wasser, Strom – die schwarzen Herren versprachen viel und hielten wenig. Oder soll man etwa die Teerstraße, auf der weiße Urlauber, unterwegs zu den Ferienzielen am Kariba-See, durch Siachilaba rauschen, für eine Errungenschaft halten? Die paar armseligen Kaufläden am Straßenrand, deren Waren sich nicht viele leisten können? Den kleinen Fernseher in Mister Funs Gemischtwarenhandlung, aus dem, unerreichbar wie der Saturn, eine schöne, reiche Welt flimmert? Dann steht da auch noch der 2000-Liter-Tank voller Hirsebier, aufgestellt von der Brauerei Chibuku: eine riesige Mutterbrust, an der die arbeitslosen Männer bis zur Bewusstlosigkeit saugen, während ihre Kinder in Fetzen herumlaufen.

Nur ein paar Fischer durften an die Buchten des Lake Kariba zurückkehren. Der See sei für die Touristen reserviert, sagen die Häuptlinge, die es früher, als die Tonga in einer egalitären, mutterrechtlichen Gemeinschaft lebten, noch nicht gab. Die Regierung hat sie sich herangezüchtet, brave, untertänige Obmänner wie Siachilabas Chief Mujimba. In seiner Amtstracht – karminrote Robe, navyblaue Kragenaufschläge, dazu ein Tropenhelm mit goldenem Staatswappen – sieht er aus wie eine Karikatur der Kolonialherren.

Ein halbes Menschenalter ist seit der Zwangsumsiedlung vergangen – vierzig Jahre Trostlosigkeit. Die Volkshälften diesseits und jenseits des Lake Kariba entfremdeten sich, ihre Sprache driftete auseinander. Periodisch von Dürren heimgesucht, wurden die Tonga abhängig von staatlicher Hungerhilfe – ein erniedrigtes Volk, vertrieben aus seiner Heimat, vergiftet durch Trunksucht, Neid, Prostitution, Hexenglaube, am Rande der simbabwischen Gesellschaft dahindämmernd. Doris Lessing, die einst aus Rhodesien verbannte Schriftstellerin, war nach ihrer Visite im Jahre 1989 schockiert: »Besuchen Sie die Tonga nicht, es wird Ihnen das Herz brechen.«

Hätte Missis Lessing nur ihre Musik gehört, diese wundersam-wilden Klangelexiere gegen die Hoffnungslosigkeit! »Es geht los!«, ruft Jossam und eilt zur Truppe. Trommeln dröhnen. Hörner schallen. Rasseln schnarren. Zungen flattern. Simonga fegt wieder durchs Dorf und reißt die Menschen in einen rhapsodischen Taumel. Es ist, als werde aus dem Geist der Musik der Gemeinsinn der Tonga wiedergeboren. Als kehrten ihr Stolz, ihre Selbstachtung zurück. Als riefen sie mit einer Stimme: *Fiat musica, pereat mundi!* Mag auch die ganze Welt zugrunde gehen, unsere Musik überlebt! Die Bagger und Planierraupen, die Betonberge und Wassermassen, die Landvermesser und Dammkonstrukteure konnten die Ahnen nicht zum Schweigen bringen. Und keine Macht vermag Nyaminyami, den Flussgott, zu zähmen. Man hat ihn sich als Seeschlange von gewaltigem Wuchs vorzustellen. Die Arbeiter, die beim Bau des Kariba-Damms zu Tode kamen, habe kein anderer als Nyaminyami auf dem Gewissen, sagen die Leute.

Klangwellen, Tongischten, rhythmische Kaskaden fluten in den Busch hinaus, Wasserkonzert im Fortissimo, die Töne wuselnd wie Sardinenschwärme, eine Musik, gelöst aus Raum und Zeit, unerhört, unbeschreiblich. Selbst fachlichen Koryphäen fehlen die Worte. »Cheerful noise«, befand der britische Musikethnologe Hugh Tracey. Fröhlicher Lärm. Die Musik der Tonga fängt an, wo unsere bescheidene Sprache aufhört und nur noch Klangbilder reden. Man stelle sich die Töne als Regentropfen vor, die auf den gläsernen Spiegel eines Sees prasseln. Man denke an den sirrenden Gesang der Insekten. Oder an eine Herde von Almkühen, deren Halsglocken sich zu einer scheppernden Symphonie vereinen. Die Klanggewitter der Tonga wirken archaisch, äonenfern, fremd, und in der nächsten Kadenz avantgardistisch, zeitlos, ja vertraut wie Geräuschcluster aus dem Synthesizer oder das sphärische Gebrabbel im Kurzwellenradio. Stellenweise fühlt man sich an den astralen Freejazz des legendären Sun Ra erinnert, an die aleatorischen Tontrauben Edgar Varèses, an die galoppierenden Glissandi einer Sofia Gubaidulina und sogar an den alten Frank Zappa und seine halluzinogenen Kompositionen: kosmisches Gelächter, rätselhaft, kakofonisch, asynchron, frei von Harmonien – und dennoch von unergründlichen Strukturen getragen.

»Vielleicht hat im Tonga-Land ein Meteorit eingeschlagen. Auf dem saßen moderne Komponisten aus Europa. Sie brachten den Eingeborenen zeitgenössische Musik bei … Aber wahrscheinlich ist es genau umgekehrt: Die Tonga haben die westliche Avantgarde seit der Jahrhundertwende mit parapsychischen oder telekinetischen Kräften ferngesteuert … Ich war wohl die letzte Beute«, sagt Peter Androsch, der Komponist aus Linz.

Stille, rabenschwarze Nacht über Siachilaba. Es ist die Stunde, in der Sikanywabongo, der Gehirntrinker, durch die Dörfer schleicht. Der sechsbeinige Erzbösewicht hat einen Eselskopf, Krokodilzähne und eine borstige Riesenwampe. Er beißt Löcher in die Schädeldecke und schlürft das Gehirn aus. Und die Menschen vergessen alles, den Fluss, ihre Vorfahren, die Geschichte. Sie wissen nicht mehr, wie man Regen macht und Reusen flicht, Krokodile häutet, die Götter bei Laune hält und Ngoma Buntibe spielt. Nicht auszudenken, wenn der Unhold zum Beispiel Jossam Munkuli, den Hüter der Hörner, bisse. Dem würden dann das Versteck und die Namen der Instrumente entfallen. »Mukwele, Kavu, Dimbizia, Muliliko, Saina …« Munkuli benennt die Nyele genannten Antilopenhörner, während er sie an der Lehmwand seiner Hütte aufstellt. Sie stammen von Impalas und Kudus. Wie sie gebaut, gepflegt, gestimmt werden, darf Munkuli nicht verraten. Er murmelt etwas von Bienenwachs, gesalzener Geißmilch, Paraffin und glühendem Draht. Um aber den vollendeten Gleichklang zu erzeugen, den er gerade an zwei Instrumenten demonstriert, braucht man vermutlich ein absolutes Gehör. »Frag die Geister«, sagt Munkuli trocken, »die wissen das Geheimnis.«

Zwei Stunden später treffen wir den Hüter der Hörner unter dem blechernen Vordach von Mister Funs Laden. Er ist sternhagelblau. Hirsebier. Die Männer von Siachilaba torkeln herum und lallen wirres Zeug. Der Gehirntrinker Sikanywabongo war da – in der Gestalt des Biertanks von Chibuku.

Das grelle, flimmernde Licht, die gnadenlose Hitze, die dürstende Erde, die Armut der Menschen von Siachilaba stimmen trübsinnig. Aber, seltsam, sobald die Dunkelheit wie ein Stein auf die Hütten fällt, die Luft lind wird und die Musik erschallt, verfliegen die düsteren Gedanken. Diesmal spielt Simonga im Kraal des Trommelbauers Siapele, der so abgeschieden in einem flachen, steinigen, von schroffen Felsketten gesäumten Talgrund liegt, als wäre er ganz allein auf der Erde. Wieder steht Siankwede drei, vier Schritte neben der Gruppe und rüttelt den Speer, als zeichne er die bizarren Klangbilder in der Luft vor. Wieder ist am Anfang das Chaos und am Ende die geheimnisvolle Ordnung der Töne. Und diesmal hören wir ihn raunen, Nyaminyami, den zürnenden Flussgott! Die Töne perlen wie Luftbläschen aus den Tiefen des Sees, um an der Oberfläche zu einem vulkanischen Crescendo zu verschmelzen, das die Materie zum Schwingen bringt und alles, was Ohren hat, mit sich reißt. *Con abbandono* – mit Hingabe. Die Musiker haben sich in Ekstase gespielt. Die Kinder des Kraals hüpfen verzückt wie Veitstänzer um sie herum, die dürren Hunde vollführen groteske Luftsprünge, und selbst der faule Halbmond, der, wie in der südlichen Hemisphäre üblich, auf dem Rücken liegt, scheint mitzuschunkeln. Die Pulsschläge und Atemzüge der Menschen, der soziale Körper, die beseelte Natur vereinigen sich im Rausch der Töne. Man beginnt zu ahnen, was das traumatisierte Volk der Tonga im Innersten zusammenhält: Die magische Kraft, die Urgewalt ihrer Musik.

Siankwede gießt einen Schluck Hirsebier für die Ahnen in den Staub. »Sie können hören, dass wir unsere Kultur bewahren.« Wir sitzen neben ihm, noch ganz benommen vom Wirbelsturm Simonga. Oder rührt das Gefühl der Trunkenheit aus der unendlichen Stille, die den Mwimbi umströmt? Allmählich kehren die nächtlichen Geräusche des Kraals ins Ohr zurück. Männergelächter. Ziegengeblök. Das Glucksen der Bruthenne. Der Flügelschlag einer Fledermaus. Das Knirschen der Sandkäfer, die in Kükenschnäbeln zermalmt werden. Das Innuendo der Buschzikaden. Das Schnattern des Gänserichs. Das Pfeifen und Tschilpen und Giggeln der Perlhühner im schwarzen Blätterdach über uns. Das pergamentene Rascheln der dürren Büsche, durch die eine Abendbrise kämmt. Siankwede ist eingenickt. Ob er gerade den Fluss flüstern hört, die Musik der Ahnen, die aus seinem dunklen Grund heraufsprudelt?

VORPROGRAMMIERTE EXPLOSION?

Das schnelle Bevölkerungswachstum verschärft die Armut – und umgekehrt

Hamidou Moumouni steht am Rande seines Hirseackers und begutachtet die mickrigen Kolben an den Stauden. »Wieder kein guter Ertrag. Wie soll das nur weitergehen?«, stellt er besorgt fest. Schon die letzte Ernte war miserabel ausgefallen, weil es zu wenig geregnet hat. Und weil die Böden ausgelaugt sind. »Die Erde ist müde geworden«, sagt der Bauer, ein hagerer Mann von 59 Jahren. Sein tannengrüner Bubu, das traditionelle Männergewand, hat goldene Sticksäume – ein Zeichen des Wohlstands, um den er nun fürchtet: »Wir werden irgendwann nicht mehr genug Getreide haben, weil das Wetter verrückt geworden ist.«

Moumouni ist nicht allein mit seinen Sorgen, hier in Libore, einem Dorf unweit von Niamey, der Hauptstadt des Niger. Früher haben die Kleinbauern Überschüsse eingefahren, die Kornspeicher waren voll, aber seit ein paar Jahren reichen die Erträge gerade noch, um ihre Familien zu ernähren. Meteorologen haben in den vergangenen drei Jahrzehnten eine stetige Abnahme der Niederschläge in der Sahelregion gemessen. Aber der schleichende Klimawandel ist nur ein Faktor, der die Versorgungskrise heraufbeschwört. Der andere Faktor ist das rasante Wachstum der Bevölkerung. Jedes Jahr nimmt die Zahl der Nigrer um 3,9 Prozent zu. Wenn die Wachstumsrate unverändert hoch bleibt, könnte das Land nach regierungsamtlichen Prognosen schon 2050 nahezu 90 Millionen Einwohner haben – fast dreißigmal so viele wie 1960, als Niger unabhängig wurde. Bis dahin könnte sich nach Schätzungen der Vereinten Nationen die Einwohnerzahl des gesamten Kontinents auf 2,5 Milliarden Menschen verdoppeln.

Kindersegen, ein Geschenk Gottes: Der Bauer Hamidou Moumouni ist stolz auf seine vielköpfige Familie, er hält die Angst vor Überbevölkerung für unbegründet.

Derartige Prognosen lösen in Europa Ängste vor einem baldigen »Flüchtlingsansturm« aus, und sie beflügeln Rechtspopulisten, die diese Ängste systematisch befeuern. Afrika wird als große, unberechenbare Bedrohung wahrgenommen. Sogar Hilfsorganisationen, die sich für die Wahrung der Menschenrechte an den EU-Außengrenzen einsetzen, nähren ungewollt die Furcht. In einer Anzeige von borderline.europe sind ausgehungerte Gestalten zu sehen, die Aliens ähneln und aus einer Dürrezone massenhaft auf Europa zumarschieren.

»Die spektakulärsten demografischen Veränderungen, die sich jemals in der Geschichte der Menschheit ereignet haben, vollziehen sich gerade auf dem afrikanischen Kontinent«, stellt der französische Politikprofessor Serge Michailof fest. Er ist kein Apokalyptiker, sondern ein seriöser Wissenschaftler, der in Afrika intensiv geforscht und lange im humanitären Sektor gearbeitet hat, unter anderem als Direktor der staatlichen Entwicklungshilfeagentur Frankreichs. Michailof prophezeit, dass die kommenden Jahrzehnte in Afrika eine Zeit voller Gefahren sein werden. Eine Zeit, in der infolge des ungebremsten Bevölkerungswachstums Armut und Verelendung zunehmen werden. Eine Zeit der großen Hungersnöte, die Landflucht und Migrationsbewegungen in einem ungeahnten Ausmaß auslösen könnten. Auch eine Zeit der Anarchie und Gewalt, in der sich immer mehr arbeitslose junge Männer, die keine Zukunftsperspektive haben, dem islamistischen Terror zuwenden könnten.

Auch Jeffrey Sachs, ein Schwergewicht in der entwicklungspolitischen Debatte, wirkt nicht mehr so optimistisch wie in den Jahren, als er seinen Bestseller *Das Ende der Armut* veröffentlichte und Sonderberater des Millenniumprogramms der Vereinten Nationen war, das dieses Ende herbeiführen sollte. Der amerikanische Ökonom leitet das Earth Institute an der Columbia University in New York. Dort habe ich ihn im Dezember 2013 interviewt. Sachs rechnete vor, dass bei den derzeitigen Zuwachsraten Ende des 21. Jahrhunderts rund 3,8 Milliarden Menschen in Afrika leben werden, und räumte zum Schluss des Gesprächs ein: »Und für ein Afrika mit 3,8 Milliarden Menschen kenne auch ich keine Lösung.«

Hamidou Moumouni, der Bauer aus Libore, versteht die ganze Aufregung nicht. »Die Weißen reden immer von der Bevölkerungsexplosion. Sie behaupten, dass wir zu viele Kinder haben. Für uns sind viele Kinder ein Geschenk Gottes.« Im Übrigen könne man die Versorgungslücke ganz einfach überwinden. »Wir brauchen Maschinen und hochwertigen Kunstdünger, dann würden wir dreimal so viel produzieren.« Und wenn man das Problem auch von der anderen Seite angehen und das schnelle Bevölkerungswachstum verlangsamen würde? Moumouni hat sich diese Frage schon mehrmals gestellt, aber er kommt immer zu derselben Antwort: »Viele Menschen, das sind viele Hände, die Wohlstand schaffen. Und wenn jeder Arbeit hat, dann sind alle versorgt.« Er geht zurück in sein Lehmhaus und setzt sich zu seiner Frau und den acht Kindern, die sich auf einer Liege im luftigen Innenhof versammelt haben. Faty, 40, die Ehefrau, stillt gerade den 16 Monate alten Kidirou, den jüngsten der vier Söhne. Sie hätte gern noch mehr Kinder, sagt sie, und Moumouni fügt hinzu: »Die Familie muss größer werden, dann haben wir eine bessere Altersvorsorge.« Aber werden denn die Söhne davon leben können, wenn er seine zwölf Hektar große Farm unter ihnen aufteilt? Das Erbe erhalte nur der Erstgeborene, sagt Moumouni. Der zweite Sohn möge sich einen Posten bei der Regierung suchen, der dritte solle Koranlehrer werden, der vierte könne sich irgendwie nach Europa durchschlagen, um dort sein Glück zu machen. Und die Mädchen? »Die sollen reiche Männer heiraten.« Nima, die hübsche zwölfjährige Tochter, wird wohl bald verkuppelt werden. Sie wünscht sich zehn Kinder, mindestens.

Genau hier liegt das Problem: Niger hat die höchste Fruchtbarkeitsrate der Welt, im Schnitt gebärt jede Frau mehr als sieben Kinder. In einer anderen Statistik steht das Land hingegen ganz unten: Auf dem globalen Index, mit dem die Vereinten Nationen Wohlstand und Lebensqualität bewerten, ist es das Schlusslicht unter 189 Staaten. Nirgendwo zeigt sich drastischer, wie Armut extremes Bevölkerungswachstum produziert (und vice versa) und diese Dynamik jeden Entwicklungsfortschritt aufzehrt. Niger ist zwar mit 1,3 Millionen Quadratkilometern dreieinhalbmal so groß wie Deutschland, aber zwei Drittel des Staatsgebiets sind Wüste, und nur knapp acht Prozent der Landesfläche können landwirtschaftlich genutzt werden. Denn nur dort fallen pro Jahr durchschnittlich mehr als 400 Millimeter Niederschlag, die den Regenfeldbau erst möglich machen. Schon heute verbraucht die nigrische Bevölkerung mehr Nahrungsmittel, als auf ihren Feldern wachsen. In langen Trockenzeiten muss die Regierung bis zu eine Million Tonnen Getreide importieren, um die Versorgungslücke auszugleichen. Entwicklungsexperten nennen das ein strukturelles Nahrungsmitteldefizit. Manche verwenden auch das Bild von der Schere zwischen Storch und Pflug, die sich immer weiter öffne; sie warnen vor der »malthusianischen Falle«.

Thomas Malthus war ein britischer Ökonom, seine umstrittene Kernthese besagt grob vereinfacht, dass das Massenelend größer werde, wenn die Bevölkerung exponentiell wächst, während die Nahrungsmittelproduktion nur linear zunimmt. Malthus wurde im 20. Jahrhundert durch den wissenschaftlichen Fortschritt, die Bildungsrevolution und die Modernisierung der Landwirtschaft gründlich widerlegt, doch in der Sahel-Region sind seine Vorhersagen Realität geworden. Dort drohen im 21. Jahrhundert gewaltige Versorgungskrisen, und es wird trotz aller Hilfsanstrengungen der internationalen Gemeinschaft unmöglich sein, Millionen und Abermillionen von Menschen vor dem Hungertod zu retten. Aus eigener Kraft könnte Niger vielleicht 10 Millionen

Menschen ernähren. Das Land hat aber 20 Millionen Einwohner. Der schon jetzt überforderte Staat wird nicht in der Lage sein, die 750 000 Kinder, die jedes Jahr geboren werden, auszubilden, gesundheitlich zu versorgen und in Brot und Arbeit zu bringen.

Die ehemalige französische Kolonie ist seit der Unabhängigkeit wirtschaftlich kaum vorangekommen, im Gegenteil: Während das Pro-Kopf-Einkommen im Gründungsjahr 1960 bei 476 Dollar lag, betrug es 2016 nur noch 441 Dollar. Die Entwicklungsdefizite sind vor allem der politischen Instabilität und der Unfähigkeit korrupter Regierungen geschuldet. Niger wurde in seiner kurzen Geschichte durch mehrere Staatsstreiche erschüttert, erst 2011, mit der Wahl Mahamadou Issoufous, kam das Land einigermaßen zur Ruhe. Der ehemalige Präsident galt als moderater Sozialdemokrat, der das Kardinalproblem des Landes angehen wollte: die Massenarmut, die durch den Bevölkerungsdruck verschärft wird. Aber die Mittel der Regierung sind beschränkt. Außer Uran hat das Land keine nennenswerten Exportgüter, bei der Mehrheit der Bevölkerung handelt es sich um Subsistenzbauern, von denen über die Hälfte mit einem Dollar pro Tag auskommen müssen.

Die dramatischen Folgen der Bevölkerungsexplosion seien jahrzehntelang verdrängt worden, sagt Serge Michailof, von den reichen Geberstaaten, von den einheimischen Politikern, von christlichen und muslimischen Dogmatikern. Aber auch humanitäre Organisationen haben das Problem bagatellisiert oder verdrängt, es war politisch nicht korrekt, darüber zu reden. Jetzt kehrt es in einer der ärmsten Regionen der Welt mit voller Wucht zurück, und alle Maßnahmen, die dagegen unternommen werden, kommen reichlich spät oder bleiben Stückwerk.

Vor dem Entbindungsheim in der Bezirksstadt Dosso warten vierzig Mütter mit ihren kranken Kleinkindern, viele wimmern oder schreien. Zeinabou Abdou, eine schon nach vierzig Lebensjahren ausgemergelte Frau, hat sich bereits frühmorgens angestellt. Sie trägt ihre elf Monate alten Zwillinge auf dem Rücken, zwei Mädchen. Das eine sieht proper aus, das andere zeigt Zeichen von Unterernährung: spindeldürre Gliedmaßen, schütteres, rotstichiges Haar. Es bekommt nicht genug Milch, die Mutter ist ratlos. Zwölf Kinder hat Zeinabou Abdou zur Welt gebracht, drei starben, das dreizehnte ist in ihrem Bauch. »Du bist eine Frau, du musst liefern. Du hast keine Wahl«, sagt sie schicksalsergeben. Will sie noch mehr Kinder? »Nein, jetzt reicht es mir. Ich will verhüten.«

Verhütungsmittel? In Darey Maliki wussten viele Mädchen und Frauen vor ein paar Monaten noch gar nicht, dass es so etwas gibt. Ihr Dorf liegt 15 Kilometer außerhalb von Dosso, traditionelle Hütten, Lehmmoschee, Brunnen mit Handpumpe, ringsum Hirsefelder. Und ein Versammlungshaus, in dem drei Dutzend aufgeregte Mädchen in ostereierfarbenen Hidschabs sitzen. Sie sind zwischen 13 und 19 Jahre alt und besuchen einen Lehrgang für Familienplanung, den die amerikanische Hilfsorganisation Pathfinder durchführt.

Die jungen Frauen können weder lesen noch schreiben, sie mussten die Schule abbrechen, weil sie früh in die Ehe gezwungen wurden. Die meisten erleben zum ersten Mal so etwas wie Unterricht. »Manche Ehemänner haben ihnen die Teilnahme an unserer Schulung verboten«, sagt Ramatou Halitou, die Kursleiterin. »Sie wollen nicht, dass ihnen die Frauen wiedersprechen.« Halitou wiederholt anhand von bunten Schautafeln die letzten Lektionen: Sexualleben, Funktion der Geschlechtsorgane, Komplikationen bei der Geburt, weibliche Gesundheitspflege. Die Mädchen hören aufmerksam zu, stellen schüchtern Fragen. Machen Kontrazeptiva unfruchtbar? Was tun, wenn sie mein Mann verbietet und mich schlägt? Wie gefährlich sind Schutzimpfungen? »Wir lernen hier, selbstständig zu denken, und werden zu Vorbildern für andere Frauen«, sagt Balkissa Hassane, eine aufgeweckte Achtzehnjährige. Sie ist zum ersten Mal schwanger – und wünscht sich sieben

Kinder. Sie will aber auch verhüten, um größere Abstände zwischen die Geburten zu legen. Ein kleiner Fortschritt, immerhin. Hassanes Wunsch zeigt allerdings auch, dass die Aufklärungskampagnen ihr Hauptziel – weniger und gesündere Kinder – oft verfehlen. Denn auch bei jungen Frauen bleibt die Überzeugung stärker, dass viel Nachwuchs ein Segen ist.

»Man muss sich das wie eine Lotterie vorstellen«, sagt Sani Aliou, der Landesdirektor von Pathfinder. »Je mehr du einsetzt, desto höher sind die Gewinnchancen: Irgendein Kind wird schon das Glückslos ziehen.« Aliou ist praktischer Arzt, er plant die Einsätze seiner Organisation generalstabsmäßig. An der Wand hängt eine Karte, in der mit Stecknadeln die Gesundheitsposten und Einsatzteams markiert sind. Das Misstrauen gegen die moderne Medizin sei nach wie vor groß, sagt er und nennt ein typisches Beispiel: Werdende Mütter wollen sich aus religiösen Gründen oft nicht untersuchen lassen, weil sie Ärzte oder männliche Pflegekräfte berühren könnten.

Niger hat nicht nur die höchste Fertilität der Welt, sondern auch eine der höchsten Müttersterblichkeitsraten: Die Geburt überleben 535 von 100 000 Frauen nicht (Deutschland verzeichnet im Vergleich dazu nur drei Todesfälle). Das liegt an der schlechten medizinischen Versorgung, vor allem aber an der extrem hohen Zahl von Frühehen: Viele Mädchen sind viel zu jung, um Kinder zu kriegen. Laut amtlicher Statistik werden im Niger 76 Prozent der Mädchen vor dem 18. Lebensjahr verheiratet, 28 Prozent sind sogar jünger als 15. In der Regel werden sie von den eigenen Vätern und Müttern dazu genötigt. »Das führt immer wieder zu schrecklichen Tragödien«, sagt Kaffa Jackson und zeigt auf ihrem Smartphone ein grausiges Foto, das ihr vor ein paar Tagen von einem anonymen Absender gemailt wurde. Darauf ist ein etwa 14 Jahre altes Mädchen zu sehen, das sich am Rande ihres Dorfes an einem dürren Baum erhängt hat. Solche Bilder hat sie schon öfter erhalten, sie sind für sie Mahnung und Ansporn zugleich, die Missstände zu bekämpfen. Jackson, eine promovierte Luftfahrtingenieurin, ist Ministerin für Bevölkerungsfragen und steht im Ruf, eine resolute Technokratin zu sein. »Ich habe den schwierigsten Job in der Regierung«, sagt sie. Die Ministerin hat fünf Kinder großgezogen. »Es wäre schon viel gewonnen, wenn wir diese Obergrenze in jeder Familie erreichen würden.« Ihr Büro quillt über vor Strategiepapieren, dicken Ordnern voller Zahlen und Broschüren aller Art. An Initiativen auf höchster Ebene mangele es nicht, betont sie, es gebe einen nationalen Aktionsplan, mehrere Ministerien hätten Programme zur langfristigen Familienplanung entworfen. Das große Manko sei allerdings, dass die Projekte unterfinanziert und schlecht koordiniert sind und dass sie oft nicht auf der untersten Verwaltungsebene ankommen.

»Gerade in den dicht besiedelten Kommunen entscheidet sich, ob wir das Bevölkerungswachstum drosseln können«, erklärt Jackson. »Die größten Hindernisse dabei sind Armut, Unwissen, patriarchalische Traditionen wie die Polygamie, die Rechtlosigkeit der Mädchen und Frauen.« Auf ihren Reisen durchs Land spürt sie immer wieder die massiven Widerstände der Männer, die nichts wissen wollen von Geburtenkontrolle. Viele glauben, dass Frauen, die verhüten, fremdgehen würden. Kondome sind ohnehin verpönt. Um für den Gebrauch der Gummis zu werben, sagt die Ministerin, müsse man kreative Strategien entwickeln. Sie lobt eine Hilfsorganisation, die die Präservative »Foula« nennt – so heißt der traditionelle Spitzhut. Seit prominente Ringer dafür werben (Ringen ist eine der beliebtesten Sportarten im Niger), sei die Akzeptanz dieser Verhütungsmethode gestiegen. »Solche Maßnahmen sind sinnvoll, aber es sind nur winzige Schritte. Wenn es uns nicht gelingt, das Bevölkerungswachstum zu bremsen, steuern wir auf eine Katastrophe zu«, glaubt auch Kaffa Jackson. Dennoch verbittet sie sich die schulmeisterlichen Belehrungen aus Europa. Besonders ärgerlich findet sie, was Emmanuel Macron unlängst zum Besten gegeben hat. »In Ländern, wo Frauen sieben bis acht

Kinder haben, kannst du Milliarden von Euro ausgeben, du wirst nie Stabilität erreichen«, verkündete der französische Präsident. Die Ferndiagnose im Namen der einstigen Kolonialmacht Frankreich, die den Kontinent jahrzehntelang ausgebeutet hat, kam bei Afrikanern und Afrikanerinnen nicht gut an.

Auch wenn europäische Politiker kurz in Niamey einfliegen und ein paar Computer und Geländewagen verschenken, sei das nicht sehr hilfreich, sagt Jackson. Sie spielt auf den letzten Blitzbesuch der damaligen deutschen Verteidigungsministerin Ursula von der Leyen in Niamey an. »In Wahrheit geht es doch nur darum, dass wir euch die Armutsflüchtlinge vom Halse halten. Die Ursachen der Migration werden dabei gerne vergessen.«

»Es gibt tausend Vorschläge, das Bevölkerungswachstum zu verringern«, sagt Fatouma Karimou. »Aber solange unsere Mädchen und Frauen nicht gleichberechtigt sind, ist das nicht zu schaffen. Sie brauchen Bildung, um selbst über ihr Leben bestimmen zu können.« Sie hat diese Bildung, sie wurde gefördert von einer kleinen Hilfsorganisation aus Kanada. Die 24-Jährige studiert Ernährungswissenschaften. Sie trägt einen petrolgrünen Hidschab, an ihrer Nase glitzert ein Schmuckstein – eine aufgeklärte junge Muslimin, die für viele Mädchen im Dorf Libore zum Rollenmodell wurde. Auf die meisten Männer hingegen wirken selbstbewusste Frauen wie sie bedrohlich. »Sie halten Frauen für minderwertig. Sie fürchten, dass sie keinen Respekt mehr vor ihnen haben, wenn sie sich emanzipieren. Und deshalb wollen sie auch nicht, dass sie alphabetisiert werden und sich gegen Frühehen wehren«, sagt Karimou. Es sei schwer, diese Mentalität zu überwinden, denn die Männer wollen ihre Macht behalten. »Sie reden dann von der Tradition und von religiösen Tabus. Aber Familienplanung ist keine Sünde. Auch nicht im Islam!« Die Ausbildung abschließen, dann als Ernährungsberaterin arbeiten, dann erst heiraten, das ist der Plan von Fatouma Karimou. Natürlich will auch sie Kinder. Wie viele? »Fünf.«

Nigeria ist die bevölkerungsreichste Nation Afrikas. Man weiß allerdings nicht genau, wie viele Einwohner die größte Volkswirtschaft des Kontinents tatsächlich hat. Sind es 190 Millionen? 200 Millionen? Oder schon weit mehr? 1987, als ich im Pressetross des damaligen Bundespräsidenten Richard von Weizsäcker Nigeria besuchte, waren es erst 88 Millionen. Schon seinerzeit zeichnete sich ein schwindelerregendes Bevölkerungswachstum ab, aber niemanden schien das zu bekümmern. Wir flogen auch zu einer riesigen Baustelle im geografischen Zentrum des Landes, wo die neue Hauptstadt Abuja entstehen sollte. Außer dem protzigen Hilton-Hotel, in dem wir nächtigten, war noch nicht viel zu sehen. Mittlerweile hat sich Abuja in eine hochmoderne Kapitale mit über drei Millionen Einwohnern verwandelt, und die Regierung ist stolz, dass sie in Windeseile weiter und weiter wächst. Anfang der 1990er Jahre sprach ich mit zwei einflussreichen Religionsführern über das Thema, mit Father Matthew Kukah, dem Generalsekretär der katholischen Kirche, und mit Abdul-Lateef Adegbite, seinem Amtskollegen im Obersten Rat für muslimische Angelegenheiten. Beide gaben fast wortgleiche Statements ab, die sich in zwei Sätzen zusammenfassen lassen: Die »Bevölkerungsexplosion« ist ein westliches Schreckensszenario. Familienplanung und Geburtenkontrolle sind Werke des Teufels, die dem Schöpfungsplan des Allmächtigen zuwiderlaufen.

Drei Jahrzehnte später leben nach amtlichen Schätzungen allein in Lagos bereits 21 Millionen Menschen, und täglich kommen rund 3000 Zuwanderer hinzu, verarmte Landflüchtlinge, die in der Hoffnung auf ein besseres Leben in die Wirtschafts- und Handelsmetropole ziehen. Wenn der Zustrom in diesem Tempo anhält, könnte Lagos zur Jahrhundertmitte die größte Megalopolis der Welt sein: 40 Millionen Einwohner, so viele wie in ganz Polen. Ist ein Gebilde dieser Größenordnung überhaupt regierbar? Lässt sich darin noch menschenwürdig leben? Oder mutiert Lagos zu einem unermesslichen Konglomerat von Slums, in denen nur ein Gesetz herrscht: das Gesetz der Entropie, das jede soziale Ordnung zersetzt? Genau das prophezeien Kulturpessimisten wie der Amerikaner Robert Kaplan.

Schon vor Jahren beschrieb er Lagos und andere Großstädte Westafrikas als wild wuchernde Ballungsräume, in denen sich alle Probleme wechselseitig verstärken: Bevölkerungsdruck, Massenarmut, Wohnungsnot, Wassermangel, Energiekrise, Verkehrsinfarkt, Müllnotstand, Korruption, ausufernde Kriminalität. Lagos ist in Kaplans Augen ein Vorbote des Weltuntergangs.

Rem Koolhaas, der niederländische Stararchitekt, sieht das ganz anders. Für ihn ist die Riesenstadt ein Ort der Zukunft, der sogar ein Modell für die Megacitys des 21. Jahrhunderts werden könne, ein Labor voller Vitalität und Kreativität, in dem neue Strategien zur Bewältigung der weltweiten Verstädterung erprobt werden.

Man kann es sich kaum vorstellen, wenn man in diesen Tagen den Moloch Lagos erkundet. Schon am frühen Morgen tobt ein infernalischer Verkehr, sämtliche Hauptstraßen sind heillos verstopft. Die Tropenluft ist schwül und stickig, man fühlt sich wie in einer Sauna. Es stinkt nach Abgasen, fauligem Wasser, Fäkalien, der Rauch von kokelnden Abfallbergen brennt in den Augen. Dazu das Geratter der Dieselgeneratoren, die rund um die Uhr laufen, weil der Strom im Stundentakt ausfällt. Und allerorten bewegen sich gewaltige Menschenmassen, auf den Märkten, neben den Autobahnen, unter den Brücken, an Bushaltestellen. Ein wirres, aggressives Großstadtgewühl, in dem man schnell die Orientierung verliert.

Lagos sei ein brutaler Ort, der die Menschen zermürbe, befindet der nigerianisch-amerikanische Schriftsteller Teju Cole. »Du wachst am Morgen auf und denkst: Hier machen sich zwanzig Millionen Leute gegenseitig das Leben schwer.« Im Klartext: Wer sich gegen die Verteilungsschlacht nicht wappnet, geht unter. Ich habe Coles Buch *Jeder Tag gehört dem Dieb* wie eine Anleitung zum Überleben in einem urbanen Dschungel gelesen. Seine Empfehlungen wären ebenso nützlich in anderen Metropolen Afrikas, die aus allen Nähten platzen. Auch in Kairo, Accra, Daressalam, Kinshasa oder Johannesburg beschleicht einen die fatalistische Anmutung, dass das rasante Wachstum im dystopischen Zerfall enden könnte.

Olusegun Obasanjo ist einer der angesehenen Elder Statesmen Afrikas. Ich habe ihn mehrfach interviewt, zuletzt, als er noch Präsident von Nigeria war. Er saß, bewacht von vergoldeten Löwen, in seinem abgedunkelten Amtszimmer in der Aso Villa zu Abuja, und empfand Fragen nach der demografischen Entwicklung seiner Nation als Zumutung: »What are you talking about, young man?« Obasanjo sah keinerlei Handlungsbedarf. Unterdessen schlägt auch er Alarm und warnt auf internationalen Tagungen vor der »youth bulge«, vor dem Überschuss an ungebildeten, arbeitslosen, frustrierten jungen Afrikanern und Afrikanerinnen, deren Zahl bis 2050 auf nahezu eine halbe Milliarde anschwellen könnte. Das Problem ist vor allem eine Alterskohorte, die schon der Moralphilosoph Thomas Hobbes in seinem 1651 erschienenen Hauptwerk *Leviathan* beschreibt: junge Männer, die aufgrund ihrer Unzufriedenheit mit der gegenwärtigen Lage geneigt seien, »Unruhe und Aufruhr zu erregen«. Sie sind voller Testosteron, haben keinerlei Zukunftsperspektiven, langweilen sich, leiden unter der Allmacht der alten Männer. Sie begegneten mir in unterschiedlicher Gestalt immer häufiger in Afrika: Kindersoldaten in Sierra Leone, Straßenkinder in den Slums von Nairobi, minderjährige Arbeitssklaven in den Goldminen Ghanas. Oder männliche Jugendliche, die in den Townships vor Kapstadt oft vaterlos aufgewachsen sind, sich einer der mittlerweile 130 Banden angeschlossen haben und ihre Gemeinden terrorisieren. Die Mord- und Vergewaltigungsraten in den Territorien der Gangster zählen zu den weltweit höchsten. Südafrikanische Kriminologen führen das unter anderem auf die gekränkte Männlichkeit der jungen Straftäter zurück.

Der umstrittene Sozialforscher Gunnar Heinsohn geht im globalen Kontext noch viel weiter, er warnt vor einem Millionenheer gewaltbereiter Nachwuchskrieger. Wer nach Erklärungen sucht, warum den islamistischen Terrormilizen in Somalia oder Nordnigeria so viele Halbwüchsige und Jungmänner zulaufen, ist versucht, seiner abstrusen These zuzustimmen. Doch Heinsohns biologistische Konstruktionen haben wenig mit exakter Wissenschaft zu tun: Er liefert nur dumpfe Argumente für den Stammtisch und blendet die wahren Ursachen der latenten Aggressionsbereitschaft aus: Armut, Aussichtslosigkeit, das Gefühl, wertlos zu sein.

Olusegun Obasanjo, dem als Präsident Nigerias die »Jugendbeule« ziemlich egal war, hat sich auf seine alten Tage in einen unermüdlichen Mahner verwandelt. Dennoch wurde er nicht zum Untergangspropheten, denn er sieht Licht am Ende des Tunnels, zum Beispiel in einem Land wie Äthiopien. Ausgerechnet in Äthiopien, das vor ein paar Jahren noch als hoffnungslos überbevölkertes Hungerland abgeschrieben wurde? Diesen Einwand bekomme ich bei Vorträgen in Deutschland oft zu hören, und lange Zeit hielt ich ihn für berechtigt. Wurden die Zweifel nicht durch die nackten Zahlen immer wieder bestätigt? 1990 hatte das nordostafrikanische Land 50 Millionen Einwohner, heute sind es weit über 100 Millionen. Dennoch ist in dieser Zeitspanne die Zuwachsrate der Bevölkerung signifikant zurückgegangen. Das lag an der vorausschauenden Politik einer Regierung, über die man viel Schlechtes sagen kann, doch auf dem Feld der Familienplanung konnte sie bemerkenswerte Fortschritte erzielen. Sie hat nach dem Millenniumswechsel im ganzen Land 16 500 Gesundheitsstationen eingerichtet und eine regelrechte Gesundheitsarmee rekrutiert. Zehntausende von Helferinnen werben für Schutzimpfungen gegen Kinderkrankheiten, klären über Empfängnisverhütung auf, bringen den Müttern bei, ihre Kinder besser zu ernähren und kein verschmutztes Wasser zu trinken. Zum Maßnahmenkatalog gehörten auch eine höhere Einschulungsquote, verstärkte

Bildungsförderung für Mädchen und ein leichterer Zugang zum Arbeitsmarkt für Frauen. Eine Studie des Berlin-Instituts für Bevölkerung und Entwicklung bilanzierte 2019 die Erfolge: gesunkene Kindersterblichkeit, niedrigere Wunschkinderzahlen, verfünffachte Nutzung von Verhütungsmitteln, rückgängige Fertilitätsrate. Es geht also, man muss er nur wollen. Die Regierung in Addis Abeba ist jedenfalls bemüht, die Altersstruktur der Gesellschaft langfristig zu ändern, um irgendwann in den Genuss der sogenannten demografischen Dividende zu kommen, so wie das Südkorea, Thailand oder Singapur vorgemacht haben. In den asiatischen Tigerstaaten hat die hohe Zahl von arbeitsfähigen jungen Menschen bei einem geringen Anteil von Alten einen wirtschaftlichen Entwicklungsschub ausgelöst, der wiederum zu einem Rückgang der Geburtenraten führte. Um diesen Bonus zu erreichen, sind allerdings noch viel entschlossenere Reformen im Bildungs- und Gesundheitswesen vonnöten, und eine Wirtschaftspolitik, die Arbeitsplätze für den besser qualifizierten Nachwuchs schafft.

Äthiopien ist auf einem guten Weg, es hat dank eines anhaltenden Wirtschaftsaufschwungs sogar den Anteil der Menschen, die in absoluter Armut leben, halbiert und könnte zu einem »demografischen Vorreiter« Afrikas werden, wie es in der schon erwähnten Studie heißt. Viele Länder des Kontinents sind allerdings noch meilenweit von diesem Ziel entfernt, und manche wollen es gar nicht erreichen, weil die Machteliten dem Irrglauben anhängen, eine große und immer weiter wachsende Einwohnerzahl würde das ökonomische Gewicht und die geopolitische Bedeutung ihrer Nationen erhöhen. Sie ignorieren einen historischen Lehrsatz, den Reiner Klingholz, der langjährige Direktor des Berlin-Instituts, ins Gedächtnis ruft: »Noch nie hat sich irgendwo auf der Welt ein Land entwickelt, ohne dass sich zuvor das Bevölkerungswachstum verringert hätte.«

ENDSTATION SEHNSUCHT

Die Massenflucht aus Afrika, ein Hirngespinst rechter Populisten

Ein halber Hektar Wüste, eingefasst von Steinmauern. Auf der linken Seite ein verfallendes Leichenhaus, in der Ecke schräg gegenüber ein rostiger Blechsarg. Die Holzkreuze sind umgefallen, die meisten Gräber wurden zugeweht vom Sandstaub, den der Harmattan aus der Sahara an die Atlantikküste trägt, nach Nouadhibou, einer Hafenstadt im Nordwesten Mauretaniens. Wir befinden uns auf einem Friedhof der Namenlosen. Hier ruhen Migranten, die auf dem Seeweg nach Europa umgekommen sind, mindestens achtzig wurden an diesem tristen Ort beerdigt, aber ihre exakte Zahl ist ebenso unbekannt wie ihre Herkunft.

Es sind anonyme Opfer der ersten großen Massenflucht aus Westafrika in den späten Nullerjahren dieses Jahrhunderts. Sie wollten auf die 800 Kilometer entfernten Kanarischen Inseln, auf spanisches Staatsgebiet. Doch viele der hochseeuntauglichen und überladenen Fischerboote, in denen sie damals aufbrachen, kenterten, Tausende ertranken im Meer, einige Leichen wurden wie Strandgut an die Küste geschwemmt. Dort blieben sie liegen, und niemand wollte sie beerdigen, das verbietet die islamisch geprägte Tradition des Landes: Tote werden nicht berührt, wenn man nicht weiß, welchen Gott sie angebetet haben. Sie blieben liegen, bis Martin Happe, der katholische Bischof in der mauretanischen Hauptstadt Nouakchott, seine Mitarbeiter in der hiesigen Missionsstation anwies, die Leichen zu bergen und auf dem kleinen Gottesacker über dem Hafen zu bestatten.

Monsignore Happe, der einzige katholische Oberhirte in einem islamischen Land, ist ein korpulenter Mann von 73 Jahren. Er trägt Jeans und ein taubengraues Hemd, »Räuberzivil«, wie er sagt, an seinem Hals baumelt ein kleines Holzkreuz. Er speist gerade im Refektorium des Pfarrzentrums in Nouakchott. An der langen Tafel haben sich Priester, Ordensbrüder und Nonnen aus allen Regionen Mauretaniens zum jährlichen Bischofsrat versammelt. »Wir kümmern uns um die Schwächsten, um Arme und Kranke, um Verstoßene und Flüchtlinge«, sagt Happe. Zu den Pflichten seiner Gemeinde gehöre auch die Beerdigung ertrunkener Migranten. »Es ist der letzte Dienst, den wir diesen unglücklichen Menschen erweisen können.«

Als Happe vor 45 Jahren als junger Missionar nach Afrika kam, war die Abwanderung nach Europa noch kein Thema. Heute sei es ein »Jahrhundertproblem«, das ihn oft beschäftige, gerade in letzter Zeit, sagt er. Denn seine Mitarbeiter in Nouadhibou registrieren Vorzeichen einer neuen Fluchtbewegung: Bis zu sechzig Migranten treffen jeden Monat dort ein, ihre Zahl hat sich im Vergleich zum Vorjahr verdoppelt. Sie haben auch eine Erklärung dafür: Seit die zentrale Migrationsroute über Niger und Libyen mit europäischer Polizei- und Militärhilfe strenger kontrolliert und zunehmend riskanter wird, würden mehr und mehr Flüchtlinge auf die sogenannte Westroute ausweichen. Sie führt durch das Transitland Mauretanien Richtung Norden, endet aber oftmals schon in Nouadhibou. »Die Grenze nach Marokko ist dicht, und übers Meer haben sie ohnehin keine Chance mehr, denn die Guardia Civil hat den Seeweg abgeriegelt«, sagt der Bischof.

Der Einsatz von dreißig spanischen Polizisten wird von der EU-Grenzschutzagentur Frontex bezuschusst. Sie sind mit Patrouillenbooten, Radarsensoren, Wärmebildkameras, Nachtsichtgeräten und einem Hubschrauber ausgerüstet, um die Küste vor Nouadhibou zu überwachen, Schlepperbanden zu bekämpfen und überfüllte Fischerboote zu stoppen. Die Menschenrechtsorganisation Amnesty International prangert die Haftzentren an, in denen die Grenzschützer Flüchtlinge internieren. »Seepferdchen« heißt ihre Operation, ein niedlicher Name für die süd-

Vom Wüstenwind verweht: der Friedhof der Namenlosen neben der katholischen Kirche in Nouadhibou.

lichste Abwehrbastion der Festung Europa. Diese Strategie werde auf lange Sicht scheitern, glaubt der Bischof. »Der Limes der Römer, die Chinesische Mauer, die Sperrzäune zwischen Mexiko und den USA – sie können die Menschen nicht aufhalten. Nirgendwo.« Große Wanderbewegungen seien so alt wie die Menschheit, man müsse endlich andere Lösungen finden und Afrika und den Afrikanern viel stärker unter die Arme greifen.

Afrika stehe vor einer Bevölkerungsexplosion, die »zwangsläufig zu einer massiven Migration in Richtung Europa« führen werde. So formuliert es Stephen Smith, Professor für Afrika-Studien an der Duke University in Durham, North Carolina, in seinem Buch mit dem französischen Titel *La ruée vers l'Europe*. Das Wort *ruée* bedeutet »Ansturm«, es erweckt im christlichen Abendland jahrhundertealte Ängste: vor der Invasion der Hunnen, vor den Mauren, die Spanien eroberten, vor den Mongolen, die unter Dschingis Khan bis nach Brandenburg vordrangen, vor den Türken, die Wien belagerten. Schon in der Spätantike warnte der römische Geschichtsschreiber Ammianus Marcellinus vor den »Kolonnen von Barbaren, die sich wie die Lava des Ätna herabwälzen«. Smith, der früher für die linksliberale Tageszeitung *Libération* als Afrika-Korrespondent arbeitete, knüpft an den historischen Alarmismus an. Er sagt voraus, dass infolge der Massenflucht bereits im Jahr 2050 zwischen 150 und 200 Millionen Menschen afrikanischer Herkunft in Europa leben werden. Seriöse Wissenschaftler halten derartige Hochrechnungen für Hirngespinste und werfen Smith vor, die Fakten zu verzerren. Der Anteil der Afrikaner werde in dreißig Jahren höchstens bei drei bis vier Prozent der europäischen Bevölkerung liegen, schätzt der französische Migrationsforscher François Héran.

Mariatu Diop, eine Muslimin aus dem Senegal, hat dreimal versucht, auf ein Boot zu kommen – und wurde dreimal von kriminellen Schleppern übers Ohr gehauen. Dabei hat sie umgerechnet

1600 Euro verloren. Doch sie will es wieder versuchen. Was soll eine Frau wie sie, die vor Jahren aus ihrem Heimatland losgezogen ist und alle Brücken hinter sich abgebrochen hat, schon tun? Hoffen und warten. In Nouadhibou, der Endstation Sehnsucht. Immerhin hat sie hier eine Zuflucht: die katholische Mission. Sie sitzt auf der Steintreppe, die zur Kirche hinaufführt, einem iglu-artigen Bau mit weißer Kuppel. Rechts unter ihr liegt der Friedhof der Namenlosen – ein Mahnmal, das an die tödlichen Gefahren erinnert. Aber Mariatu Diop schreckt es nicht ab.

Gleich beginnt die Sonntagsmesse, vor der Gebetshalle warten Migranten und Migrantinnen aus Gambia, Nigeria, Kamerun, Guinea und anderen Ländern. Einige starren gebannt auf ihre chinesischen Billighandys, denn gerade leuchtet eine Nachricht aus Marokko auf: An diesem Morgen, es ist der 21. Oktober 2018, versuchen 300 Afrikaner, die sechs Meter hohen Sperrzäune an der spanischen Enklave Melilla zu stürmen; 200 wird es am Ende gelingen, EU-Gebiet zu erreichen. »Das macht uns wieder Hoffnung. Es geht, man muss es nur wagen«, sagt ein Flüchtling, der seit zwei Jahren in Nouadhibou festsitzt. (Zwei Jahre nach unserer Recherche sollte sich bestätigen, dass die Westroute trotz aller Abwehrriegel wieder verstärkt gewählt wird; allein 2020 erreichten rund 8000 Migranten aus Afrika die Kanaren; wie viele Menschen auf dem Seeweg ertrunken sind, ist unbekannt.)

Im Gottesdienst ist jeder willkommen, Christen und Muslime, Einheimische und Ausländer. Der Priester kommt aus Brazzaville, der Ministrant aus Guinea-Bissau, die Trommler aus Burkina Faso. Die Fürbitten werden auf Englisch und Französisch verlesen. Die Gemeinde betet für den Weltfrieden, für die Vereinten Nationen, für die Flutopfer in Indien – und für Martin Happe, den barmherzigen Bischof. Zwischen den Gläubigen sind auch einige weiße Gesichter zu sehen. Ein paar junge Leute, Wallfahrer aus Frankreich. Und zwei Männer, von denen jeder hier weiß, was sie nach Nouadhibou führte: Es sind Grenzschützer der

Guardia Civil. »Wir sind aber nicht hier, um herumzuspionieren«, sagt einer der spanischen Polizisten nach dem Hochamt. Er will anonym bleiben, außerdienstliche Kontakte mit Flüchtlingen seien nicht erwünscht. Er nutze die einzige Möglichkeit, an seinem Einsatzort den katholischen Gottesdienst zu feiern. Am Sonntag friedlich mit den Migranten vereint, im Alltag gegen sie im Einsatz – wie lässt sich das mit dem christlichen Gebot der Nächstenliebe vereinbaren? Der Mann lächelt gezwungen.

Nicht auszuschließen, dass er auch die zweite Kontaktmöglichkeit nutzt, insbesondere mit gestrandeten Westafrikanerinnen, die ihren Körper verkaufen. Der Treffpunkt ist eine Kneipe am Boulevard Maritime, 600 Meter von der Kirche entfernt. Sie hat den passenden Namen »Nomada«. Hier verkehren Expats: Entwicklungshelfer, UN-Mitarbeiter, alte europäische Männer, die in Nouadhibou hängen geblieben sind – und Grenzschützer aus Spanien. Denn hier gibt es nicht nur Paella und frischen Meerfisch, sondern auch Bier und hochprozentige Getränke, die im islamischen Mauretanien streng verboten sind. Auf den Flachbildschirmen läuft ein Spiel des FC Barcelona in der Champions League, aber die spanischen Polizisten, die an der Theke Whisky trinken, interessieren sich mehr für die dunkelhäutigen Migrantinnen, die sie umschwirren. Eine aufgedonnerte Nigerianerin im roten Minikleid macht mir Avancen. Sie sagt, sie sei geschäftlich in Nouadhibou. »And what are you doing here?«

Zum »Jahrhundertproblem« wurde die Migration aus dem Süden im Jahr 2015, als Deutschland seine Grenzen öffnete und rund 800 000 Geflüchtete aufnahm; die meisten kamen aus dem Kriegsland Syrien. »Wir schaffen das«, erklärte Bundeskanzlerin Angela Merkel. Dieser Akt der Humanität sollte einem reichen Land mit über 80 Millionen Einwohnern eigentlich keine ernsthaften Probleme bereiten, doch die politischen Folgen waren gravierend. Die »Willkommenskultur« spaltete die deutsche Gesellschaft und beschleunigte den Aufstieg von Rechtspopulisten und Neonazis. 50 Millionen Afrikaner würden auf gepackten Koffern sitzen, verkündeten die Demagogen, manche zitierten auch Stephen Smiths furchterregende Prognosen. Die Fantasiezahlen des Professors schüren in postfaktischen Zeiten die Urangst vor einer »Flüchtlingsflut«, vor Überfremdung, ja vor einem »Bevölkerungsaustausch«.

Die Hetze gegen alles Fremde fiel auf fruchtbaren Boden, wie die Wahlerfolge der »Alternative für Deutschland« zeigen. Andererseits wollten viele Bundesbürger nicht ihre Augen vor der menschlichen Tragödie an Europas Südgrenzen verschließen. Sie sahen in den Nachrichten gekenterte Schlauchboote, angeschwemmte Leichen, Menschen, die zu Tode erschöpft die italienische Küste erreichten. 2016 war das Mittelmeer endgültig zum Mare Monstrum geworden, zu einem Meer des Horrors. In jenem Jahr ertranken nahezu 5000 Menschen auf der Überfahrt nach Europa. Doch trotz des tödlichen Risikos wählten immer mehr Flüchtlinge und Migranten diese Route. Die Mehrheit der Opfer kam aus Afrika, aus einem angeblich verlorenen Erdteil, der seit der Flüchtlingskrise mehr denn je als Bedrohung wahrgenommen wird. Ein »schwarzer Schwan« sei aufgetaucht, »die neue Völkerwanderung nach Europa«, raunte der konservative Historiker Hans-Peter Schwarz und geißelte die Hilfsbereitschaft der Deutschen als »gutbürgerliche Gefahrenblindheit«.

Die Bundeskanzlerin hielt dagegen: Wir sollten uns viel mehr für das Schicksal unseres Nachbarkontinents interessieren, sein Wohlergehen sei im Interesse Deutschlands, mahnte sie und wiederholte ihr Mantra zur Lösung des Problems: Fluchtursachen bekämpfen, um den Migrationsdruck zu vermindern. Im Klartext bedeutet das: Die Afrikaner sollen bleiben, wo sie sind. Die Regierungschefs der EU mussten zeigen, dass sie etwas gegen den Flüchtlingsandrang unternehmen, denn kein zweites Thema wühlt die Bürger so sehr auf. Die bevorzugten Beruhigungspillen sind sogenannte Migrationspartnerschaften, Abkommen mit afrikanischen Staaten zur Eindämmung der Zuwanderung. Auf dem Beipackzettel könnte auch stehen: Wir zahlen, ihr haltet uns eure Armen vom Leib. Für korrupte Machthaber sind derartige Deals eine hochwillkommene Einkommensquelle. Gleichzeitig bekunden sie trotz gegenteiliger Beteuerungen wenig Interesse, die Abwanderung tatsächlich zu begrenzen, denn sie hilft ihnen, unzufriedene und rebellische junge Männer loszuwerden. Stellt sich also die Frage, ob die Abwehrstrategie überhaupt sinnvoll ist.

Ich habe die Antwort im Juli 2017 in Niger gesucht, einem der wichtigsten Transitländer für afrikanische Migranten. Die Regierung in Niamey hatte bereits knapp 600 Millionen Euro Budgethilfe aus Brüssel erhalten, aber der damalige Präsident Mahamadou Issoufou forderte eine weitere Milliarde. Er hatte erkannt, dass Flüchtlinge eine gewinnträchtige Währung sind.

Ein glutheißer Morgen in Agadez, die Temperatur ist schon um neun Uhr auf vierzig Grad geklettert. Aboubakar und seine Freunde liegen noch auf ihren zerfledderten Schaumstoffmatratzen in einem Lehmbau am Rande der nigrischen Wüstenstadt. Sie rauchen, dösen, schauen auf die kahlen Wände. Wozu aufstehen? Jeder Tag ist wie der andere, nichts zu tun, kein Geld, wenig Hoffnung, seit einer Woche nur noch trockene Baguettes zum Essen. Fünf junge Männer aus Gambia, zwischen 17 und 24 Jahre alt, gestrandet auf dem Weg nach Europa. Sie wollten durch die Sahara nach Libyen und von dort übers Mittelmeer in ihr Sehnsuchtsland Italien. Jetzt sitzen sie fest in einer schäbigen Unterkunft und wissen nicht mehr weiter. »Unsere Lage ist total beschissen«, sagt Aboubakar. »Wir sind Gefangene.«

Dieses Schicksal erleiden Tausende von Westafrikanern, die über das Drehkreuz Agadez versuchen, nach Libyen zu kommen. Laut der Internationalen Organisation für Migration (IOM) hat in den letzten zehn Monaten nur die Hälfte der 70 000 in den Niger eingereisten Migranten die Nordgrenzen des Landes überquert. Die andere Hälfte ist irgendwo in der Wüste unterwegs, viele sind verschollen, viele mussten umkehren und warten in trostlosen Käffern oder in den Gettos von Agadez auf eine neue Chance. So werden hier die Notquartiere für Migranten genannt, in der Stadt soll es 150 davon geben.

Auch die jungen Männer aus Gambia hausen in einem Getto, das ihnen ein mildtätiger Mann überlassen hat: zwei Räume, keine Toiletten, kein Strom, kein Wasser, ein vermüllter Innenhof, der von einer Lehmmauer umfangen wird. Ahmed brüht Tee auf, den die Jungs reihum aus einem Glas schlürfen. Keiner will seinen vollen Namen nennen, sie haben Angst, von der Polizei aufgegriffen und in ihre Heimat abgeschoben zu werden. Ganz eng liegen sie an diesem Morgen auf ihrem Lager beieinander, wie verlassene Welpen in einer dunklen Höhle. Die Bilder von der vergeblichen Reise verfolgen sie. Sie sind traumatisiert vom Horror, den sie in der Wüste erlebt haben.

Aboubakar, der Jüngste der Gruppe, wirkt besonders niedergeschmettert. Er wird heute 18 Jahre alt, aber es gibt nichts zu feiern. »FC Chelsea« steht auf seinem blauen Gummiarmband. »London. Auch kein schlechtes Ziel«, sagt er. Aber er will nach Rom oder Mailand, um Wirtschaft zu studieren und dann eine Baufirma zu gründen. Schon vor drei Jahren hat er die Schule abgebrochen und sich als Wanderarbeiter in Guinea und Mali durchgeschlagen. »Mit 45 bis du alt. Du musst vorher weg. Gambia ist arm, da wird es nie ein besseres Leben geben.« Neben ihm begutachtet Mohamed die offene Wunde an seinem linken Fuß. Er hat sich an einer scharfen Blechkante des Pritschenwagens geschnitten, auf dessen Ladefläche 18 Leute zusammengequetscht wurden. Gemeinsam mit seinen vier Reisegefährten war er vor zwei Wochen spätabends von einem geheimen Ort in Agadez aufgebrochen. Jeder musste für das »Italien-Paket« eine Anzahlung von umgerechnet 300 Euro hinblättern, ein Vermögen, das ihre Familien zusammengekratzt hatten.

Die Fahrpreise haben sich drastisch erhöht, weil die Schleuser gezwungen sind, ein größeres Risiko einzugehen: Sie müssen auf unbekannte und wenig befahrene Pisten ausweichen – eine Folge der strengeren Kontrollen, die Polizisten und Soldaten an der Hauptroute zur libyschen Grenze durchführen. Seit die Regierung in Niamey im Mai 2015 ein Gesetz verabschiedet hat, das Menschenschmuggel unter Strafe stellt, fangen die Sicherheitskräfte viele Transporte ab, beschlagnahmen die Fahrzeuge und werfen ihre Besitzer ins Gefängnis. Diese Maßnahmen kamen auch auf Druck der Europäischen Union zustande, die den Migrationsstrom Richtung Mittelmeer schon in der Sahelzone eindämmen will.

Eigentlich habe die Reise ganz gut angefangen, erzählt Aboubakar; sie seien nicht von Räubern oder islamistischen Terroristen überfallen oder von korrupten Polizisten ausgenommen worden. Auch eine Panne blieb der Gruppe erspart. Dennoch endete die Tour schon nach zwei Tagen, irgendwo vor Dirkou, einer 700 Kilometer von Agadez entfernten Oase. Der Fahrer setzte die Passagiere im Niemandsland ab und erklärte, er müsse erst den Weg auskundschaften, um Straßensperren und Militärpatrouillen zu umgehen. Der Geländewagen, ein weißer Toyota Hilux, verschwand hinter einer Staubschleppe – und kam nicht mehr zurück.

Da saßen sie nun in der unermesslichen Ödnis, ohne Orientierung, ratlos, deprimiert. Die Hälfte der Ausgesetzten folgte den Spuren des Fahrzeugs, die fünf Gambier schlossen sich der zweiten Gruppe an, die sich für den Fußmarsch Richtung Agadez entschieden hatte. Sie wanderten die ganze Nacht hindurch, das Wasser in den Fünf-Liter-Kanistern ging zur Neige, die Kräfte ließen schnell nach. Mohamed kam mit seinem wunden Fuß kaum noch mit. »Ich dachte, ich muss sterben«, sagt er. Am nächsten Mittag fühlte er sich zu Tode erschöpft, seine Träume von Europa waren in der Wüstenhitze regelrecht verglüht. Er wollte nur noch heim

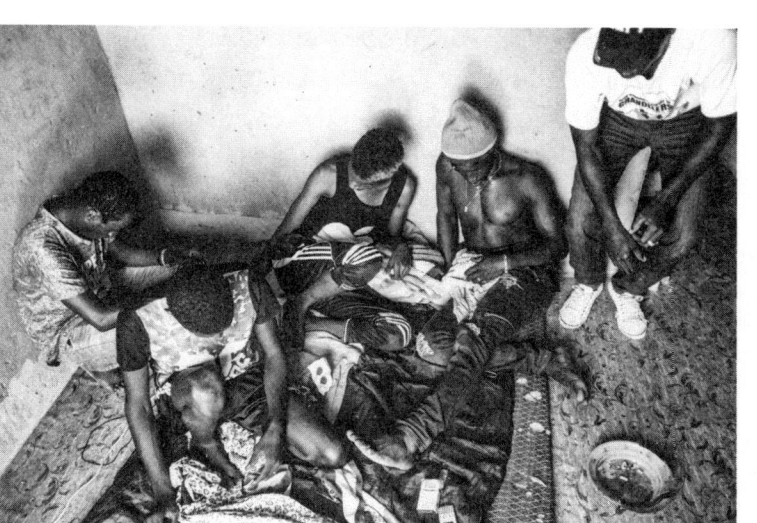

Jeder Tag ist wie der andere: Westafrikanische Migranten sitzen in ihrer Notunterkunft am Rande von Agadez fest. Aboubakar und seine Gefährten sind auf dem Weg ans Mittelmeer in der Wüste gestrandet, wollen es aber noch einmal versuchen.

zu seiner Familie nach Banjul. Dann machten die jungen Männer eine grausige Entdeckung: Zwei Dutzend Migranten an einer ausgetrockneten Wasserstelle, die meisten lebten nicht mehr, sie waren verdurstet, einige lagen im Sterben. Männer, Frauen, Kinder. Allein im Juni wurden in der Ténéré-Wüste 78 Leichen gefunden. Wie viele Migranten in diesem Teil der Sahara bislang umgekommen sind, lässt sich nur ahnen. In der Wüste seien im Vorjahr dreimal so viele Menschen umgekommen wie im Mittelmeer, glaubt Giuseppe Loprete, Chef der IOM im Niger. Wenn seine Schätzung stimmt, dann wären das 15 000 Tote.

Die fünf Gambier wurden am dritten Tag von einem Suchtrupp der IOM gefunden. Sie sind froh darüber, aber gleichzeitig klagen sie die EU an, die im Rahmen ihrer Capacity Building Mission in Niger (EUCAP) die einheimischen Sicherheitskräfte im Kampf gegen Terrorismus, organisierte Kriminalität und Menschenhandel ausbildet. »So helft ihr, die Wege nach Libyen abzuschneiden. Deswegen müssen wir auf gefährlichere Routen ausweichen«, schimpft Ahmed, der bislang geschwiegen hat. »Und deswegen sterben immer mehr Menschen im Sandmeer.«

EUCAP-Hauptquartier in Niamey, ein wohltemperiertes Büro. »Wir bekommen diese Vorwürfe oft zu hören, manchmal auch von den lokalen Behörden«, sagt Kirsi Henriksson, eine freundliche Finnin, die die Mission leitet. Und wie lautet ihre Antwort? »Ich erkläre ihnen, dass sich unsere Maßnahmen nicht gegen Migranten richten. Vielmehr wollen wir die nigrischen Autoritäten zur besseren Kontrolle irregulärer Migration befähigen.« Zurzeit arbeiten 92 Experten aus elf EU-Staaten für EUCAP. Sie trainieren die Nationalgarde für den Einsatz gegen Schlepper, bringen Polizisten bei, wie man gefälschte Papiere erkennt, statten Militärposten mit einsatztauglichen Fahrzeugen und GPS-Geräten aus. Die einheimischen Sicherheitskräfte sollen effizienter werden, um Migranten aus Westafrika, von denen neunzig Prozent durch den

Niger reisen, schon dort aufzuhalten. Man brauche den Niger, das Land sei ein wichtiger Stabilisator in der Sahelzone, betont Henriksson. »Allerdings müssten wir Entwicklungshilfe in einem ganz anderen Umfang leisten, wenn wir die Probleme in den Griff bekommen wollen. Aber das ist nicht unser Mandat.« Fachleute fordern seit Langem die Modernisierung der rückständigen Landwirtschaft, um Arbeit zu schaffen und den Migrationsdruck zu senken. Wer sich in der Region auskennt, weiß, dass es keine einfachen Lösungen gebe, sagt die EUCAP-Chefin.

Einfache Lösungen, wie sie in Deutschland von Leuten vorgeschlagen werden, die die Sahara so gut kennen wie die Rückseite des Mondes. Der CDU-Europapolitiker David McAllister plädiert zum Beispiel für eine verstärkte EU-Polizeimission an der Südgrenze Libyens, um zu verhindern, dass die Migranten »überhaupt erst nach Libyen gelangen«. Letztlich geht es also darum, die Grenzsicherung und damit die Abwehr der Migranten immer tiefer ins Innere Afrikas zu verlagern. Das Problem ist allerdings, dass diese Grenze nur auf der Landkarte existiert und dass man in den endlosen Weiten der Wüste eine riesige Armee bräuchte, um sie dicht zu machen.

»Was immer ihr tut, die Migranten werden sich nicht einfach in Luft auflösen«, sagt ein Beamter im Regionalrat von Agadez. Er will ebenfalls anonym bleiben, denn auch er kritisiert die Europäer scharf, will es sich aber nicht mit ihnen verscherzen, sie sind schließlich als Partner in der Migrationsbekämpfung unverzichtbare Geldgeber der Regierung. »Die Europäer diktieren alles, eine echte Kooperation sieht anders aus.« Der Beamte gehört zum Wüstenvolk der Tuareg, er trägt ein traditionelles Schmucktäschchen über seinem blütenweißen Hemd. Einmal hat er die lebensgefährliche Passage nach Tripoli selbst gemacht, er wollte herausfinden, was die Menschen auf dem 3200 Kilometer langen Weg erleiden müssen. Der militärische Schlag westlicher Mächte gegen Gaddafi sei der schlimmste Fehler gewesen, im Chaos nach dem

Sturz seines Regimes habe sich die Zahl der Migranten verzehnfacht, sagt er. »Seither wurde der Menschenschmuggel zum Big Business, und es wird immer krimineller, weil es schwieriger geworden ist.« Dass das Geschäft mit den Migranten zum einträglichsten Wirtschaftszweig seiner Stadt wurde, sagt er nicht. In Agadez gibt es jede Menge Dienstleister, die die Passagen in den Norden wie Reisebüros organisieren. Die Fahrten sind teuer, und diejenigen, die sie sich leisten können, sind keineswegs mittellos.

An dieser Stelle muss über die häufigsten Irrtümer in den Debatten über Migration und die vermeintliche »globale Flüchtlingskrise« geredet werden. Im Ausnahmejahr 2015, als in Europa die panische Angst vor einem unkontrollierbaren Zustrom aus dem Süden umging, spitzte sich der Streit zu. In jenem Jahr waren 60 Millionen Menschen auf der Flucht, weniger als ein Prozent der Weltbevölkerung; 86 Prozent der Geflüchteten wurden von Entwicklungs- und Schwellenländern aufgenommen; die meisten Afrikaner suchten Zuflucht in anderen afrikanischen Ländern, in Südafrika, Kenia oder Uganda. Auch der Anteil der Migranten an der Weltbevölkerung sei mit 3,3 Prozent überschaubar geblieben und liege unwesentlich höher als 1960, rechnet der in Leipzig lehrende Politologe Olivier Angeli vor. Sein niederländischer Kollege, der Migrationssoziologe Hein de Haas, widerlegt die Annahme, dass mehr Entwicklungshilfe die Fluchtursachen wirksam bekämpfen könne. Das Gegenteil sei der Fall: Wenn der Wohlstand und das Bildungsniveau steigen, setzen sich mehr Menschen in Bewegung. Fest steht auch, dass die überwältigende Mehrheit der Afrikaner und Afrikanerinnen einfach zu arm ist, um die Reise Richtung Norden zu finanzieren.

Migration sei das wirksamste Mittel gegen die Armut, sagt Angus Deaton, Nobelpreisträger für Wirtschaft, und die Summe der sogenannten *remittances* liefert den Beweis für seine These: 2015 überwiesen Migranten unglaubliche 410 Milliarden Dollar in ihre Herkunftsländer, sie verbesserten das Leben von Millionen

Familien und bewirkten ungleich mehr als die gesamte Entwicklungshilfe, die in jenem Jahr 161 Milliarden Dollar betrug. Auch für die weit verbreitete Meinung, Migranten würden den Europäern Arbeitsplätze wegnehmen und den Sozialstaat ausnutzen, gibt es keine empirischen Belege; sie übernehmen in der Regel Jobs im Billiglohnsektor, die die Einheimischen verschmähen. Im Übrigen sind die überalterten Gesellschaften der Europäischen Union auf höhere Zuwanderungsraten angewiesen, um das derzeitige Wohlstandsniveau zu halten. Demografen schätzen, dass bis zum Jahr 2100 die arbeitsfähige Bevölkerung Europas um dreißig Prozent schrumpfen werde.

Deshalb braucht die EU dringend eine neue Einwanderungspolitik, die legale Migration in größerem Ausmaß zulässt und auch den zirkulären Austausch von Fachkräften, Schülern, Studenten und Auszubildenden regelt. Zu einer solchen Politik gehören andererseits auch Restriktionen, die nicht den Beifall der liberalen Öffentlichkeit finden werden. Zum Beispiel striktere Grenzkontrollen, um die Zahl illegaler Einwanderer zu reduzieren. Es geht dabei keineswegs um jene Obergrenzen, wie sie etwa die Heimwehr der CSU fordert, denn eine Höchstzahl für Kriegsflüchtlinge und Asylsuchende widerspricht unseren rechtlichen und moralischen Prinzipien. Dessen ungeachtet wundere ich mich zuweilen über die Naivität rot-grüner Freunde, die die ganze Welt aufnehmen wollen, aber auf ihren Wohlstandsinseln die Verteilungskonflikte in den unteren Gesellschaftsschichten verdrängen: Wer die Grenzen für alle öffnet, gefährdet den inneren Frieden. Es könnten sogar bürgerkriegsähnliche Zustände drohen, wenn den rechtsextremen Horden mehr und mehr Wutbürger und Rassisten zulaufen.

Die Sonne steht unterdessen im Zenit, im Lehmbau der fünf Gambier herrschen Saunatemperaturen. Myriaden von Fliegen schwirren herum, die Jungs schwingen ihre Hemden, um sie zu verscheuchen. Sie verwerfen den Plan, ins Transitzentrum der IOM am anderen Ende von Agadez zu gehen, wo gestrandete Migranten betreut und bei der Rückkehr in ihre Herkunftsländer unterstützt werden. Dort hätten sie wenigstens etwas zu essen, sanitäre Anlagen, Freizeitprogramme, psychologischen Beistand. »Aber dort werden wir nur eingesperrt, registriert und dann deportiert«, glaubt Aboubakar.

Vermutlich würden die jungen Männer umdenken, wenn sie mit Migranten im Transitzentrum reden könnten, die in Libyen durch die Hölle gingen. Zum Beispiel mit Moudou Ndao aus dem Senegal, einem abgemagerten Mann von 29 Jahren, der neun Monate im berüchtigten Gefängnis in Sabratah bei Tripoli einsaß. Er berichtet, wie er mit einem Strick an den Beinen gefesselt war und wie ihn die Wärter regelmäßig schlugen, mit einem Holzknüppel, immer auf die Ellenbogen und nackten Sohlen. »Sie prügelten mich, während ich mit meiner Mutter telefonierte. Sie hörte die Schreie und kaufte mich frei.« Jeden Tag seien drei bis fünf Häftlinge krepiert, man habe ihre Leichen »wie Müll in die Wüste geworfen«. Ndao hatte Glück, es hätte noch viel schlimmer kommen können, sagt er und deutet auf einen Mann in der Ecke schräg gegenüber. Sein Bein ist bandagiert, er wurde bei der Passage nach Libyen von Wegelagerern angeschossen, morgen soll sein Unterschenkel amputiert werden.

Am Abend teilen sich Aboubakar und seine Gefährten eine Dose Thunfisch und ein paar Kekse, während sie ihre Optionen überdenken. Das Gespräch dreht sich im Kreis, wie an jedem dieser unendlich langen, trostlosen Tage. Vielleicht doch Hilfe bei der IOM suchen? Oder auf eigene Faust heimreisen, wenn die Familien Vieh verkaufen und noch einmal Geld senden würden? »Aber das wäre doch eine Schande, weil wir versagt haben«, sagt Ahmed. Also noch einen Versuch wagen, einen letzten? Ahmed zeigt eine SMS herum; sein älterer Bruder hat sie gerade aus Tripoli geschickt, wo er als Fliesenleger jobbt und für die Überfahrt nach Italien spart. »Gib nicht auf, du schaffst das auch!«, spornt er den jüngeren Bruder an.

Solche Nachrichten lassen die Jungs weiter hoffen und träumen vom gelobten Land im Norden. »Alles liegt in Gottes Hand«, sagt Aboubakar. Aber könnte er nicht auch umkehren, um sich am Wiederaufbau seiner Heimat Gambia zu beteiligen, wo vor anderthalb Jahren der üble Diktator Yahya Jammeh gestürzt wurde? »Das wäre eine Rückkehr ins Nichts. Wirtschaftliche Entwicklung kommt nicht einfach so, die Armut wird bleiben. Deshalb werden wir uns irgendwann gegenseitig umbringen. You understand?«

Wenn der nächste Anlauf scheitert, könnten die Jungs wieder in Agadez festhängen. So wie Hussein Ninni, der seit zwei Monaten allein in einem Verschlag aus Plastiksäcken und Bastmatten vor sich hin dämmert. Der 26-Jährige aus Burkina Faso möchte so schnell wie möglich heim, aber außer den Fetzen, die er am Leibe trägt, und einem löchrigen Moskitonetz ist ihm nichts geblieben – ein verwirrter Mann, der unter schweren Depressionen leidet. Stotternd erzählt Ninni, wie er ausgesetzt wurde und sich zwei Tage durch die Ténéré schleppte. Er trank seinen Urin, um nicht zu verdursten. 13 Migranten waren mit ihm unterwegs, fünf überlebten die Strapazen nicht. »Wir haben sie im Sand verscharrt. Die Wüste hat sie verschlungen.« Ich schenke dem verzweifelten Mann hundert Dollar, damit er zu seiner Familie in Ouagadougou heimkehren kann.

Ricci Shryock, die amerikanischen Fotografin, hat zum Abendessen das »Le Pilier« ausgesucht, ein Restaurant im sudanesischen Lehmbaustil. Über dem Innenhof wölbt sich ein funkelndes Sternenzelt, von der Großen Moschee schallt der Gebetsruf des Muezzins herüber. »Ich bin eigentlich auch eine Migrantin«, sagt Ricci, »aber niemand hat mir verwehrt auszuwandern.« Sie stammt aus Illinois und ist vor dem Wahnsinn Präsident Trumps nach Dakar im Senegal geflohen. Wir reden über die Mauer, die er an der Grenze zu Mexiko bauen lässt. Über die Kinder, die US-Behörden den festgenommenen Eltern entreißen. Über das Millionenheer der Migranten, die die Perspektivlosigkeit aus ihren Heimatländern getrieben hat. Über die Zeiten, in denen es Europa schlecht ging und 60 Millionen Menschen emigrierten.

Die Geschichte der Menschheit ist auch eine Geschichte der Völkerwanderungen. Der Homo migrans, der umherziehende Mensch, sucht nach einem besseren Leben. Das wird so bleiben und sich durch die extreme globale Ungleichheit noch verschärfen. Man kann nur versuchen, diese Kluft einzuebnen und auf lange Sicht den Wohlstand zu globalisieren – das ist eine der Jahrhundertaufgaben der Weltgesellschaft. In Afrika könnte sie damit anfangen.

ERST DIE TIERE, DANN DIE MENSCHEN
Die Folgen des Klimawandels werden zur größten Bedrohung für Afrika

Weit und breit kein Grün, ausgebleichter Busch, dürre Blätter, die wie Pergament rascheln. Auf den Weiden stehen nur strohartige Stängel, die Rinder sind abgemagert, sie finden kaum noch Futter. Die Temperaturen sind jetzt, im Südwinter, erträglich, das Problem sei die anhaltende Dürre, sagt Emmanuel Hantobolo. Er steht auf dem kahlen Acker hinter seinem Gehöft und schaut verdrossen auf die Maisstrünke, die auf dem staubtrockenen Boden herumliegen. »Die letzte Ernte war eine Katastrophe«, klagt der Kleinbauer. »Der Mais wird normalerweise zweieinhalb Meter hoch, aber diesmal reichten mir die Pflanzen nur bis zur Hüfte, die meisten waren verdorrt.« Hantobolo hat nur eine Schubkarre voll geerntet. »Eine einzige Schubkarre, lächerlich!«, sagt er verärgert. Die paar Kilo sind zu wenig, um seine große Familie zu ernähren. Der drahtige 52-jährige Mann bewirtschaftet acht Hektar, die er von seinem Vater geerbt hat. Anfangs lief es ganz gut, er hat vier Kühe, zwei Bullen, eine kleine Ziegenherde und Hühner, er baut Mais, Sojabohnen, Erdnüsse und Gemüse an. Doch dann kam dieses verfluchte Jahr 2019, in dem nur noch ein paar Tropfen vom Himmel fielen und alle Nutzpflanzen eingingen. »Wir erleben gerade die fürchterlichste Dürre, an die sich die Menschen erinnern können.«

Emmanuel Hantobolo lebt in Kanchomba, einer Streusiedlung im Süden Sambias. Exakte meteorologische Daten über die Region erhält man von der Außenstelle des Agrarministeriums in der achtzig Kilometer entfernten Provinzhauptstadt Choma. »Im Jahresmittel messen wir 800 bis 1000 Millimeter Niederschläge, in dieser Saison, von November bis April, waren es 327 Millimeter«, rechnet Zandonda Tembo vor. Der Beamte trägt ein Pepita-Sakko mit schwarzem Samtkragen. Er ist zuständig für die regionale Vermarktung landwirtschaftlicher Erzeugnisse, aber es gibt nicht mehr viel zu vermarkten. »Vor zehn Jahren haben wir rund 60 000 Tonnen Mais produziert, 2019 sind es noch mickrige 5000 Tonnen.« Dass seit nunmehr sechs, sieben Jahren die Regenfälle stetig zurückgehen, führt Tembo auf den Klimawandel zurück. Er glaubt, dass die jüngsten Wetterphänomene durch den Wirbelsturm Idai verursacht worden sind, die Ausläufer des Zyklons hätten die Feuchtfronten über Sambia einfach weggeblasen. Sein Ministerium versucht mit der Unterstützung internationaler Hilfsorganisationen die Subsistenzbauern auf die veränderte Lage einzustellen und ihre Widerstandsfähigkeit zu stärken. Sie werden unterwiesen in ökologischem Landbau, nachhaltiger Bodenbearbeitung, Düngung und in der Vermarktung ihrer Produkte durch E-Commerce. Sie werden beraten beim Aufschütten von kleinen Staudämmen und können sogar Versicherungen gegen Ernteausfälle abschließen. »Aber die Anpassung geht zu langsam, und es fehlt uns an den notwendigen Mitteln«, sagt Tembo.

Die meisten Kleinfarmer in Kanchomba hätten noch nie vom Klimawandel gehört, sagt Hantobolo. Auch für ihn ist das nur ein abstraktes Wort, er glaubt, dass die Krise vor allem hausgemachte Ursachen hat: das zunehmende Fällen der Bäume, um Brennholz zu gewinnen, und die Brandrodungen, um neue Wirtschaftsflächen zu erschließen. Dadurch beschleunigt sich die Erosion. Weil die ohnehin nährstoffarmen Böden ausgelaugt sind und nichts mehr hergeben, suchen die Menschen nach alternativen Einkommensquellen. Sie köhlern Holzkohle und verdrängen, dass sie dadurch ihre Lebensräume zerstören. Sambia hat die weltweit höchste Entwaldungsrate pro Kopf – ein Raubbau, der die Auswirkungen des Klimawandels verschärft.

Hantobolo zeigt auf seinen Kornspeicher, einen korbartigen Behälter auf Stelzen, darüber ein spitzkegeliges Reetdach. Der

Uns kann nur noch Gott helfen: Dürreopfer Emmanuel Hantobolo auf seinem kahlen Maisfeld im sambischen Dorf Kanchomba.

Speicher ist leer, die Not zwang seine Großfamilie, sogar das Saatgut aufzubrauchen. Er hat zehn Kinder, auf einem Holzgestell trocknen ein Dutzend Blechteller, von denen sie jeden Tag Nshima essen, Maisbrei, das Grundnahrungsmittel in Sambia. Hantobolo hat ein paar Ziegen verkauft, aber das brachte nicht viel, weil derzeit alle Farmer ihr Vieh verkaufen und die Preise eingebrochen sind. Und zugleich wird durch die Ernteausfälle das Maismehl immer teurer: Der Preis für einen Sack mit 25 Kilogramm ist von 45 auf 115 Kwacha gestiegen, von umgerechnet drei auf acht Euro. Die seit Jahren anhaltende Dürre treibt die Kleinbauern in immer tiefere Armut, und wenn es weiterhin zu wenig regnen sollte, droht eine Hungersnot. »Dann werden die Menschen sterben«, sagt Hantobolo, »und es gibt nichts, was wir dagegen tun können. Wir können nur hoffen, dass uns der liebe Gott hilft.«

Im gesamten südlichen Afrika ist die Lage mittlerweile kritisch, denn es liegt in einer weitgehend ariden oder semiariden Zone, die besonders anfällig ist. Malawi, Sambia, Namibia, Simbabwe, Botswana und Südafrika spüren die Folgen des Klimawandels immer stärker: größere Hitze, geringere Niederschläge, längere Dürreperioden. In der subtropischen Region Mosambiks tritt das gegenteilige Phänomen auf: Dort fegte im März 2019 der Wirbelsturm Idai über das Küstentiefland und verursachte verheerende Überschwemmungen. Die Ernten von Millionen Kleinbauern wurden weitgehend zerstört, über tausend Menschen starben. Von den Zyklonen, die die Südhalbkugel seit dem Beginn verlässlicher Wetterbeobachtungen heimgesucht haben, zählt Idai zu den dreien, die die meisten Opfer gefordert haben. Der Subkontinent befinde sich an der vordersten Front des globalen Klimawandels, stellt eine Studie des südafrikanischen Umweltministeriums fest. Im Binnenland Südafrikas liege die Temperatur bereits um zwei Grad Celsius höher als vor hundert Jahren, im benachbarten Botswana betrage der Unterschied sogar drei Grad, dort werde die höchste Zunahme in der südlichen Hemisphäre gemessen. Die

Folgen sind überall die gleichen: chronischer Wassermangel, Missernten, Viehsterben. In der Karoo, einer Halbwüste, die beinahe ein Drittel der Landesfläche Südafrikas einnimmt, sahen sich viele Farmer gezwungen, ihre Herden zu reduzieren, weil nach der siebten Dürresaison in Folge die Brunnen ausgetrocknet sind und kaum noch Viehfutter nachwächst; Tausende von Schafen und Ziegen verendeten, viele Landwirte mussten ihre Betriebe aufgeben.

Als ich in den späten 1980er Jahren begann, aus Afrika zu berichten, war das Wort »Klimawandel« noch ein schwammiger Begriff, ein Nebenthema, das ich nur gelegentlich streifte. Damals kam mir der Tschadsee beim Überfliegen wie ein riesiges Binnenmeer vor, und ich freute mich über den Anblick des Kilimandscharo, auf dessen Gipfel eine prächtige weiße Kappe aus Eis und Schnee saß. Als ich 2004 den höchsten Berg Afrikas bestieg (und am Barafu Camp auf 4600 Metern wegen akuter Höhenkrankheit abbrechen musste), schmolzen bereits die Gletscher; unterdessen sind von der Eisfläche, deren Ausdehnung deutsche Forscher anno 1880 auf 20 Quadratkilometer schätzten, weniger als zwei Quadratkilometer übrig; im Oktober 2020 brach zudem ein Feuer aus, das mehr als 50 Quadratkilometer der über dem Regenwald liegenden Heide- und Hochmoorregion vernichtete. Und der Tschadsee, einst so groß wie Mecklenburg-Vorpommern, ist zu einer Pfütze geschrumpft und droht in absehbarer Zeit gänzlich auszutrocknen.

Nach dem Erdgipfel in Rio 1992, der erstmals die globale Umweltkrise auf die Agenda setzte, änderte sich die Wahrnehmung. Dürren, Flutkatastrophen, Wirbelstürme, Flächenbrände, Wassermangel, Hungersnöte, das chronische Nahrungsmitteldefizit wurden im größeren Zusammenhang mit Wetterphänomenen gesehen. Bei den Recherchen in afrikanischen Ländern öffnete sich ein neuer Deutungshorizont. Die Veränderungen des Klimas waren maßgebliche Faktoren, die Krisen hervorriefen, verstärkten und beschleunigten. Und bald wurde auch dem letzten Ignoranten klar, dass der Kontinent, der am wenigsten zu den Ursachen des Klimawandels beiträgt, am stärksten unter dessen Folgen leidet. Man muss nur die Energiebilanz vergleichen: Allein wir Deutschen verbrauchen jedes Jahr ungefähr so viel Strom wie die gesamte Bevölkerung Afrikas.

Der Weiler ist leicht zu finden, man sieht ihn schon aus ein paar Kilometern Entfernung: eine grüne Bauminsel in der weiten, ausgedorrten Ebene. Dan Bassa heißt der Flecken, er besteht aus ein paar Lehmhütten, die sich in ein schattiges Trockenwäldchen ducken. An der Bauweise des Kornspeichers sieht man gleich, dass die Bewohner aus dem Norden Nigerias stammen. »Wir sind Fulbe«, sagt Kiri Mayere. Er ist das Oberhaupt einer 25-köpfigen Großfamilie, die seit 16 Jahren hier lebt – und ihre kleine Oase jeden Tag verteidigen muss. Denn sie erweckt in dieser fast baumlosen Gegend im Bundesstaat Kaduna große Begehrlichkeiten. Die Leute sind ständig auf der Suche nach Brennholz und Baumaterial, schon mehrmals haben Unbekannte versucht, Bäume zu fällen oder Äste abzuhacken. »Wir haben sie selber gepflanzt. Es sind Doka, gutes hartes Holz«, erklärt der Hausherr. »Ich würde auf Leben und Tod für sie kämpfen.«

Die Bäume bilden einen natürlichen Schutzwall um die Lehmbauten, Gemüseparzellen und Viehpferche. Sie halten die Erde fest und fangen den Harmattan ab, den sandgeschwängerten Wind, der aus der Sahara weht und die fruchtbare Krume abträgt. Das Wäldchen ist für Mayere eine Art Lebensversicherung. Es soll verhindern, dass es ihm und seiner Sippe so ergeht wie einst den Großeltern, die weit oben im Norden Nigerias lebten. Irgendwann mussten sie das Land ihrer Ahnen verlassen, weil die Wüste immer weiter vordrang. Sie erzählten ihren Kindern und Kindeskindern oft, wie das Unglück seinen Lauf nahm. Erst starben die

Bäume ab, dann versiegten die Flussläufe und Wasserlöcher, dann fand das Vieh kein Futter mehr. Schließlich zogen sie mit ihren klapprigen Rindern in den fruchtbareren Süden, in das 800 Kilometer entfernte Gebiet um Dan Bassa. Die stolzen Vorfahren Kiri Mayeres wurden zu Umweltflüchtlingen.

In ihrer früheren Heimat an der Grenze zum Niger soll es zweihundert verlassene Siedlungen geben, Geisterdörfer, die allmählich im Sand versinken. Diese Zahl kann man in einer Studie der Umweltschutzorganisation DARE nachlesen. Yahaya Ahmed, ihr umtriebiger Direktor, hat uns zum Anschauungsunterricht in die Einöde von Dan Bassa begleitet. Seiner Meinung nach ist die Ursache der Wanderungen ganz eindeutig: »Es ist der Klimawandel, der die Desertifikation beschleunigt und den Menschen die Lebensgrundlagen raubt.« Die betroffenen Regionen liegen im Sahel, im wasserarmen Landgürtel zwischen der Sahara und den Savannen, der sich vom Atlantik bis zum Roten Meer 6000 Kilometer quer durch Afrika zieht. Die Hirtenvölker und Ackerbauern, die in dieser kargen Vegetationszone leben, sind permanent von Dürren bedroht. Niemand weiß, wie viele Menschen in den vergangenen Jahrzehnten den unwirtlichen Sahel verlassen haben. »Aber wir spüren die Auswirkungen der Migration«, sagt Yahaya Ahmed. »In ihrer neuen Heimat sind die Zuwanderer in der Regel nicht willkommen. Oft kommt es zu Streitigkeiten um Wasser, Land, Weiderechte und Brennholz.«

In Kaduna, der Hauptstadt des gleichnamigen Bundesstaates, stellt Ahmed uns zwei Männer vor, die für die beiden Konfliktparteien sprechen: einen sesshaften Bauern und einen umherziehenden Viehhalter. »Die großen Herden zertrampeln unsere Äcker«, klagt der Farmer. »Es gibt keine Korridore mehr, durch die wir unsere Kühe treiben können«, verteidigt sich der Nomade. Der Farmer: »Euer Vieh verschmutzt unser Trinkwasser.« Der Nomade: »Wo sollen wir hin?« Wenn man den Kontrahenten so zuhört, fällt einem unweigerlich der Bruderzwist zwischen Kain und

Abel ein, zwischen dem Ackerbauern und dem Hirten. In Nigeria wird dieser biblische Urstreit zwischen zwei Produktions- und Lebensweisen durch ethnische Rivalitäten, religiösen Fundamentalismus und die Machtspiele korrupter Politiker verschärft; vor allem in der Vielvölkerregion der Landesmitte kommt es regelmäßig zu blutigen Zusammenstößen, die Tausende Menschen das Leben kosten. Oberflächliche Beobachter sprechen gern von einem Religionskrieg zwischen Christen und Muslimen, doch die eigentlichen Ursachen sind das schnelle Bevölkerungswachstum und der Kampf um knappe Ressourcen, die durch den Klimawandel noch knapper werden. Damit steigt die Wahrscheinlichkeit, dass eines Tages die begrenzten Konflikte zu einem Bürgerkrieg wie in Darfur ausarten könnten – auch diese dürregeplagte Provinz im Westen des Sudan liegt in der Sahelzone. Dort sollen die durchschnittlichen Jahresniederschläge binnen zwanzig Jahren um rund vierzig Prozent gesunken sein. Dieser Krieg sei »ein tragisches Beispiel für den sozialen Zusammenbruch, der aus einem ökologischen Kollaps resultieren kann«, stellt eine Studie des Umweltprogramms der Vereinten Nationen fest.

Kopenhagen? Den Namen der Hauptstadt Dänemarks, in der gerade die große Umweltkonferenz der Vereinten Nationen stattfand, kennt Damaris Ngeenoi nicht, und mit dem Wort »Klimagipfel« kann sie überhaupt nichts anfangen. Aber von den Folgen der Erderwärmung kann sie viel erzählen: von der langen Dürre in ihrer Heimat, vom sterbenden Vieh, von der Not. »Es ist sehr schlimm hier«, sagt sie, ihre piepsige Stimme ist kaum zu verstehen. Das elfjährige Mädchen wirkt schüchtern und ist zunächst recht wortkarg, es geschieht schließlich nicht alle Tage, dass sich ein fremder weißer Mann in ihr Dorf verirrt und seltsame Fragen stellt. Und normalerweise interessiert es ja auch niemanden, was ein kleines Massai-Mädchen zu sagen hat. Aber heute hört Damaris jemand zu, und allmählich legt sie ihre Scheu ab. »Unsere

Kühe haben nicht mehr genug Wasser. Wenn die Tiere verdursten, müssen die Menschen hungern.«

Damaris Ngeenoi lebt in Ilmotio, einem abgelegenen Nest unweit der Staatsgrenze, die Kenia und Tansania trennt. Das Land schreit nach Regen, aber seit drei Jahren ist kein Tropfen gefallen. Über dem Horizont schweben wie ein leeres Versprechen ein paar Schleierwolken. Süßlicher Verwesungsgestank brütet über der Talsenke, allerwegen liegen verfaulte Tierkadaver und Haufen bleicher Knochen herum, Esel, Kühe, Kälber, verdurstet auf der Suche nach Wasser.

»Ich bin sehr traurig, wenn eine Kuh stirbt«, sagt Damaris. »Wir hatten vierzig Kühe. Jetzt sind nur noch zwei übrig.« Zahlreiche Familien im Distrikt Kajiado haben ihr Vieh verloren, die Herden wurden nach Schätzungen von humanitären Organisationen um sechzig Prozent dezimiert. Eine Katastrophe für das nomadisierende Hirtenvolk der Massai, denn die Rinder sind das einzige Kapital, das sie haben. Sie liefern Milch und Fleisch, Horn und Häute, und wenn es ganz schlimm kommt, wird Blut aus ihren Halsschlagadern gezapft. Aber nun ist auch diese letzte Nahrungsquelle versiegt, die Tiere sind zu schwach geworden. »Es gibt Tage, da haben wir nichts mehr zu essen«, sagt Damaris.

Ein anderes Land, die gleichen Bilder. Ein Viehfriedhof nahe dem Dorf Dambi im Süden Äthiopiens: Berge aus Knochen, Schädeln, Klauen, Hörnern, verdorrten Fellen, von Hyänen abgenagten Skeletten. Wenn die Bäume auf dem Kopf stehen, ist die Welt aus den Fugen geraten, sagen die hier lebenden Borena. In ihrem Land stehen viele Bäume auf dem Kopf. Es sind die ersten sichtbaren Zeichen der Dürre: Die Menschen fällen Bäume und drehen sie auf die Kronen, damit ihre darbenden Rinder die Blätter abzupfen können. Auch hier hat es seit drei Jahren nicht mehr richtig geregnet. Eisgrau der wolkenlose Himmel, der lateritrote Boden betonhart und schrundig, wund geleckt von der Sonne.

Fünf Gehminuten vom Viehfriedhof entfernt begegnet uns ein Mann, der wie das Dorf heißt: Dambi, Vorname Mohamed. Es ist noch nicht lange her, da war er noch ein reicher und angesehener Viehhalter. Heute zeugt nur noch seine Sure vom einstigen Wohlstand, seine muslimische Kopfbedeckung, die aus Goldfäden gestickte Minarette zieren. Dambi besaß 95 Rinder, das ist eine stattliche Zahl, wenn man bedenkt, dass eine Herde der Borena durchschnittlich 50 Stück zählt. »In drei Wochen sind 90 meiner Rinder verreckt. Einfach umgefallen, eines nach dem anderen«, berichtet Dambi. 37 Jahre ist der Mann alt, er redet, als sei seine Zukunft schon vorbei und die jahrhundertealte Hirtenkultur der Borena dem Untergang geweiht.

Unversehens taucht ein Regierungsbeamter auf und bestellt uns zum Rapport in die zwanzig Kilometer entfernte Distrikthauptstadt Moyale ein. Es ist ihm gar nicht recht, dass Presseleute einfach so herumschwirren und womöglich apokalyptische Berichte schreiben. Denn eines kann man seiner Regierung sicherlich nicht vorwerfen: dass sie dem Desaster tatenlos zusehen und sich allein auf den Beistand der Außenwelt verlassen würde. Anders als in den Nachbarländern Sudan oder Somalia funktionieren in Äthiopien die staatlichen Institutionen einigermaßen. Es gibt ein Frühwarnsystem für Hungersnöte und ein Sicherheitsnetz, das 7,5 Millionen bedürftige Kleinbauern versorgt. Überdies wurde eine staatliche Reserve von über 300 000 Tonnen Getreide angelegt. Das Grundproblem aber bleibt: Millionen von verarmten Subsistenzbauern fehlen die Mittel für eine produktive Landwirtschaft – Besitzrechte, Investitionskapital, Know-how, Bewässerungssysteme, Dünger, Saatgut, Marktzugang. Äthiopien hat weit über 100 Millionen Einwohner. Wie mag es erst sein, wenn sich 150 Millionen Menschen die geringen Erträge teilen müssen? Der Hunger werde in ein chronisches Stadium übergehen, warnen Agrarexperten. Manche glauben, dass Äthiopien zu einem Menetekel für die globale Ernährungskrise im 21. Jahrhundert werden könnte.

Niedergang einer jahrhundertealten Hirtenkultur: einer der zahllosen »Viehfriedhöfe« im dürregeplagten Süden Äthiopiens.

Aber der Sprecher der Distriktverwaltung hat keine Zeit für düstere Spekulationen, er ist vollauf mit den Tagesproblemen beschäftigt. »Eine solche Dürre gab es seit 60 Jahren nicht mehr«, sagt Jatani Guyo. An der Ursache hat auch er keinen Zweifel: »Der Klimawandel. Die Niederschläge werden immer weniger, in dieser Saison ist sogar Ganna, die große Regenzeit zwischen März und Juni, ganz ausgeblieben.« Äthiopien brauche dringend internationale Unterstützung, »aber die Koordination der humanitären Einsätze liegt allein in unserer Verantwortung«, betont Guyo. Die Regierungsstellen wollen blindem Aktionismus vorbeugen – ein Seitenhieb auf die Vertreter der ausländischen Hilfsindustrie, die sich nebenan, im einzigen guten Hotel am Platz, gegenseitig auf die Füße treten: UN-Personal, Rotes Kreuz, Mitarbeiter von Nichtregierungsorganisationen, EU-Emissäre in fescher Safarikluft.

Die Helfer schlagen Alarm, das ist in ihrem ureigenen Interesse, denn sie leben von humanitären Notlagen und übertreiben oft die Zahlen der Betroffenen, um die Spendenmüdigkeit in den reichen Ländern zu überwinden. Im Jahr 2011, als ich im Süden Äthiopiens unterwegs war, waren nach Schätzungen der Vereinten Nationen nahezu 50 Millionen Menschen vom Hunger bedroht. Ich habe mich oft über derartige Hochrechnungen gewundert, und wenn ich an die Schauplätze zurückkehrte, musste ich manchmal feststellen, dass die Lage doch nicht so katastrophal gewesen war. Man unterschätzt immer wieder die Anpassungsfähigkeit und Resilienz der Afrikaner und Afrikanerinnen, sie haben im Laufe der Jahrhunderte gelernt, den widrigsten Umständen zu trotzen.

Doch in jüngster Zeit nehmen die Probleme eine ganz neue Dimension an, selbst in vermeintlich weniger gefährdeten Zonen des Erdteils. Zum Beispiel in den Obst- und Weinanbaugebieten Südafrikas. Dort liegt auch Kapstadt, meine Wahlheimat. Im Südherbst des Jahres 2017 bekamen wir erstmals einen Vorgeschmack auf die Katastrophenszenarios, die auf urbane Großräume zukommen könnten. Der wohlhabenden Metropole drohte als erster Millionenstadt der Welt das Wasser auszugehen. Nach zwei aufeinanderfolgenden Wintern, in denen die geringsten Regenfälle seit einem Jahrhundert gemessen wurden, waren die großen Stauseen und Wasserspeicher fast leer. Es war die schlimmste Dürre seit 1904. Der »Day Zero«, der Tag, an dem die Hähne abgedreht werden sollten, konnte durch erzwungene Sparmaßnahmen gerade noch abgewendet werden.

Das Desaster sei nicht über Nacht gekommen, sondern habe sich über zwei Jahrzehnte angebahnt, sagt Anthony Turton, Professor am Zentrum für Umweltmanagement der Universität Bloemfontein. Kapstadt erlebte seit dem Ende der Apartheid anno 1994 eine rasante Urbanisierung, die Bevölkerungszahl hat sich nahezu verdoppelt, von 2,5 auf 4,5 Millionen Einwohner. »Doch die natürlichen Ressourcen sind nicht entsprechend gewachsen, und die Politiker haben untätig zugesehen, wie die Schere immer weiter auseinanderging.« Der Wassermangel infolge des Klimawandels sei die »neue Normalität«, sagen südafrikanische Meteorologen. Kapstadt wird sich wie São Paulo, Los Angeles, Melbourne und andere Megacitys, die in extrem trockenen Breiten liegen, darauf einstellen müssen. Denn seit Mitte des 19. Jahrhundert hat sich die Weltbevölkerung verdreifacht, während der Wasserkonsum um das Sechsfache zugenommen hat.

In Südafrika prophezeien Schwarzseher, dass im härter werdenden Verteilungskampf um das wichtigste Lebensmittel irgendwann Chaos und Anarchie ausbrechen könnten. Sie ziehen Vergleiche mit dem Endzeitfilm *Mad Max. Fury Road*, der in Namibia gedreht wurde und von einer brutalen Wasserdiktatur in einem lebensfeindlichen Ödland handelt. Die Hauptdarstellerin ist Charlize Theron, eine Südafrikanerin.

IN AFRIKANISTAN

Warum der islamistische Terror nicht mit
militärischen Mitteln besiegt werden kann

An einem glutheißen Tag im Mai 2019 fährt Anna Hidayat zu den Flüchtlingscamps nahe der Grenze zwischen Nigeria und Niger. Sie schaut aus dem Autofenster auf das weite, ausgedorrte Land, über dem sich ein zementgrauer Himmel wölbt. Alles ganz normal da draußen, aber die Terroristen können jederzeit zuschlagen. Anna ist häufig unterwegs im »deep field«, im Machtgebiet islamistischer Gotteskrieger. Dort liegen die Auffanglager, in denen ihre Hilfsorganisation entwurzelte Menschen versorgt. Die 44-jährige Muslimin aus Indonesien leitet das Büro von Care International in Maiduguri, der Hauptstadt des Bundesstaates Borno im Nordosten Nigerias. »Sieht alles so friedlich aus«, sagt sie, »kein Vergleich mit den Schlachtfeldern, die ich im Irak, in Syrien oder im Jemen gesehen habe.«

Anna hat riskante Einsätze in kriegsgeplagten Ländern hinter sich, so leicht kann sie nichts mehr aus der Fassung bringen; sie verdrängt die latente Gefahr durch ihren Frohsinn.

Wir werden begleitet von einem ortskundigen Fahrer und einem Ex-Offizier der Armee, der per Mobiltelefon die Sicherheitslage vor jedem Ort, den wir passieren müssen, überprüft. Er besteht darauf, dass weder sein Name noch sein Dienstrang erwähnt werden. »Die Ruhe ist trügerisch«, sagt er, »die Dschihadisten halten sich im Busch verborgen, man weiß nie, wann sie angreifen.« Erst vor ein paar Tagen nahmen sie drei Geländewagen von Nothelfern unter Feuer, ein Fahrer wurde getötet, von sechs Mitarbeitern fehlt seither jede Spur.

Es gab eine Zeit, in der ich problemlos im Norden Nigerias herumreisen und arbeiten konnte. Ich besuchte die märchenhaften

Lehmpaläste der alten Herrscher, bekam eine Audienz beim Emir von Kano, besichtigte Entwicklungsprojekte, sprach mit Politikern, Imamen, Hirten, Bäuerinnen. Wie ist es dazu gekommen, dass man sich in dieser Region nur noch unter Lebensgefahr bewegen kann? Die Antwort führt uns zurück ins Jahr 2009, nach Maiduguri, wo aus einer Sekte radikaler Salafisten eine islamistische Terrorbewegung hervorging. Mohammed Yusuf, ihr Anführer, hatte zum Heiligen Krieg gegen alle Ungläubigen aufgerufen, er wollte ein unabhängiges Kalifat errichten, in dem der ursprüngliche Islam wieder gelten sollte. Seine militante Erweckungsbewegung wurde später unter dem Namen »Boko Haram« bekannt, frei übersetzt: »Westliche Erziehung ist Sünde«. Wobei »Boko« eine Verballhornung des englischen Wortes »book« ist, ein Synonym für das verhasste Erziehungssystem der britischen Kolonialherren.

Nach groben Schätzungen schlossen sich den Dschihadisten bis zu 20 000 Kämpfer an. Sie eroberten in wenigen Jahren ein Territorium von der Größe Portugals und dehnten ihr Operationsgebiet auf die Grenzregionen der Nachbarstaaten Kamerun, Tschad und Niger aus. Das südafrikanische Institut für Sicherheitsstudien (ISS) stuft Boko Haram als »tödlichste Terrorgruppe der Welt« ein, und die Vereinten Nationen ziehen nach einem Jahrzehnt Dschihad eine verheerende Bilanz: weit über 20 000 Tote (der britische Weltsender BBC schätzt 30 000!), rund 1,8 Millionen Binnenvertriebene, 1400 zerstörte Schulen, 2295 getötete Lehrer, Hunger, Seuchen, Elend und eine allgegenwärtige Angst vor den blutrünstigen Horden.

Das zehnte »Jubiläum« der Terrormiliz nahm ich zum Anlass, wieder in dieser von der Außenwelt abgeschnittenen Region zu recherchieren. Es war ein hochriskantes Unternehmen, aber ich vertraute auf Anna Hidayat und ihr erfahrenes Team. Auf einer Karte, die sie wie alle Nothelfer vom Nachrichtendienst der Vereinten Nationen erhalten hat, sind alle Verkehrswege in ihrem

Einsatzgebiet farblich markiert. Gelb heißt: Nur mit Militäreskorte befahrbar. Rot bedeutet: No go, tödliche Gefahr. Grün ist nur eine Hauptstraße, sie führt von Maiduguri über Damaturu hinauf nach Gashua am Rand der Sahara und weiter bis Nguru, dem Tagesziel von Anna. 457 Kilometer, tadellos geteert, stellenweise sogar vierspurig, eine Autobahn in erstaunlich gutem Zustand. Das Hinterland ist dünn besiedelt, manchmal sieht man eine verschlafene Streusiedlung oder einsame Hirten mit ihren Herden und klapprigen Kamelen. Doch nur die Orte, die vom Militär gehalten oder zurückerobert wurden, gelten als halbwegs sicher. An der Strecke liegen Kasernen, MG-Stellungen mit Schützengräben, ein Stützpunkt der Luftwaffe, ein Panzerbataillon. Irgendwann höre ich auf, die Straßensperren und schwer bewaffneten Kontrollposten zu zählen. Ein Sandsturm zieht auf, in wenigen Minuten verschluckt eine riesige braune Staubwolke die Straße. Der Sicherheitsoffizier wirkt nervös. Aber es sind nur noch ein paar Kilometer bis zum Flüchtlingslager.

Dort wird Anna von Frauen und Mädchen umringt, sie klatschen, tanzen, singen. Unter einer Zeltplane werden die Oberarme von Kleinkindern vermessen, viele sehen unterernährt und krank aus. Die Mütter stehen geduldig um Nahrungsmittel wie Getreide, Soja und Speiseöl an, die jeden Tag verteilt werden. »In vielen Gegenden hungern die Menschen. Unsere Hilfe hat bislang rund 350 000 Bedürftige erreicht«, sagt Anna. »Wir werden sie noch lange versorgen müssen, denn in ihre Heimat können sie wegen der AOG nicht zurück.« AOG, Armed Opposition Groups, diesen Sammelbegriff für Terrormilizen haben humanitäre Organisationen eingeführt, denn sie glauben, dass es brandgefährlich ist, den Namen Boko Haram zu gebrauchen. Auch Journalisten, die nie in der eigentlichen Todeszone waren, behaupten in ihren Hochglanzreportagen, dass kaum jemand diese vier Silben auszusprechen wage. Die Reporter wollen zeigen, wie verwegen sie sind, nüchterne Fakten würden ihre Abenteuergeschichten nur abschwächen. Die meisten Menschen, mit denen ich in den Bundesstaaten Yobe und Borno gesprochen habe, reden ganz offen über die Killertruppe, denn Boko Haram ist zum Inbegriff für Grausamkeit und Leid geworden.

Das letzte Bild, das Aisha Usman von ihrem Mann Ado hat, ist sein abgerissener Kopf. Der Sprengsatz eines Selbstmordattentäters war im Oktober 2015 vor einer Moschee in Mulai explodiert und hatte seinen Körper zerfetzt. Die 45-jährige Witwe floh mit sieben Kindern aus ihrem brennenden Heimatort nach Nguru, wo 5000 Binnenvertriebene notdürftig versorgt werden. Sie sitzt unter einem schattigen Niembaum und wartet mit ihrem jüngsten Sohn auf die Essensausgabe. Aisha Usam fragt sich oft, warum die Terroristen ihre Glaubensbrüder umbringen. »Sie töten Christen, aber die meisten Opfer sind Muslime.« Die einzige Erklärung, die sie dafür hat: »Die jungen Krieger sind verhext. Sie essen Datteln, die in Menschenblut getränkt wurden, dann haben sie keine Hemmungen mehr und schlachten jeden ab.« Der Übersetzer schüttelt den Kopf. Solche Aussagen bekomme er immer wieder zu hören, sagt er. »Sie zeigen die große Verwirrung der Menschen nach zehn Jahren Terror.«

Gerade jetzt, im Fastenmonat Ramadan, gebe es vermehrt Anschläge, sagt der Ex-Offizier auf der Rückfahrt. Im Autoradio wird gerade von einem Überfall auf einen Militärposten in Gubio berichtet; angeblich wurden neun Soldaten getötet. Ein paar Minuten vor 16 Uhr überqueren wir die Stadtgrenze von Maiduguri, danach werden sämtliche Zufahrten gesperrt. Anna wirkt jetzt doch erleichtert, ihre Mission ist gut verlaufen.

Vor dem Einbruch der Dämmerung bleibt noch Zeit, um ins Bahnhofsviertel zu fahren und den Ort zu inspizieren, an dem der Alptraum begann. Die Schalterhalle des Bahnhofs ist leer, auf den Gleisen verrotten Waggons, die Signalzeichen sind eingerostet. Vor dem Eingang hängen ein paar Bahnarbeiter herum; sie haben vergessen, wann hier der letzte Zug eingelaufen ist. »Es muss wohl vor zehn Jahren gewesen sein«, sagt einer. Der Mann trägt ein hellblaues Shirt der Eisenbahnergewerkschaft. Auch er will seinen Namen für sich behalten, denn er erhebt schwere Vorwürfe gegen die nigerianische Armee. Er erzählt, wie Ende Juli 2009 Panzer in sein Viertel rollten und die Ibn-Taymiyyah-Moschee des Predigers Mohammed Yusuf neben dem Bahnhof dem Erdboden gleichmachten. Und wie die Soldaten ein Blutbad anrichteten. »Sie massakrierten Yusufs Anhänger, zwischen den Gleisen lagen unzählige Leichen.«

Mohammed Yusuf, 39 Jahre alt, war zum Staatsfeind Nummer eins geworden. Der wortgewaltige Imam hatte seine schnell wachsende Anhängerschar gegen die Regierung aufgewiegelt: In zornigen Predigten machte er die »Christenmafia« verantwortlich für die Armut und Hoffnungslosigkeit im überwiegend muslimischen Norden des Landes. Als sich immer mehr arbeitslose junge Männer seiner Bewegung anschlossen, schlug die Regierung zu. Bei der Militäroperation im Juli 2009 wurden nach Angaben von Menschenrechtsorganisationen mindestens 800 Menschen getötet. »Es waren viel mehr«, sagt der Bahnarbeiter und deutet auf die Brache jenseits der Gleise: »Dort liegen die Massengräber, in denen die Toten verscharrt wurden.« Auch der charismatische Sektenführer Yusuf wurde seinerzeit hingerichtet, die genauen Umstände seines Todes konnten nie aufgeklärt werden. Von seiner Moschee ist nur noch ein Schuttfeld übrig geblieben, aus dem ein einsamer Betonpfeiler ragt. Aber der Geist des Boko-Haram-Gründers lebt fort, denn die Vernichtungsaktion der Regierungstruppen erwies sich als Pyrrhussieg, der genau das Gegenteil bewirkte: Aus dem Trümmerhaufen in Maiduguri stieg eine mörderische Bewegung auf.

Zu Beginn ihres Feldzugs attackieren die Terrormilizen Polizeiwachen, Militärstützpunkte, Amtsgebäude und andere staatliche Einrichtungen, dann immer häufiger zivile Ziele, Busbahnhöfe, Mobilfunktürme, Kirchen und Moscheen, Hochzeitsfeiern. Sie

Warum bringen die Terroristen ihre Glaubensbrüder um? Aisha Usman im Flüchtlingslager von Nguru. Ihr Ehemann wurde vom Sprengsatz eines Selbstmordattentäters zerfetzt.

töten Fußballfans, die sich in Videohallen Spiele der Champions League anschauen. Werfen Brandsätze in Bierlokale. Bestrafen Liebespaare, die öffentlich flirten. Peitschen Frauen aus, die sich nicht verschleiern und »unzüchtige« Kleider tragen. Auf belebten Märkten jagen sich Selbstmordattentäter in die Luft, und jede Woche werden Städte und Dörfer überfallen, geplündert, niedergebrannt und zahlreiche Bewohner massakriert. Überlebende berichten von Massenexekutionen, Enthauptungen, Steinigungen, Amputationen. Aber weltweite Schlagzeilen machten die »schwarzen Taliban« erst im April 2014, als sie 276 Mädchen aus einem Internat im Marktflecken Chibok kidnappten und die globale Hashtag-Kampagne #BringBackOurGirls auslösten.

Für die Nigerianer war der Raub der Mädchen nur eines von unzähligen Verbrechen der Glaubensfanatiker. Der Weltpresse lieferte er eine hochwillkommene Sensationsgeschichte. Später erschien auf dem deutschen Markt sogar eines dieser wohlmeinenden, aber ziemlich ärgerlichen Opferbücher, in dem von der »Brandungszone der Religionen« fabuliert wird, und der »lichtlose« Sambisa-Wald, ein Rückzugsraum von Boko Haram, verwandelt sich unbesehen in einen Ort, auf dem ein »Fluch der Vorzeit« liege. Dazu gibt es prächtige Schwarzweißfotos von Mädchen, die den Entführern entkommen sind. Sie schauen uns an wie leidende Madonnen. So gelungen wurde der Horror selten ästhetisiert.

Den genauen Tag im September 2014, an dem die Totmacher kamen, weiß Aisha Mohammed nicht mehr, aber an die Tageszeit kann sie sich noch erinnern. Es war früh am Morgen, kurz vor Sonnenaufgang, als Pulks von Motorrädern und weißen Geländewagen mit Maschinengewehren auf den Ladeflächen in der Provinzstadt Bama einfielen. Aisha musste mit ansehen, wie zwei ihrer Brüder mit dem Messer abgeschlachtet wurden, insgesamt hat sie an diesem Tag acht Familienmitglieder und Verwandte verloren. Die 38-jährige Frau trägt einen goldgelben Hidschab, darunter einen Wickelrock mit Straußenfedermuster. Sie starrt gedankenverloren auf den Boden. Dass sie und ihr Mann es geschafft haben, mit ihrer siebenköpfigen Familie aus Bama zu fliehen und nach einem dreitägigen Fußmarsch die siebzig Kilometer entfernte Großstadt Maiduguri zu erreichen, kommt ihr wie ein Mirakel vor. Die Familie haust in einer stickigen Kammer, die ein Bekannter angeboten hat. »Wir waren einmal wohlhabend, wir hatten gutes Land und viel Vieh«, sagt die junge Frau. Mit ihrem Ehemann konnte sie sogar die Hadsch machen, die Pilgerreise nach Mekka. Jetzt haben sie gar nichts mehr. Sie sind Flüchtlinge im eigenen Land. Ein Schicksal, das sie allein in Maiduguri mit über 200 000 Menschen teilen.

Aber auch hier fühlen sich die Heimatvertriebenen nicht sicher. Sie haben Angst, dass die Terroristen wiederkommen. So wie im Januar 2015, als Boko Haram zur Großoffensive gegen Maiduguri blies, um das Handelszentrum, in dem die Bewegung geboren wurde, zurückzuerobern. Die Armee setzte schwere Waffen ein, Kampfjets flogen Luftangriffe gegen die Stellungen der Belagerer. Die wirksamste Verteidigung leisteten selbst ernannte Bürgerwehren; sie spürten Dschihadisten auf, die sich in den unübersichtlichen Vierteln bewegten wie Fische im Wasser. Die Attacke konnte abgewehrt werden, aber weil die Regierungstruppen dabei äußert brutal vorgingen und viele Unschuldige töteten, sind sie in der Bevölkerung genauso verhasst wie die Terroristen. Besonders berüchtigt ist die Militärkaserne im Süden der Stadt, die Giwa Barracks, wo laut Amnesty International in den vergangenen Jahren Hunderte von Gefangenen an Folterungen, Krankheiten und Hunger starben. 640 Häftlinge sollen nach einem Ausbruchsversuch im März 2014 getötet worden sein. Heimlich aufgenommene Videos zeigen, wie Soldaten ihren Opfern die Hälse durchschneiden. Sie tragen die unverwechselbaren Tarnuniformen der Joint Task Force, einer Anti-Terror-Einheit. Vor Kurzem wurde der neue Kerkertrakt der Kaserne eingeweiht; die Freiluftzellen gleichen den Käfigen im US-Gefangenenlager Guantanamo.

Auf einer Verkehrsinsel im Zentrum Maiduguris prangt das Motto des Bundesstaates Borno: »Heimat des Friedens«. Die Leute können darüber nur lachen. In ihrer wie eine Festung gesicherten Stadt herrscht zwar eine Art Burgfrieden, aber sobald sie Maiduguri verlassen, betreten sie eine Kriegszone, in der mittlerweile mehrere islamistische Milizen wüten. Die Kerntruppe von Boko Haram hat sich »internationalisiert« und dem irakischen IS die Treue geschworen. Eine Splittergruppe namens Ansaru trennte sich von der Hauptbewegung; sie soll mit AQIM kooperieren, einem Ableger von al-Qaida im Maghreb. Mitte 2016 sagte sich die Organisation »Islamischer Staat in West Afrika« (ISWAP) von Boko Haram los. Sie lehnt die wahllose Tötung von Zivilisten ab und verstärkt stattdessen die Angriffe auf staatliche Institutionen.

Die Netzwerke der verschiedenen Fraktionen reichen mittlerweile weit über Nordnigeria hinaus, sie sollen Verbindungen zu islamistischen Terrorbewegungen in Mali, Burkina Faso, Togo, Benin, Ghana, Elfenbeinküste und sogar zu al-Shabaab in Somalia pflegen. Die Terrorbanden sind zu einer Bedrohung für den gesamten Sahel-Gürtel geworden. Französische Außenpolitiker nennen die Region »Sahelistan« oder »Afrikanistan«; sie warnen davor, dass Anarchie und Chaos flächendeckend um sich greifen könnten. Die möglichen Folgen: noch mehr unschuldige Opfer, noch mehr Not, noch mehr Flüchtlinge.

Im März 2015 haben Nigeria, Tschad, Kamerun, Niger und Benin eine multinationale Truppe gebildet, um den Terror mit vereinten Kräften niederzuschlagen. Das Militärbündnis konnte seither zwar ein paar Gefechte gewinnen, aber infolge der schlechten Koordination fehlt es ihm an Durchschlagskraft. Der militante Islamismus ist wie eine Hydra: Kaum wird ein Kopf abgeschlagen, wachsen zwei neue nach. Die Bekämpfung der Glaubenskrieger ist auch deswegen so schwierig, weil sie eine lukrative Kriegsökonomie aufgebaut haben. Sie leben von Plünderungen, Banküberfällen, Schmuggel und Erpressung, von Lösegeldern aus Entführungen, vom Handel mit Waffen, Drogen und Menschen. Jede Menge Kollaborateure verdienen an ihren Raubzügen mit: bestechliche Politiker, Emire und Imame, lokale Gewaltherrscher, ruchlose Geschäftemacher. Reiche ausländische Salafisten leisten klammheimlich Finanzhilfe, und an Waffen herrscht in Westafrika seit dem Zusammenbruch Libyens ohnehin kein Mangel. Viele perspektivlose und meist ungebildete junge Männer schließen sich den Islamisten freiwillig an: Diese bieten ihnen nicht nur Lohn und Brot in einer wirtschaftlich marginalisierten Region, sondern auch Macht, ein alternatives Weltbild und einen konkreten Handlungshorizont.

Einige Milizen setzen neuerdings auf »zivile« Strategien, um die Loyalität des Volkes zu gewinnen. Die Splittergruppe ISWAP hat im äußersten Norden von Borno sogar staatsähnliche Strukturen aufgebaut. Sie erhebt Zölle und Steuern, fördert Agrarprojekte, bohrt Brunnen, richtet Gesundheitsposten ein, leistet eine Art Sozialhilfe. Das kommt gut an in einem Bundesland wie Borno, wo sieben von zehn Einwohnern in absoluter Armut leben. Die Region wird seit der Unabhängigkeit Nigerias 1960 von der Zentralregierung vernachlässigt, die staatlichen Institutionen versagen flächendeckend, Lokalpolitiker und traditionelle Religionsführer kungeln mit der Machtelite und bereichern sich.

»Die überwältigende Mehrheit der Bevölkerung glaubt nicht mehr, dass Demokratie, Menschenrechte und Marktwirtschaft ihre Probleme lösen«, stellte der Afrikanist Johannes Harnischfeger schon vor Jahren fest. In einer Feldstudie kommt er zu dem Schluss, dass im Norden Nigerias das westliche Entwicklungsmodell gescheitert sei. Im weltweiten Kontext ist der Terrorismus auch eine Reaktion auf die Globalisierung, die als großes Versprechen über die Menschheit kam – und Milliarden von Verlierern zurücklässt.

In Nordnigeria leben die Menschen seit Jahrhunderten unter harschen Bedingungen: staubtrockene Strauchsavanne, extreme Hitze mit Temperaturen bis 45 Grad, Wassermangel, Böden, die nicht viel hergeben. Hinzu kommen neuerdings die Folgen des Klimawandels – das Vordringen der Wüste, die periodischen Dürren – und ein extrem starkes Bevölkerungswachstum, das ethnische Konflikte und den Verteilungskampf um knappe Ressourcen verschärft.

All diese Faktoren bilden einen idealen Nährboden für terroristische Bewegungen. Der Islam wird dabei nur als eine Art Befreiungstheologie instrumentalisiert, die abendländische Einflüsse für die Ursache aller Übel hält. Die Fundamentalisten verdammen Demokratie und freie Wahlen, Frauenrechte, Homosexualität, gemischte Schulen, Bücher, Impfkampagnen, Schönheitswettbewerbe, die Evolutionslehre. Auf ihren Raubzügen aber vertrauen sie auf die technischen Hilfsmittel aus dem Westen: Geländewagen, GPS, Internet, Drohnen, Mobiltelefone, Schnellfeuerwaffen, Raketen. Und sie haben gut getarnte Lieferanten und Informanten in der nigerianischen Armee. Gegen eine Reihe von Generalen, die an Boko Haram Waffen verscherbelt haben sollen, laufen Strafverfahren.

Ein Feldwebel, der Spezialkräfte für den Kampf gegen die Terrormilizen ausbildet, wollte dazu nichts sagen, aber auch er berichtete über die skandalösen Zustände in den Streitkräften. Ich traf ihn während der Präsidentschaftswahlen 2015 in Kano. Er ließ sich nur unter der Zusicherung interviewen, dass, um seine Identität zu verschleiern, kein Name, kein Foto, kein Detail veröffentlicht werden dürfe. Seine Aussagen seien Hochverrat, sagte der Offizier, dafür drohe ihm die Todesstrafe. Sichtlich aufgewühlt saß er in einem abgedunkelten Hotelzimmer, ein bulliger Mann, hartes Gesicht, circa vierzig Jahre alt. Er zählte die Gründe für das Versagen der Armee auf: schlechte Ausrüstung, veraltete Waffen, zu wenig Munition, planlose Operationen. Die Kampfmoral der

Truppe sei miserabel, es komme zu Meutereien, immer mehr Soldaten würden desertieren, manche sogar zum Feind überlaufen. Weiße Ausländer sollten nicht allein in Maiduguri herumlaufen, warnt die Rezeptionistin unseres Hotels. Sie befürchtet, dass der Fotograf und der Reporter entführt werden könnten. Doch die Menschen verhalten sich uns gegenüber freundlich oder gleichgültig, wir fühlen uns keine Sekunde bedroht. Unterdessen ist der Alltag in die Stadt zurückgekehrt, an den Ausnahmezustand erinnern nur die Panzerfahrzeuge an den Straßenkreuzungen, die Alpha Jets der Luftwaffe, die täglich mehrmals im Tiefflug über die Dächer donnern – und die Flüchtlingslager.

Im Zentrum wirkt die Stadt gepflegter als die meisten Metropolen Nigerias, die Hauptverkehrsachsen sind begrünt, die Ampeln funktionieren, es gibt sogar gusseiserne Straßenlaternen im altenglischen Stil. Die moderne Universität wird gerade ausgebaut. Man sieht nur selten verschleierte Frauen, der Islam ist nach wie vor relativ liberal. Ich bin immer wieder erstaunt, wie schnell sich in Afrika das öffentliche Leben nach schweren Erschütterungen erholt. Im Offiziersclub der Luftwaffe wird sogar Bier ausgeschenkt, obwohl Alkohol nach dem islamischen Gesetz der Scharia, das in zwölf nigerianischen Bundesstaaten gilt, eigentlich verboten ist. Es ist eine der wenigen Oasen, in denen junge Nigerianer und Nigerianerinnen ihre Sorgen betäuben können. Den Glauben, dass die Jahre des Terrors irgendwie vorbeigehen, haben die meisten schon lange verloren. Sie sind zu jung, um sich an friedliche Zeiten zu erinnern.

Vor Jahren, im August 2013, fuhr ich von Bamako, der Hauptstadt Malis, hinauf in die Wüstenstadt Gao. Am Abend vor der Abfahrt hatte mich der deutsche Botschafter in seinen Amtssitz zitiert, um eine Warnung auszusprechen: »Sie reisen auf eigenes Risiko, die Bundesrepublik übernimmt keinerlei Verantwortung.« Er war einer jener geschniegelten Diplomaten, die ihre Hochsicherheitsresidenzen nur in gepanzerten Fahrzeugen verlassen. »Deswegen haben solche Leute wenig Ahnung von unserem Land«, sagte Paul Mben, der »Fixer«; so heißen einheimische Führer und Übersetzer, ohne deren Dienste wir Korrespondenten ziemlich aufgeschmissen wären. Paul, ein humorvoller Zeitgenosse, begleitete mich auf der 1200 Kilometer langen Strecke. Der letzte Abschnitt auf der Route Nationale 16 war ein mit Schlaglöchern übersäter Parcours, an den Straßenrändern lagen zerschossene Fahrzeuge, Lkw-Wracks, ausgebrannte Panzer. Im Autoradio liefen Lieder von Salif Keïta, Malis weltberühmtem Musiker, sie klangen wie Oden gegen den Terror.

Nachdem die Dschihadisten die Stadt eingenommen hatten, war es still geworden in Gao, so still wie in der Wüste ringsum. Sie schlossen alle Schänken, zerstörten Radios und Fernsehgeräte, rissen Satellitenschüsseln von den Dächern, jagten Amtsgebäude und Banken in die Luft, schlugen die wenigen Apotheken kurz und klein, weil über deren Eingängen grüne Neonkreuze leuchteten – Symbole des verhassten Christentums. Schließlich holten sie die Musikinstrumente aus den Häusern, Trommeln, Lauten, Stegharfen, warfen sie auf die Straße und zündeten sie an. Als Deutscher denkt man unweigerlich an die Bücherverbrennungen der Nazis. »Nur meine Gitarre haben sie nicht gekriegt«, sagt Abdou Cissé, ein korpulenter Mann, der einen Bubu, den traditionellen Kaftan, mit bunten Batikmustern trägt. Sein Instrument, eine rubinrote Ibanez, wurde nach dem Einfall der Islamisten in die Hauptstadt Bamako geschmuggelt. Jetzt ist die Gitarre wieder in Gao, und Cissé, der als bekanntester Musiker am Ort ganz oben auf der Todesliste der Fanatiker stand, kann wieder die Saiten zupfen und singen, ohne Angst haben zu müssen, dafür ausgepeitscht zu werden. »Musik ist in den Ohren der Fundamentalisten ein Frevel, weil sie die Menschen verzaubert und angeblich von Allah entfernt«, erklärt er. »Aber wir Malier lieben die Musik über alles. Diese Barbaren haben uns die Seele herausgerissen!«

Ode an die Schönheit der malischen Frauen: Der Musiker Abdou Cissé spielt auf seiner Ibanez-Gitarre, die er vor der Zerstörungswut der Islamisten gerettet hat.

Die Stille dauerte genau 182 Tage – so lange tyrannisierten die Religionskrieger Gao und seine 90 000 Einwohner. Sie waren im Bunde mit Tuareg-Rebellen der Nationalen Bewegung für die Befreiung des Azawad (MNLA) aus den Nachbarländern eingefallen und hatten in kurzer Zeit den gesamten Norden Malis erobert, eine Fläche von der doppelten Größe Deutschlands. Und wie in Nordnigeria war der Aufstand eine Quittung für das jahrzehntelange Versagen eines Staates, dessen Elite im Wohlstand lebt, während die Mehrheit der Einwohner immer ärmer wird. Die desolate Armee Malis wurde regelrecht überrannt, hinzu kam ein Militärputsch, der sie vollends kampfunfähig machte.

Die Aufständischen waren Ende März 2012 in Gao einmarschiert, drei Monate später zerstritten sie sich; die säkularen Tuareg lehnten die Einführung der Scharia ab und wurden von den übermächtigen Islamisten vertrieben. Das Handelszentrum Gao war eine ideale Operationsbasis, hier sollte die Hauptstadt ihres Kalifats entstehen. Unverschleierte Frauen wurden vergewaltigt und öffentlich bestraft: achtzig Hiebe mit der Stahlrute, vor den Augen der Öffentlichkeit, auf dem staubigen Versammlungsplatz im Stadtzentrum, der die Bewohner an die schrecklichen Monate erinnert. Die Aufschrift auf den Torbögen wurde übertüncht, aber man kann sie noch entziffern: Place de la Sharia. Hier, auf einer in den Landesfarben Malis gestrichenen Tribüne, wurden die bestialischen Strafen vollstreckt.

Mokhtar Touré meidet diesen Ort. Die Dschihadisten beschuldigten den 27-jährigen Lastwagenfahrer, ein Waffenhändler zu sein, und warfen ihn in ein Kerkerloch. Er erzählt, wie sie ihn nach drei Monaten ans Tageslicht holten. »Sie fesselten mich. Dann zog ein junger bärtiger Mann, ein Ägypter, ein Fleischermesser und schnitt meine rechte Hand ab, ohne Betäubung, ganz langsam, als würde er ein Huhn zerlegen.« Die Tortur habe dreißig Minuten gedauert, berichtet Touré mit tonloser Stimme, durch den unerträglichen Schmerz sei er ohnmächtig geworden.

Plötzlich reißt er die braune Plastikprothese von seinem Armstumpf und wirft sie in den Staub. »So fiel meine Hand ab.« Jede Nacht träumt er von dieser Szene, und jeden Tag versinkt er in abgrundtiefer Traurigkeit. Immer wieder steigt der Hass in ihm auf: »Gib mir einen Islamisten, und ich werde ihn töten!«

Erst die »Opération Serval«, eine militärische Intervention der ehemaligen Kolonialmacht Frankreich, beendete den Irrsinn. Gao wurde befreit, die Zeichen der schweren Kämpfe sind noch überall zu sehen. Die Fassaden zahlreicher Lehmhäuser sind übersät von den Einschusstrichtern der Kugeln und Schrapnelle. An den Kreuzungen warnen große Schilder mit schwarzen Totenköpfen vor Minen und Blindgängern. Vor der Askia-Moschee, dem Wahrzeichen Gaos, das wie durch ein Wunder unversehrt blieb, umringen Kinder und Jugendliche zwei französische Panzerwagen. Sie tanzen und rufen im Chor: »Vive la France!« Und: »Mali! Mali! Mali!«

Auch für Ouleymatou Maïga war der Befreiungsschlag der Franzosen wie eine Erlösung. Die Schulrätin ist verantwortlich für 200 Schulen, sie zählt zu den Heldinnen des zivilen Widerstands in Gao. Schon ihre Haarpracht, die von Perlen durchwirkte Flechtfrisur der Songhai-Frauen, ist ein Statement gegen die Frauenfeindlichkeit der Islamisten. Sie befahlen, dass Jungen und Mädchen getrennt unterrichtet werden müssen, doch die resolute Direktorin lehnte das ab. »Sie drohten, mich umzubringen, und wollten nicht mal mit mir reden, weil ich eine Frau bin. Das ist *haram*, also verboten.« Madame Maïga ließ sich nicht einschüchtern. Irgendwie hat sie es sogar geschafft, dass selbst in der schlimmsten Phase keine Schultage ausfielen. »Mali ist ein laizistischer Staat, wir hatten noch nie ein Religionsproblem und verteidigen unseren weltoffenen Islam.«

Am Ende meiner Reisen durch die Terrorzonen Afrikas kam ich immer wieder zu derselben Einsicht: Es gibt keine rein militärischen Lösungen. Ob in Nigeria, Mali, Somalia oder im Norden

Mosambiks, wo seit 2017 islamistische Milizen wüten, überall versagen die staatlichen Sicherheitskräfte. Auch internationale Friedenstruppen bewirken mit ihren oft schwammigen Mandaten wenig. Und ausländische Militärinterventionen bringen nur kurze Verschnaufpausen. Die Ursachen der Gewaltexzesse – Armut, soziale Ungleichheit, politisches Unvermögen – lassen sich nicht mit Waffen bekämpfen. Das Desaster in Afghanistan sollte eine Lehre für jeden Militärstrategen sein, aber in Afrika hat sich das offenbar noch nicht herumgesprochen.

Derweil geht das Leben in Gao irgendwie weiter. Auf den Märkten im Stadtzentrum herrscht die gewohnte Geschäftigkeit. Man sieht jetzt wieder Frauen auf Mopeds durch die Straßen knattern – in bunten Kleidern, unverschleiert, mit wehendem Haar, so wie es immer war. Abdou Cissé, der Musiker, sitzt im Innenhof seines Hauses, greift zur Gitarre und stimmt »Tolé, tolé« an, ein Lied, das die Schönheit der malischen Frauen besingt.

FLUCH DES REICHTUMS

Die Plünderung der Ressourcen.
Zum Beispiel Erdöl

Diamantenwäscher im Kongo, Baumwollpflücker in Mali, Goldgräber in Ghana, Sisalschneider in Tansania – in Afrika gibt es viele knochenharte und gesundheitsschädliche Arbeiten. Aber die Mühsal, die wir hier, auf einer Lichtung im Nigerdelta, sehen, übersteigt die Vorstellungskraft. Wobei »Lichtung« die vollkommen falsche Bezeichnung ist, man müsste ein neues Wort für diesen Ort erfinden. Die Bäume und Stauden, das Schilf, die Mangroven, die Sandbänke, die verendeten Krebse und Fische, alles ist pechschwarz. Der Lehmboden wird durch eine teerartige Melasse versiegelt, in den Wasserlachen wabert eine ölige Brühe, die Luft ist geschwängert von Rauchwolken, durch die kein Sonnenstrahl dringt. Und mitten in diesem Inferno schuften zwei Dutzend junge Burschen, deren Körper so tiefschwarz glänzen, als wären sie einem Tintenfass entstiegen. Man könnte meinen, vor der Kulisse eines Films über das Fegefeuer zu stehen.

Aber die Darsteller sind lebensecht, und ihr Job an den Flussarmen des Nigerdeltas ist keine Fiktion. Sie hantieren an Apparaturen aus aufgesägten Fässern, Blechkesseln und rostigen Rohrleitungen. Vorne brodelt das Rohöl, hinten rinnen die Endprodukte heraus: Benzin, Diesel, Kerosin. Die jungen Männer arbeiten splitternackt, denn das Feuer unter den Ölöfen würde ihnen die Kleider vom Leib sengen. Sie springen schnell zur Seite, wenn sie eimerweise Rohöl in die Flammen schütten, um die Betriebstemperatur der Kocher zu halten. Bei jedem Aufguss lodern explosionsartige Stichflammen bis hinauf zu den verkohlten Palmenkronen. Die brüllende Hitze, die giftige Luft in den Lungen, der Ruß und das Öl, das alle Hautporen verklebt – die Arbeitsbedingungen sind unerträglich, und mitunter, wenn eine dieser Anlagen in die Luft fliegt, selbstmörderisch.

»Wir haben keine Wahl. Es gibt keine Arbeit. Wovon sollten wir sonst leben?«, fragt Jele. Er will seinen richtigen Namen nicht verraten, auch Fotos oder Videoaufnahmen dürfen wir nicht machen, niemand soll erfahren, wo diese illegale Raffinerie liegt. Jele ist ein Kleinunternehmer, der mehrere Trupps von Ölkochern beschäftigt und die Treibstoffe auf dem Schwarzmarkt verhökert.

Freimütig erzählt er, wie seine »Boys« die Pipelines des Ölkonzerns Shell unter Wasser anbohren, das Rohöl in abgedichtete Kähne leiten und zu den versteckten Plätzen schippern, die sie *cooking points* nennen, Kochstellen. Das Geschäft läuft buchstäblich wie geschmiert: Die Herstellung von circa vierzig Fässern pro Woche bringt einen Gewinn von umgerechnet 1400 Euro. Jele hält das für eine legitime Einkommensquelle, er hat jedenfalls kein schlechtes Gewissen dabei. »Es ist doch nur unser kleiner Anteil am Big Business«, sagt er. Es ist auch der Anteil der arbeitslosen Jugend an der beispiellosen Zerstörung ihrer Umwelt. Ein paar Hundert solcher wilden Raffinerien soll es im Delta geben, keiner weiß das so genau. Man weiß nur, dass sie auf Jahrzehnte hin verseuchte Erde hinterlassen.

Das Nigerdelta ist ein Flussmündungsgebiet von der Größe Belgiens. Unter den Sümpfen ruhen Ölreserven, die zu den reichhaltigsten der Welt zählen. Über zwei Millionen Barrel des Schwarzen Goldes werden jeden Tag aus 600 Förderfeldern gepumpt. Das beschert dem Staat Nigeria und internationalen Konzernen wie Shell, Chevron, Agip, ExxonMobil oder Total Milliardengewinne. Aber die einheimische Bevölkerung hat, wie so oft in rohstoffreichen Ländern, nichts davon. Im Gegenteil: Die Lage der Ijaw, Ogoni und all der kleineren Flussvölker im Delta hat sich drastisch verschlechtert. Sie leben von Feldfrüchten wie Kassave, Mais und Bananen. Sie fischen in den weit verästelten Flussarmen und jagen *bushmeat:* Stachelschweine, Nagetiere, Affen. Sie arbeiten als Holzfäller, Bootsbauer oder Palmweinzapfer. Das war seit Menschengedenken so. Doch dann kam das unselige Jahr 1958, als die ersten Ölquellen entdeckt wurden. Seither leiden die Menschen unter den Kollateralschäden der Ausbeutung, vielerorts wurden ihre Lebensgrundlagen zerstört. Pipelines mit einer Gesamtlänge von 7000 Kilometern zerschneiden ihr Land und ihre Dörfer. Aus undichten alten Leitungen und Pumpstationen sickert Öl, und nachts erleuchten gigantische Feuersäulen die Sümpfe, wenn überschüssiges Gas mit Hochdruck aus der Tiefe schießt und abgefackelt wird. Die Anwohner sind oft krank und werden nicht alt, ihre durchschnittliche Lebenserwartung ist auf unter vierzig Jahre gesunken.

In den vergangenen fünfzig Jahren seien rund neun bis 14 Millionen Barrel Rohöl in die Umwelt geflossen, schätzt Nnimmo Bassey, den wir vor der Reise ins Delta in der Wirtschaftsmetropole Lagos treffen. Damit man sich unter dieser Menge etwas vorstellen kann, erinnert er an die Tankerkatastrophe vor Alaska anno 1989: »Das entspricht einer Exxon Valdez pro Jahr.« Der Schriftsteller und Aktivist Bassey ist 1958 geboren, in jenem Jahr, als alles anfing. An der Spitze der Umweltorganisation Environmental Rights Action (ERA) kämpft er für die Rechte der Bevölkerung. Dafür wurde er 2010 mit dem Alternativen Nobelpreis geehrt. »Allein in den letzten vier Jahren sind 3400 Öllecks registriert worden«, sagt Bassey. Das ist keine Übertreibung, sondern die offizielle Zahl des Umweltministeriums. Dies sei auf den maroden Zustand der Anlagen, technische Pannen oder die Nachlässigkeit der Multis zurückzuführen.

Die Beschuldigten sehen das natürlich ganz anders. »Die Hauptursache ist Sabotage durch militante Gruppen«, erklärt Babs Omotowa. Der Vizepräsident von Shell Nigeria, zuständig für Infrastruktur und Logistik, empfängt uns im Hauptquartier der Firmenniederlassung in der nigerianischen Hauptstadt Abuja. Gepflegte Rasenflächen, plätschernde Brunnen, hohe Hallen, viel

Licht und Luft. Im Konferenzraum läuft ein Demonstrationsvideo: Man sieht durch Sprengstoffanschläge zerfetzte Pipelines, illegale Raffinerien, die Barkassen von Rohöldieben. »Die staatlichen Behörden haben hochgerechnet, dass pro Tag ungefähr 100 000 Barrel gestohlen werden«, sagt Omotowa. Das entspricht beim damaligen Weltmarktpreis von 90 Dollar pro Barrel einem jährlichen Verlust vom 3,3 Milliarden Dollar für die Ölkonzerne. Der Shell-Manager kann sich auch auf einen unabhängigen Gutachter berufen, den er vertraulich Mike nennt.

Mike Cowing untersucht gerade mit einem hundertköpfigen Expertenteam der Vereinten Nationen die Ursachen des Umweltdesasters. Neunzig Prozent der Öllecks würden auf illegale Abzapfungen und Sabotage zurückgehen, hat Cowing vorab erklärt. Shell soll übrigens fast zehn Millionen Dollar zur Finanzierung der Studie beigesteuert haben. Omotowa bestätigt diese Summe zwar nicht, aber er räumt ein, dass man Zuschüsse gezahlt habe. »Greenwash« nennen das die Umweltschützer, Grünwäsche. Es passt in ihr Bild von den rücksichtslosen, gierigen Ölriesen und der leidenden Zivilbevölkerung: hier die Täter, dort die Opfer.

Aber ganz so einfach liegen die Dinge nicht. Die Lage im Nigerdelta ist so unübersichtlich wie das Labyrinth der Ströme, Flüsse, Bäche und Rinnsale in diesem riesigen Schwemmfächer. An der Verteilungsschlacht ums Öl sind zahlreiche Akteure beteiligt: korrupte Gouverneure und Staatsbeamte, gewissenlose Konzernmanager, kriminelle Polizeichefs und Militärkommandeure, Kartelle von Schwarzhändlern und Schmugglern, bewaffnete Banden und Rebellen, die vorgeben, für die entrechtete Bevölkerung zu kämpfen. Aber sie kämpfen meistens gegeneinander und bereichern sich selbst.

In Afrika gilt die Gleichung: Je mehr Öl ein Land hat, desto korrupter sind seine Eliten. Überdies weisen ressourcenreiche Staaten die höchste Ungleichheit auf: Für die Mehrheit ihrer Bewohner sind die Bodenschätze ein Fluch, sie bleiben arm, während die politische Elite die Profite unter sich aufteilt und in Saus und Braus lebt. Obwohl die Exportgewinne üppig sind, wird wenig in Bildung, Gesundheit und die Schaffung von Arbeitsplätzen investiert. Die Ölstaaten könnten sich aus eigener Kraft entwickeln, doch ihre lausigen Politiker entblöden sich nicht, im Norden um Hilfe zu betteln. Ihr großer Betrug an der eigenen Bevölkerung hat mich oft fassungslos gemacht. Es ist immer die gleiche Geschichte, dieselbe Gleichung; in diesem Kapitel soll sie am Beispiel zweier Staaten im Golf von Guinea illustriert werden.

Im Atlantik, 500 Kilometer Luftlinie vom Nigerdelta entfernt, liegen die Schwesterinseln São Tomé und Príncipe. An einem schwülen Aprilabend des Jahres 2003 wird im »Le Baron«, dem besten Restaurant in der Hauptstadt São Tomé, das Nachtessen serviert. Man muss aufpassen, wo man Platz nimmt und in welcher Sprache man redet. Denn davon hängt ab, ob der Gesprächspartner etwas sagt oder ob er uns nur mit ein paar netten Floskeln abspeist. Am Tisch vier sitzt Kenneth Evans, ein Topmanager des Ölmultis ExxonMobil aus Irving, Texas. In der Mitte des Speisesaals tafelt die Premierministerin Maria das Neves de Sousa mit Abgesandten aus Frankreich. Und drüben, an der Glasfront zum Palmengarten, unterhalten sich vier Geschäftsleute in nigerianischem Englisch. Wir sprechen deutsch, das versteht niemand. »Diese Leute hier«, sagt mein Tischpartner mit gedämpfter Stimme, »teilen die Schätze unseres Landes auf. Ich meine die Amerikaner und die Nigerianer. Und die paar Familienclans, denen unsere Insel gehört.«

Der Mann, ein erfolgreicher Unternehmer, der in der ehemaligen DDR studiert hat und fließend Deutsch spricht, will anonym bleiben, »weil man sich in unserem Pünktchenland schnell ruinieren kann«. Die beiden Pünktchen im Ozean, São Tomé und Príncipe, tausendundeinen Quadratkilometer klein, sind auf gröberen Afrika-Karten oft gar nicht eingezeichnet. In den Atlanten der Ölkonzerne erscheinen sie als dicke rote Knödel. Denn in den Meerestiefen vor den beiden Eilanden ruht Öl, ziemlich viel Öl. Und hier, im Restaurant des Hotels Miramar, werden Milliardendeals angebahnt. »Die Frage ist nur, ob auch ein paar Brösel für das Volk abfallen. Wenn ich an die Armut im reichen Nigeria denke …« Der Herr im puppenrosafarbenen Kaftan horcht auf. Es ist Dr. Umar Ardo, ein Unterhändler aus Nigeria. »De san alle scho ganz dappig«, meint der Hotelier, ein Einwanderer aus dem Chiemgau. Das schöne bayerische Adverb lässt sich in diesem Fall mit »besoffen« übersetzen: Im Ölrausch fühlt sich São Tomé, der zweitkleinste Staat Afrikas, wie James Dean in dem Hollywood-Klassiker *Giganten*: Er spielt einen einfachen Arbeiter, der durchdreht, weil auf seinem kleinen Grundstück plötzlich eine Ölquelle sprudelt.

Man taufte São Tomé und Príncipe schon »schwarzes Brunei« oder »zweites Kuwait«. Und man vergleicht den Golf von Guinea, in dem der Inselstaat liegt, mit dem Persischen Golf. Das mag übertrieben sein, aber wenn die Schätzungen einigermaßen stimmen, dann verfügt diese Region über Ölreserven von rund 80 Milliarden Fässern, wovon etwa sechs bis zehn Milliarden auf den Zwergstaat São Tomé und Príncipe entfallen sollen. Das wäre beim derzeitigen Preis pro Barrel ein Marktwert von annähernd 200 Milliarden Dollar. Oder ungefähr zweihundert Jahre, in denen Öl und Honig fließen. Davon sind jedenfalls die einfachen Leute überzeugt. »Ihre Erwartungen sind unglaublich«, sagt Eugénio Soares, der Vizegouverneur der Zentralbank. »Jeden Monat einen Scheck bei uns abholen und nie wieder arbeiten. So denken viele.« Aber wer wollte es den 140 000 Santomeern verübeln? Sie leben in einem armen Land, es gibt wenig Arbeit und noch weniger Zukunft. Über die Hälfte der Bevölkerung ist jünger als zwanzig Jahre. Auf dem Teller ist nie genug Essen, die Kinder sterben an Malaria und Diarrhö. Strom gibt es in den Dörfern nicht. Nach der Dämmerung senkt sich die Dunkelheit auf die

Holzhütten, und das traumschöne Land mit seinen Urwäldern, Vulkanen und alabasterweißen Stränden verwandelt sich in eine traurige Tropeninsel.

São Tomé und Príncipe hießen einst, als sie noch unter den größten Kakaoproduzenten der Welt waren, »Schokoladeninseln«. Aber die süße Epoche endete in den 1920er Jahren. Und die portugiesischen Kolonialherren sind auch nicht mehr da. Sie hatten die unbewohnten Eilande anno 1471 entdeckt, besiedelt und als Umschlagplatz für den Sklavenhandel von Afrika nach Brasilien und Nordamerika genutzt. Später warfen ihre Kakaoplantagen märchenhafte Gewinne ab: Die Sklavenarbeit war billig, der Weltmarktpreis hoch. 1974, nach der Nelkenrevolution in Portugal, flohen die weißen Ausbeuter. Im Jahr darauf errang São Tomé und Príncipe die Unabhängigkeit und beglückte sich mit einem leninistischen Ein-Parteien-Regime. Es wurde, kräftig alimentiert von Ost-Berlin, Havanna und Peking, zu einer Art DDR am Äquator. Erst die koloniale Raubökonomie, dann die kommunistische Misswirtschaft – man kann sich lebhaft vorstellen, was dabei herauskam: eine Staatsruine. Unterdessen wurde das Land zwar demokratisiert, aber die wirtschaftliche Misere blieb. Die Roças, die feudalen Landgüter der Portugiesen, verfallen, die Natur erobert allmählich ihre Plantagen zurück. Der Rest ist Saudade, wehmütige Erinnerung an das portugiesische Weltreich.

Doch dann, Mitte der 1990er Jahre, wurden im Atlantik vor São Tomé riesige submaritime Ölfelder entdeckt. Es war die Zeit, in der ein »new scramble for Africa« begann, ein zweiter Wettlauf um die Ressourcen des Kontinents; er sollte profitabler werden als das erste Rennen während der Kolonialzeit. »Der Nahe und Mittlere Osten sind ziemlich unsichere Gegenden. Aber die Westküste Afrikas, das ist das neue Eldorado.« Ich habe dieses Zitat im Jahr 1997 am Rande einer Modenschau in Abidjan aufgeschnappt, und der Mann, von dem es stammte, war ein gewisser Lannon Walker. Er war US-Botschafter an der Elfenbeinküste, seine Kraftsprüche wurden oft belächelt, aber diesmal war sein Befund prophetisch. Man fand heraus, dass im Golf von Guinea eines der größten unterseeischen Ölvorkommen der Welt liegt, rund acht Prozent der globalen Reserven.

Die Amerikaner hatten das Potenzial dieser Region früher als alle anderen Industriestaaten erkannt, man muss nur einen Blick in die Gästeliste des »Miramar« werfen. Da finden sich die Namen von Direktoren der Ölmultis Chevron Texaco und ExxonMobil oder von Staranwälten wie Gregory Craig, der Bill Clinton gegen Monica Lewinsky verteidigt und den santomeischen Präsidenten Fradique de Menezes beraten hat. Auch Walter Kansteiner ist aufgeführt; der Unterstaatssekretär, im US-Außenministerium zuständig für Afrika, war im Herbst 2002 zu Besuch. Das Öl Afrikas sei für Amerika von »strategischem Interesse«, erklärte der Spitzendiplomat. Genauso stand es im Report zur Nationalen Energiepolitik, der unter der Federführung von Dick Cheney überarbeitet wurde. Der Ex-Verteidigungsminister und spätere US-Vizepräsident war als Aufsichtsratsvorsitzender und CEO von Halliburton zum Milliardär geworden. Dem Öl- und Energiekonzern aus Houston, Texas, wurden schwere Menschenrechtsverletzungen im Nigerdelta vorgeworfen. Ende 2010 klagte die nigerianische Regierung Cheney wegen Korruption an, sein Unternehmen musste am Ende 250 Millionen Dollar Strafe zahlen.

Normalerweise werden Gäste aus sogenannten Bananenrepubliken in Washington mit ein paar diplomatischen Floskeln abgefertigt. Fradique de Menezes aber, den Präsidenten von São Tomé, empfing man auf allerhöchster Ebene. Er saß im September 2002 beim Frühstück im Waldorf Astoria zu New York neben George W. Bush, und der Präsident hörte seiner kurzen Tischrede aufmerksam zu. Menezes erwähnte das Energiepapier von Cheney, in dem der Golf von Guinea als »die schnellstwachsende Öl- und Erdgasquelle für den amerikanischen Markt« bezeichnet wird. Die Region hat unschätzbare Vorteile: Sie liegt gleich auf der anderen

Seite des Atlantiks, ist für Supertanker direkt zugänglich und wird nicht bedroht von Rebellen oder Terroristen. Denn das schwarze Gold wird offshore gefördert. Allerdings mussten seinerzeit noch einige offene Fragen geklärt werden. Wem gehört wie viel der Ölvorkommen unter dem Meeresboden? Wo genau verlaufen die maritimen Grenzen zwischen den Anrainerstaaten? Wurden schon Sektoren verhökert, widerrechtlich gar?

Da gab es etwa diesen merkwürdigen Vertrag mit einer texanischen Holding, der unter Präsident Miguel Travoada, dem Vorgänger von Menezes, unterzeichnet worden war. Das Konsortium geriet unter recht opaken Umständen in die Hände der nigerianischen Chrome Energy Corporation, und die gehört zum Imperium von Emeka Offor, einem illustren Ölmagnaten, der seinerseits Olusegun Obasanjo, dem Präsidenten Nigerias, nahesteht. Fachleute bezeichneten den Kontrakt als einen der miserabelsten in der Geschichte der Ölindustrie – das naive São Tomé habe seine exklusive Wirtschaftszone weit unter Wert zugänglich gemacht, hieß es. Präsident Menezes wollte den Deal nicht anerkennen, aber er hatte ein kleines Problem: Sein letzter Wahlkampf war von Patrice Travoada organisiert worden, dem Sohn seines Vorgängers – mit kräftiger Finanzhilfe der Chrome Energy Corporation und ihrem texanischen Anhängsel. Travoada junior wurde mit dem Amt des Außenministers belohnt. Man spekuliert bis heute über die Höhe der Nebeneinkünfte, die seinerzeit in die Familienkasse der Travoadas flossen.

Als Menezes erkannte, dass ihm sein Vorgänger ein trojanisches Pferd vererbt hatte, feuerte er Patrice Travoada und drängte mit amerikanischem Rechtsbeistand auf eine Neuverhandlung des Vertrages. Das hat wiederum die Beziehungen zum Nachbarn Nigeria getrübt. Die Nigerianer sind in der afrikanischen Ölindustrie die Nummer eins, sie können ziemlich unangenehm werden, wenn sie ihre Interessen bedroht sehen. Im Streit mit Kamerun um die ölreiche Halbinsel Bakassi und den vorgelagerten Meeresabschnitt wurde im Jahr 1996 scharf geschossen, beinahe wäre ein Grenzkrieg ausgebrochen. Eine Warnung für das winzige, wehrlose São Tomé mit seinen 140 Soldaten.

Ich will genauere Informationen über diese Verwicklungen erhalten und treffe Saidu Pindar, den Botschafter Nigerias am Ort. Er erklärt mit gespielter Entrüstung: »Niemand muss uns fürchten ... Wir sehen den Santomeern sogar nach, dass sie im Biafra-Krieg die Rebellen unterstützt haben. Es sind unsere Brüder. Wir beraten sie, damit sie nicht von den Amerikanern überrumpelt werden. Fragen Sie Branco.«

Also fragen wir Branco, Jaoquim Rafael Branco, den Minister für Ressourcen. Man hört, er sei in der Ölbranche der ehrlichste Makler auf der Insel. Er kommt gerade aus einer Verhandlungsrunde mit den Nigerianern und den Amerikanern. Branco trägt eine goldene Rolex; er ist so zugeknöpft wie seine erdnussbraune Tunika. Nur so viel kann er verraten: Alle Streitpunkte seien einvernehmlich ausgeräumt worden. Demnächst werde man neun Blöcke ausschreiben, in ein paar Jahren könne die Förderung losgehen. Im Übrigen, so der Minister, würden sich wichtigere Fragen stellen: Demokratie, soziale Stabilität, gerechte Verteilung der Ressourcen und so weiter. Letzte Frage: War bei den bisherigen Verträgen Bestechung im Spiel? »Nein«, antwortet Branco und schaut mich an wie eine Sphinx.

Der Anwalt Angelo Bonfim, ein santomeisches Mitglied der Verhandlungskommission, ist auskunftsfreudiger, besonders nach dem zweiten Whisky. Er erzählt vom »Dossier«, von der dicken Ölakte der Regierung. Die Sache sei nicht einfach gewesen, weil man dem Mineralölkonzern Mobil Oil schon vor Jahren Zusagen über Gebiete gemacht habe, die auch Nigeria beansprucht, und weil Mobil plötzlich mit Exxon fusionierte. Bonfim kritzelt eine Karte in mein Notizbuch, die Küstenländer, die umstrittenen Seegrenzen, die Blöcke. »Hier, das ist die Lösung des Problems: die Joint Development Zone.« Ein gemeinsamer Entwicklungssektor in Äquidistanz zu beiden Ländern. »Sechzig Prozent des Areals für Nigeria, vierzig Prozent für uns. Das ist, wenn wir die Landmassen und Bevölkerungszahlen vergleichen, ein guter Anteil.« Und der Anteil der Multis? Der Anwalt erinnert an seine Schweigepflicht. Man darf annehmen, dass ExxonMobil seine Finger auf die Filetstücke gelegt hat. Auch Chevron Texaco wird gewiss nicht leer ausgehen – der Konzern hat angekündigt, 20 Milliarden Dollar im Golf von Guinea zu investieren.

Zunächst glaubten viele Santomeer, dass es bald Manna vom Himmel regnen werde, aber über die Verteilungsschlachten hinter den Kulissen können sie nur mutmaßen. »Wir wissen nichts. Wir werden dumm gehalten«, sagt ein Zecher im Städtchen Guadalupe. Eine Flasche Cacharamba kreist, billiger Zuckerrohrschnaps. »Das Land ist steinreich, aber wir merken wenig davon.« Erst der Sklavenhandel, dann der Kakaoboom, jetzt der Ölrausch – die Handelsware ändert sich, die Plünderung bleibt gleich. Vielleicht wird die Straße ausgebessert, vielleicht bekommt die Schule ordentliche Pulte und die Krankenstation ein Röntgengerät. Aber sonst? Guadalupe wird voraussichtlich so rückständig bleiben, wie es immer war.

Am 16. Juli 2003, kurz nach meinem Besuch, wurde ein Militärputsch aus São Tomé gemeldet. Fernando Pereira, ein Major der Armee, wollte die Macht an sich reißen, um, wie er verkündete, die Armut im Land zu bekämpfen. In Wahrheit war es der Versuch einer Gruppe von Offizieren, den herrschenden Clan zu verjagen, um selbst an Petrodollars zu kommen. Der Staatsstreich scheiterte nach ein paar Tagen. Menezes blieb an der Macht, und Ende des Jahres landete der US-Starökomon Jeffrey Sachs in Sao Tomé, um seine Regierung zu beraten, wie sie die Öleinkünfte gerechter verteilen könnte. Die Alternative hieß: Nigeria oder Norwegen. Sachs gab 2007 seine Bemühungen auf, denn kein einziger Minister hatte sich ernsthaft für seine Vorschläge interessiert.

Kehren wir noch einmal zurück ins Nigerdelta, nach Port Hartcourt im Bundestaat Rivers, der Schaltzentrale der nigerianischen Erdölindustrie. Die Millionenstadt wurde spätestens am 10. November 1995 weltbekannt. Es war der Tag, an dem das Terrorregime von Präsident Sani Abacha den Bürgerrechtler Ken Saro-Wiwa und acht seiner Mitstreiter aus dem Ogoni-Land hängen ließ. Die Aktivisten hatten mit friedlichen Mitteln für die Rechte der Menschen im Nigerdelta gekämpft, sie waren nicht nur dem Diktator, sondern auch den Ölkonzernen ein Dorn im Auge. Seit ihrer Hinrichtung militarisierte sich der Widerstand, immer mehr junge Männer griffen zu den Waffen. Zwischenzeitlich herrschte im Delta ein regelrechter Kriegszustand. Umaru Yar'Adua, der 2010 verstorbene Staatschef Nigerias, hat einmal von »Blutöl« gesprochen – in Anlehnung an die »Blutdiamanten«, die mit mörderischer Gewalt gefördert werden. Im selben Jahr, als Henry Okah, einem der einflussreichsten Anführer der Aufständischen, der Prozess gemacht wurde, schrieb das amerikanische *Time Magazine*: Dies ist der Rebell aus Nigeria, »der Ihre Benzinkosten erhöht«; die systematischen Angriffe seiner Organisation hätten zur Erhöhung des Ölpreises beigetragen. 40 Prozent des in Nigeria geförderten Rohöls gingen damals in die USA.

Das Nigerdelta, in dem 30 Millionen Menschen leben, gleicht nach wie vor einem Pulverfass, und oft genügt ein kleiner Funke, um irgendwo eine Explosion auszulösen. Das kann ein Streit um fruchtbares Land sein, das durch den wachsenden Bevölkerungsdruck und die Umweltschäden immer knapper wird. Oder ein Scharmützel zwischen Milizen, die um Territorien und »Zapfstellen« kämpfen. Manchmal geht es auch darum, wer wie viel Entschädigung von den Ölkonzernen kassiert (die allerdings nur dann zahlen, wenn ihre Versäumnisse eindeutig nachgewiesen werden). Dann entlädt sich die ganze Wut, die sich in den verarmten Gemeinden aufgestaut hat, in einem selbstzerstörerischen Furor. Die Folgen kann man in dem Dorf besichtigen, aus dem Jele und die

Jungs von der illegalen Raffinerie kommen. Links von der Hauptstraße sind alle Häuser intakt, rechts stehen nur noch ausgebrannte Ruinen. Es sieht aus, als hätten Bomben eingeschlagen. Wir können nur ganz kurz in diesem Dorf bleiben. »Dies ist eine der gefährlichsten Gegenden der Welt, vor allem für Weiße«, warnt der Fixer, der uns durchs Delta lotst. »Auf eurer Stirn klebt nämlich ein Preisschild.« Ein dezenter Hinweis auf die Geiselnahmen, die zu einem lukrativen Geschäftszweig der Milizen geworden sind. Kurz vor unserer Ankunft hat man sieben ausländische Mitarbeiter von ExxonMobil gekidnappt, um von der Konzernleitung Lösegeld zu erpressen. Jedes Hotel, in dem man sich als Weißer zu lange aufhält, jeder Marktplatz, jede Straßenkreuzung ist ein potenzieller Entführungsort.

Yenagoa, Hauptstadt des Bundesstaates Bayelsa. Alles muss ganz schnell gehen. Das Motorboot, das uns zum Katastrophengebiet am Förderfeld von Osiama bringen soll, wartet schon. Vorher müssen wir aber noch bei Emmanuel Kokorifa vorsprechen, dem siebzigjährigen Paramount Chief. Er ist der traditionelle Oberhäuptling der betroffenen Gemeinden, ohne seine Erlaubnis kann man sie nicht besuchen. Schon zur frühmorgendlichen Begrüßung schenkt er billigen Cognac in Wassergläsern aus. Mit seinem Mississippi-Zylinder und dem weinroten Gewand sieht er aus, als wäre er den *Abenteuern des Huckleberry Finn* entsprungen. »Am Anfang waren wir alle glücklich über die Ölfunde und hatten große Erwartungen«, erinnert sich Kokorifa. »Und was hat der Reichtum in unserer Erde am Ende gebracht? Verluste, Verluste und noch mal Verluste. Schauen Sie sich in meiner Gemeinde um.«

Alagoa Morris, ein pensionierter Beamter, der das Desaster im Auftrag der Umweltorganisation ERA dokumentiert hat, wird uns in die schwer zugängliche Region begleiten. Im Feldbericht Nr. 249 schreibt er, dass die Dorfbewohner das Leck in der letzten Woche im August 2010 gemeldet haben. Ende Oktober konnte er sich erstmals selbst ein Bild machen und den Verursacher benennen: den italienischen Ölkonzern Agip. Aus dessen Pipelines, die hinunter zum Atlantikterminal in Brass führen, laufe seit zwei Monaten eine unbekannte Menge Rohöl aus und verschmutze die Gewässer und Böden in Ogbunugbene und drei weiteren Gemeinden, heißt es im Report. Damit der Ort des Geschehens nicht verwechselt wird, sind die genauen Koordinaten angegeben: 4° 57' Nord / 6° 20' Ost.

Morris ist ziemlich nervös, Umweltaktivisten wie er werden verfolgt und regelmäßig eingesperrt. Er wird noch nervöser, als wir vierzig Minuten später mit erhobenen Händen auf einen Militärposten zutuckern. Woher? Wohin? Die Soldaten mustern uns argwöhnisch, aber Morris kennt einen von ihnen. Fünfzig Dollar Trinkgeld, weiterfahren! Kurz darauf passieren wir das Lager von General Africa, dem berüchtigten Anführer einer Miliz, die Anschläge auf Ölfirmen verübte, Mitarbeiter kidnappte und das Umland terrorisierte. Die Schilfhütten im Uferdickicht sind verwaist, denn die Kämpfer haben eine Friedensofferte der Regierung angenommen: Sie gaben ihre Waffen ab, wurden amnestiert – und erhalten staatliche Unterhaltszahlungen. General Africa gehört unterdessen zu den geschätzten Beratern des Gouverneurs von Bayelsa. Seine Beförderung zeigt, dass im Delta die Grenzlinien zwischen Kriminellen und Offiziellen oft fließend sind.

Im Zielgebiet steigen wir vom Schnellboot auf ein Kanu um. Es kommt auf den engen Wasserrinnen, die tief in die Sümpfe führen, nur langsam voran. An den Ufern wuchern üppige Farne, Lianen, Bambusstauden, scharfstachelige Gewächse, dazwischen Urwaldbäume mit mannshohen Brettwurzeln. Aus dem Blätterdach dringt das metallische Sirren der Zikaden, manchmal ist das Knarzen von Hornschnäblern und Papageien zu hören. Ein unberührtes Paradies denkt man, wild und schön wie auf den Gemälden von Henri Rousseau – wäre da nicht das ferne Knattern einer Kettensäge.

Nach einer halben Stunde wird es kirchenstill. »Wir nähern uns der Stelle«, kündigt Keke Ziworitin an, ein Fischer, der den Einbaum durch den Creek bugsiert. Plötzlich steigt dieser seltsame Geruch in die Nase. Nach Wagenschmiere riecht es, nach Autowerkstatt und Getriebeöl. Dann schweben die ersten schwarzen Klumpen heran, eine zähe Masse, unlöslich wie in einer Emulsion. Und allmählich färbt sich das braune Wasser tiefschwarz, ein in allen Spektralfarben schillernder Film überzieht die Oberfläche. Wir gleiten über einen Ölsee, verklebte, ins Wasser hängende Äste versperren die Fahrrinne. Ziworitin schlägt sie mit seiner Machete ab, damit sie nicht die Kleider versauen. Im nächsten Moment tauchen hinter uns zwei Frauen in einem Boot auf. Sie erzählen, dass sie alle zwei, drei Tage aus ihrem Dorf Okpotuwari hierherpaddeln, um die Fischreusen zu kontrollieren und Krabben und Schnecken zu sammeln. »Aber jetzt gibt es hier keine Fische mehr. Alles ist tot!«, ruft die ältere der beiden Frauen. In einer Geste hilflosen Zorns reckt sie die Arme zum Himmel. Auf den kleinen Gärten und Feldern, die die Dorfbewohner im umliegenden Wald angelegt haben, liegt Ölschlamm. Wer wird ihn entfernen? Lässt sich der Schaden überhaupt beheben? Wie sollen hier je wieder Yamswurzeln gedeihen?, fragen die Menschen. Sie erhalten keine Antworten.

»Die geborstene Pipeline von Agip ist ein paar Kilometer von hier entfernt. Aber wir können nicht hinpaddeln, weil sich immer noch militante Banden herumtreiben«, sagt Morris und drängt zur Umkehr. Das wacklige Kanu könnte im Ölschlick kentern, warnt er, »und wenn hier ein Buschbrand ausbricht, sind wir rettungslos verloren«.

Was sagt Agip zu dem Vorfall? Die nigerianische Konzernfiliale hat nie auf meine Anfrage per E-Mail geantwortet, auch am Telefon konnte oder wollte niemand Auskunft geben. Immerhin bestätigte das Unternehmen in einer Presseerklärung, dass aus dem Leck in Osiama täglich bis zu 4000 Barrel Öl austreten, umgerechnet weit über eine Million Liter. Die Ursache sei auch bekannt: Sabotage. »Das sagen die immer«, kommentiert Alagoa Morris. Für die Dorfbewohner ist es unerheblich, ob das Schlamassel durch einen Anschlag oder durch einen technischen Defekt ausgelöst wurde, sie sind in jedem Fall die Leidtragenden. Der Ölsegen liegt wie ein böser Zauber über ihren Hütten. »Wir haben über unsere Anwälte Entschädigung von Agip gefordert«, sagt Häuptling Kokorifa. »Aber der Konzern will nicht zahlen.«

Ogbunugbene ist kein Einzelfall, sondern einer der 3400 *oil spills*, die in jenem Jahr amtlich bestätigt wurden. Aber die meisten Lecks erwecken jenseits der betroffenen Regionen ohnehin keine Aufmerksamkeit. »Wenn vor der Atlantikküste der USA tonnenweise das Öl aus einer kaputten Tiefseebohrung schießt, schaut die ganz Welt zu und empört sich«, sagt Morris. »Wir haben jedes Jahr ein Unglück wie am Golf von Mexiko. Aber wen interessiert das schon? Es sind stille Katastrophen.« Es sind ja auch nur stille, vergleichsweise unspektakuläre Bilder, die sie liefern. Zum Beispiel das Bild von einem ölverklebten Krebs, der aus der schwarzen Brühe krabbelt und versucht, sich auf eine Mangrovenstelze zu retten.

AFRICA FIRST!

Wege in die Zukunft

You can't eat growth.

Acha Leke, McKinsey Africa

Die Europäische Union ist zusammengebrochen, in vielen Mitgliedsstaaten haben diktatorische Regime die Macht an sich gerissen, mancherorts herrschen bürgerkriegsartige Zustände. In Deutschland werden Ausländer, Minderheiten und Andersdenkende gejagt. Die Lage ist unerträglich geworden, die Menschen fliehen in Scharen. Ihr bevorzugtes Ziel: Afrika, der sichere Nachbarkontinent. Die Flüchtlinge sind ruchlosen Schleppern ausgesetzt, sie treiben auf überfüllten Booten im Atlantik dahin, blonde Kinder ertrinken. Die Überlebenden landen in elenden Auffanglagern im südlichen Afrika, aber dort sind sie nicht willkommen. Dieses fiktive Schreckensszenario beschreibt der deutsch-südafrikanische Fernsehfilm *Aufbruch ins Ungewisse* aus dem Jahr 2017. Es ist ein dystopisches Gedankenspiel, das einen radikalen Perspektivwechsel vornimmt: Die Flüchtlinge aus Europa erfahren am eigenen Leib, was Flüchtlinge aus Afrika seit Jahren durchmachen müssen.

Auch der in Dschibuti gebürtige Schriftsteller Abdourahman A. Waberi kehrt den Blick um. In seinem Roman *In den Vereinigten Staaten von Afrika* ist Afrika der führende Kontinent. Die Börsen zwischen Kapstadt und Kairo dominieren die globalen Finanzmärkte, rund um den Globus wird mit der AfriCard bezahlt, Produkte »Made in Africa« sind begehrt, jeder will an afrikanischen Eliteuniversitäten studieren. Elfenbeinweiße Sklaven schuften unter der Knute schwarzer Plantagenbesitzer. Die Städte werden gesäubert von »Unterentwickelten, Abgebrannten, Bettlern, Flüchtlingen und Prostituierten«. Die reichen afrikanischen Eliten scheren sich einen Teufel um das Massenelend im Norden, nur ein paar Künstler und humanitäre Aktivisten versuchen zu helfen. »Das Universum wurde, so scheint es, allein zu dem Zwecke erschaffen, in der Erhöhung und Ehrung des Afrikaners zu gipfeln.« Waberi hält Europa einen Spiegel vor, sein futuristisches Szenario ist eine beißende Satire, doch zwischen den Zeilen schlummert die Sehnsucht nach einem friedlichen, stabilen, prosperierenden Afrika.

Vielleicht ist es schon 2063 so weit, ich werde es nicht mehr erleben. Warum ausgerechnet dieses seltsame Stichjahr? Weil die Afrikanische Union (AU) 2013, fünfzig Jahre nach der Gründung ihrer Vorläuferin, der Organisation für afrikanische Einheit (OAU), beschlossen hat, in den kommenden fünfzig Jahren eine Vision zu verwirklichen: die Agenda 2063, ein strategisches Konzept zur Transformation des Erdteils mit höchst ambitionierten Zielen: Beendigung aller Kriege und Konflikte, Überwindung der Armut, Stärkung demokratischer Strukturen, echte Unabhängigkeit und Selbstbestimmung, eine neue panafrikanische Identität. Überdies strebt die AU eine kontinentale Föderation an, alle Grenzen sollen durchlässig, Zölle, Handelsbarrieren, Reiserestriktionen aufgehoben werden. Die Union wäre, gemessen an der Zahl ihrer Mitgliedsstaaten, der größte zusammenhängende Freihandelsraum der Welt. Und am Ende könnte tatsächlich eine Art zweiter USA entstehen: The United States of Africa.

Es ist kein Zufall, dass der Reformplan am Anfang des 21. Jahrhunderts entworfen wurde, in einer Epoche fundamentaler Umbrüche. Der Westen ist in einer tiefgreifenden Krise, die Führungsmacht USA befindet sich im Niedergang, Europa wirkt konfus, China steigt zur Supermacht auf, die Welt wird multipolar. Und Afrika, der totgesagte Erdteil, erscheint plötzlich als großes Versprechen: Er verfügt über gewaltige Rohstofflager, seine Märkte sind weitgehend unerschlossen, die Bevölkerung ist jung. Afrika hebt ab. Afrika-Boom. Afrika vor dem großen Sprung. Die Löwen brechen auf. Der Optimismus äußert sich in Buchtiteln und Wachstumsprognosen. Politiker, die über den europäischen Tellerrand südwärts schauen, schwärmen vom »Zukunftskontinent«, der eine »Jahrhundertchance« biete.

Der senegalesische Ökonomieprofessor Felwine Sarr nennt das eine »Rhetorik der Euphorie«, die seinen Erdteil als das kommende »Eldorado des Weltkapitalismus« feiere. Gleichzeitig stellt er fest, dass die Mehrheit Afrika nach wie vor so wahrnehme, wie es immer wahrgenommen wurde: als »sterbendes Ungeheuer, dessen jüngste Zuckungen das baldige Ende ankündigen«. In seinem 2016 erschienen Buch *Afrotopia* beschreibt Sarr die Amplituden der heutigen Afrika-Diskurse und verwendet dabei einen Begriff aus der Kunst des Frühbarock: Chiaroscuro, die Technik der Hell-Dunkel-Malerei.

Wenn wir Europäer über Afrika reden, sind wir stets in diesen extremen Gegensätzen befangen. Die Realität indes liegt irgendwo dazwischen, das Pendel kann jederzeit in die eine oder andere Richtung ausschwingen. Im Übrigen wissen wir viel zu wenig über Afrika, die offiziellen Zahlen und Statistiken sind in der Regel ungenau, manchmal auch übertrieben oder schönfärberisch, und die Lage in den 54 afrikanischen Staaten ist höchst unterschiedlich. Deshalb sind Pauschalaussagen über die Entwicklung des Kontinents reine Spökenkiekerei. Gleichwohl wird man als langjähriger Korrespondent immer wieder dazu aufgefordert, und man ertappt sich manchmal dabei, dass sie vom eigenen Wunschdenken geleitet werden: Afrika möge aufblühen!

Afrikanische Intellektuelle erheben gelegentlich den Einspruch, weißen Experten, die dem eurozentrischen Denken verhaftet sind, stehe es nicht zu, über ihren Kontinent zu urteilen. Als Weltbürger halte ich es dennoch für legitim, mir ein Bild von Afrika zu machen. Es setzt sich aus zahllosen Momentaufnahmen zusammen, die ich in vier Jahrzehnten gesammelt habe. Es wäre aber tatsächlich eine Anmaßung, aus diesem vielfältigen und oft auch verwirrenden Mosaik Universalrezepte für Afrika abzuleiten. Das obliegt allein den Afrikanerinnen und Afrikanern, wir haben sie lange genug entrechtet und bevormundet.

Think big, Africa First! heißt die Zukunftsformel der Afrikanischen Union. Die Agenda 2063 listet 255 Einzelziele auf, wobei der Aufbau einer panafrikanischen Infrastruktur Vorrang hat: transnationale Straßen- und Schnellzugverbindungen, integriertes Luftverkehrssystem, effiziente Energieversorgung, digitale Vernetzung. Man will Milliarden in den Bildungs- und Gesundheitssektor pumpen. Darüber hinaus sind Leuchtturmprojekte geplant, deren Umsetzung weniger dringlich erscheint: eine Raumfahrtorganisation, eine virtuelle panafrikanische Universität sowie die *Encyclopaedia Africana*, in der die wechselvolle Geschichte des Kontinents dokumentiert wird. Fragt sich nur, ob und wie das alles erreicht werden kann. Denn bislang war die AU nur ein Papiertiger, der immer wieder hochfliegende Erneuerungskonzepte angekündigt hat, zuletzt die »New Partnership for Africa's Development« (Nepad), ein wirtschaftliches Reformprogramm im Geiste einer »afrikanischen Renaissance«. Die Vorhaben sind samt und sonders eingeschlafen, weil es an Einigkeit, Finanzmitteln und institutionellen Kapazitäten mangelte. Wie sollte nun der ganz große Wurf gelingen?

Die Antwort führt uns zurück zu den Kardinalproblemen Afrikas: die historischen Erblasten und geoökonomischen Benachteiligungen, das dysfunktionale Staatswesen, der Klientelismus und die endemische Korruption. Solange die herrschenden Eliten in erster Linie an sich selbst und ihre Clans denken und ihre Länder plündern, werden die schönsten Aufbaupläne nur Schall und Rauch bleiben. Dabei könnten sie viel tun, die *political leaders* – wenn sie nur wollten: besser regieren, Rechtssicherheit garantieren, ein stabiles Investitionsklima schaffen, knappe Ressourcen gerecht verteilen, die Korruption und den Schlendrian bekämpfen. Vor allem aber das rapide Bevölkerungswachstum verlangsamen, denn es macht kleine Entwicklungsfortschritte schnell wieder zunichte und erhöht den Migrationsdruck. Schon im Jahr 2050 werden in Afrika voraussichtlich 2,5 Milliarden Menschen leben, nahezu doppelt so viele wie heute. Es ist noch keinem Land gelungen, sich aus der Armut zu befreien, wenn die Bevölkerung unvermindert zunimmt.

Nächste Frage: Wer soll das bezahlen? Am Geld würde es nicht scheitern, wenn ein paar Weichen umgestellt werden. Die AU schlägt vor, die enormen Summen zu konfiszieren, die Kleptokraten auf ausländische Schwarzkonten und in Steueroasen geschleust haben. Rechnet man die illegalen Finanztransfers aus Afrika in den vergangenen zwanzig Jahren zusammen, kommt man auf rund 1,3 Billionen Dollar. Die Verlustbilanz ist aber erst vollständig, wenn man die durch multinationale Konzerne hinterzogenen Steuern hinzuzählt. Nimmt man den Mittelwert vorliegender Schätzungen, wären das mindestens 100 Milliarden Dollar per annum. Summa summarum kamen seit der Jahrtausendwende 3,3 Billionen Dollar zusammen – 3300 Milliarden, dagegen sind die Entwicklungszuschüsse für den Kontinent Peanuts! Es geht also auch darum, die Macht der Multis zu brechen, etwa von Rohstoffriesen wie Glencore, die Steuerzahlungen geschickt umgehen, oder von einem Großkonzern wie Bolloré, der in nahezu vierzig Ländern ein Logistikimperium aufgebaut hat und vor allem in Westafrika massiven Einfluss auf die Politik ausübt. Diese Global Players treten wie Neokolonialisten auf. Afrika muss sie endlich an die Kandare nehmen, um sich ökonomisch nicht vollends entmachten zu lassen. Das gilt übrigens genauso für chinesische Staats- und Privatunternehmen, die oft noch rüder vorgehen als westliche Konzerne. Allein diese Einnahmequellen würden die afrikanischen Staatskassen füllen und finanzielle Spielräume öffnen.

Die Agenda 2063 hat nur einen Haken: Sie basiert auf einer Strategie, die strikt dem westlichen Entwicklungsparadigma folgt. Und genau an diesem Punkt setzt der Wirtschaftswissenschaftler Felwine Sarr an: Sein Essay *Afrotopia* ist ein frontaler Angriff auf die politische, wirtschaftliche, wissenschaftliche und kulturelle Vormachtstellung des Westens – und ein fulminanter Appell an die Selbstentfaltungskräfte Afrikas. Im Zentrum seiner Kritik stehen die Leitideen der europäischen Neuzeit: Aufklärung, Vernunft, Ordnung, vor allem aber Entwicklung, das »machtvollste Mythem« der Moderne, das zur universellen Norm des gesellschaftlichen Fortschritts wurde und stets auf den gleichen Antriebsmotor verweist: Wachstum, Wachstum und noch einmal Wachstum. Am Ende eines langen Globalisierungsprozesses, der mit der »Entdeckung« und Unterwerfung der Welt in vorindustrieller Zeit begann, seien die Bevölkerungen Afrikas in ein Wertesystem eingeschlossen worden, »das nicht das ihre ist«.

Felwine Sarr und andere Vordenker der sogenannten postkolonialen Theorie wollen dieses normative Korsett sprengen und die »koloniale Vernunft« dekonstruieren. Sie stellen die westlichen Modelle der Produktion und Akkumulation von Wohlstand infrage. Sie denken neu über den Fortschritt nach und suchen in der Rückbesinnung auf eigene Traditionen nach Alternativen. Sarr spricht von »gewaltigen Möglichkeitsräumen innerhalb der afrikanischen Wirklichkeit« und entdeckt sie in überlieferten Wirtschaftsformen, Bauweisen, Handwerkstechniken und landwirtschaftlichen Methoden, im schonenden Umgang mit Naturressourcen, in sozialen Systemen der Gemeinschaftlichkeit, in der Ethik des Teilens, im autochthonen Wissen über Medizin, Ernährung oder Wetterkunde.

Man kann sich zunächst wenig darunter vorstellen, denn diese Potenziale wurden durch die weiße Fremdherrschaft verschüttet und vielerorts vergessen. Doch gelegentlich stieß ich auf Kenntnisse und Fertigkeiten, die bis heute angewandt werden. In der äthiopischen Danakil-Senke, einer der heißesten Regionen der Erde, können Nomaden aus den Krabbelspuren von Sandkäfern zuverlässig ablesen, ob Regen kommt. Die tansanische Volksgruppe der Kuria hat die Frauenehe institutionalisiert; sie schützt Witwen oder verlassene Frauen davor, ihres gesamten Hab und Gutes und sogar ihrer Kinder beraubt zu werden. Im wasserarmen Sahelgürtel demonstrierten mir Kleinbauern eine bodenschonende Ackerbaumethode namens Zaï. Die San, in den Halbwüsten des südlichen Afrika herumziehende Ureinwohner, kennen zweihundert Wildpflanzen; sie unterdrücken Hungergefühle durch den Genuss einer Kaktusart so effektiv, dass sie Biopiraten anlockten. Unterdessen stellen westliche Pharmakonzerne aus den Wirkstoffen der Pflanze Schlankheitsmittel her – ein Fall von geistigem Diebstahl, der veranschaulicht, welcher enorme wirtschaftliche Mehrwert aus indigenen Traditionen geschöpft werden kann.

Es darf allerdings bezweifelt werden, ob sich aus diesem Wissensfundus die Zukunft eines Kontinents gestalten lässt. Felwine Sarrs Manifest ist eben, wie der Titel schon sagt, eine afrikanische Utopie, und gerade seine ökonomischen Modelle wirken realitätsfern. Er empfiehlt etwa das Wirtschaftssystem der Muriden, einer muslimischen Bruderschaft, die im Senegal wichtige Branchen des informellen Sektors kontrolliert. Sie pflegen zwar Solidarität und Zusammenhalt, bilden aber einen Männerbund, der von rigiden religiösen Vorstellungen geleitet wird, Frauen haben wenig bis gar nichts zu sagen. Darüber verliert Sarr kein Wort. Überhaupt erwähnt er Faktoren, die die Gegenwart Afrikas bestimmen, nicht oder nur beiläufig: die versteinerten Machtverhältnisse und das Versagen der politischen Eliten, die neokoloniale Expansion Chinas, das rapide Bevölkerungswachstum, die Folgen des Klimawandels, die explosive Ausbreitung des militanten Islamismus und evangelikaler Christensekten. Seine These, die westliche Wissenschaft sei nur eine Weise, die Wirklichkeit zu erfassen, treibt manchmal absurde Blüten. Südafrikanische Studenten verwerfen in den Debatten über die Dekolonialisierung allen Ernstes das Newton'sche Gravitationsgesetz, weil es vor dem Einfall der Europäer in ihrem Land keine Apfelbäume gegeben habe! Über derartigem Humbug vergessen sie mitunter Sarrs entscheidende Forderung: Die Afrikaner und Afrikanerinnen mögen endlich ihre Opferhaltung abstreifen, den Minderwertigkeitskomplex überwinden und ihr Schicksal selbst in die Hand nehmen.

Von den Höhen der Utopie steigen wir wieder hinab in die Ebene der Realpolitik zur schon erwähnten Agenda 2063. Was müsste geschehen, damit das ehrgeizige Mammutprogramm tatsächlich umgesetzt wird? Es gibt jede Menge einfältiger Vorschläge dazu, lange Abhandlungen und Fernanalysen von Besserwissern aus Europa, die Afrika so gut kennen wie den Mars. Aber es sind auch brauchbare Anregungen dabei, etwa eine Studie, die das Berlin-Institut für Bevölkerung und Entwicklung im Corona-Jahr 2020 herausgegeben hat: »Schnell, bezahlbar, nachhaltig. Wie in Afrika große Entwicklungssprünge möglich werden«. Darin werden praktikable Lösungen in den Kernbereichen Gesundheit, Bildung, Landwirtschaft vorgestellt: »Denn nur eine gesunde, qualifizierte und ausreichend ernährte Bevölkerung kann sich eigene Perspektiven erarbeiten und die Wirtschaft ihrer Heimatländer voranbringen.« Die Untersuchung kreist um einen neueren Begriff aus der Wirtschaftswissenschaft: Leapfrogging. Er kommt aus dem Englischen und bedeutet »Bockspringen«. Im übertragenen Sinne bezeichnet er das Auslassen einzelner Phasen des klassischen Modernisierungsprozesses. In unserem Fall heißt das: Afrika schlägt nicht die Wege und Irrwege der Industrialisierung ein, überspringt Entwicklungsstufen, die sich als kostspielig, energieintensiv, umweltschädlich und ineffizient erwiesen haben – und landet direkt im digitalen Zeitalter.

Welche enormen Entwicklungsschübe neue Technologien in kurzer Zeit auslösen können, zeigt sich in der Massenkommunikation: Anstatt teure und unzuverlässige Festnetze zu unterhalten, wird die Mobiltelefonie im Eiltempo ausgebaut. Mittlerweile nutzen über eine Milliarde Afrikaner und Afrikanerinnen Handys oder Smartphones, in einem mausarmen Land wie Mali soll es mehr Endgeräte als Einwohner geben! Immer mehr Menschen wenden innovative Tools an, die ihren Alltag erleichtern. Die App M-Pesa ersetzt das Bankkonto, das sich die meisten ohnehin nicht leisten können; jetzt lassen sich selbst Kleinstbeträge per Klick überweisen. Das mobile Zahlungssystem ist unterdessen millionenfach auf der Südhalbkugel verbreitet. Es wurde in Kenias Hauptstadt Nairobi erfunden, in »Silicon Savannah«, einem der Zentren des digitalen Aufbruchs in Afrika; in manchen Jahren wurden auf keinem anderen Kontinent mehr Start-ups gegründet.

Aus dem IT-Hub in Nairobi stammt auch Ushahidi, eine multifunktionale Plattform, mit der sich Wahlen beobachten, Menschenrechtsverletzungen erfassen und Krisen aller Art dokumentieren lassen; sie hilft sozialen Initiativen beim Crowdsourcing und wird nach Angaben der Betreiber in 160 Ländern eingesetzt. In Kenia sind seit geraumer Zeit sogar Matatus, Kleinbusse, mit Wlan ausgestattet. So manches Dorf in Mecklenburg-Vorpommern kann von einer derart verdichteten Konnektivität nur träumen. Aus Ghana kommt mPedigree, eine App, die die Barcodes auf Arzneimitteln entziffert und gefälschte Produkte identifiziert. In Ruanda fliegen Drohnen Blutkonserven und Medikamente in schwer zugängliche Landstriche. MomConnect informiert und berät schwangere Frauen in Südafrika. Im Senegal wird der Ausbau der Telemedizin beschleunigt. Auch das Bildungswesen hat sich durch E-Learning spürbar verbessert; mithilfe einfacher und robuster Tablets lernen Grundschüler Lesen, Schreiben und Rechnen.

Man könnte die Beispiele fürs Leapfrogging auch im Energiesektor fortführen, wo die Chance besteht, das fossile Zeitalter zu überspringen: Keine Atommeiler, Kohledreckschleudern und Überlandleitungen mehr, stattdessen dezentrale Stromversorgung durch Solarmodule, Windräder, Biogasanlagen, Erdwärmespeicher und Gezeitenkraftwerke. Welche Möglichkeiten die künstliche Intelligenz eröffnen wird, lässt sich noch gar nicht absehen. Allerdings ist angesichts der aggressiven Expansion Chinas im Informations- und Kommunikationssektor höchste Vorsicht geboten: Sie dient in erster Linie seinen kommerziellen und ideologischen Interessen, und ganz nebenbei werden undemokratische Regime mit perfiden Systemen zur Totalüberwachung der Bevölkerung aufgerüstet. Schließlich sollte man bei aller Begeisterung für digitale Innovationen nicht vergessen: Leapfrogging ist kein Zaubermittel, die ausgefeilteste Technologie, die beste Software bewirkt wenig, wenn die Hardware und das Personal fehlen: Krankenhäuser und Schulen, Lehrerinnen und Lehrer, Ärztinnen und Ärzte, Pflegekräfte, qualifizierte Fachleute. Und wenn die Menschen die elektronischen Werkzeuge nicht anwenden können, weil sie Analphabeten sind.

Rund siebzig Prozent der Afrikaner und Afrikanerinnen leben von der Landwirtschaft, sie ist der mit weitem Abstand wichtigste Erwerbszweig. Dennoch musste ich bei meinen Exkursionen in ländliche Regionen immer wieder feststellen, wie sträflich dieser essenzielle Sektor vernachlässigt wurde und wird – von den eigenen Regierungen, von kooperierenden Staaten, aber auch von der internationalen Hilfsindustrie. Und selbst in der Agenda 2063 nimmt er nur eine nachgeordnete Rolle ein. Dabei ist die Agrarfrage eine Schicksalsfrage für den Erdteil: Die meisten Bauern und Bäuerinnen erzeugen gerade genug, um ihre Familien zu ernähren, aber viel zu wenig, um die schnell wachsende Bevölkerung zu versorgen.

Nehmen wir Äthiopien. Dort ist seit der verheerenden Hungersnot 1984/85 die Einwohnerzahl von 42 auf nahezu 110 Millionen gestiegen. Ein Drittel der Bevölkerung ist heute schon unter- oder mangelernährt, in vielen Landesteilen herrscht ein

Schwacher weißer Mann: Die äthiopische Bäuerin Metamin Tenkeli amü-
siert sich über meinen Versuch, ein 60 Kilogramm schweres Brennholz-
bündel zu schultern. Um ein paar Birr zu verdienen und ihre Familie durch-
zubringen, schleppt die 65-jährige Frau diese Last jeden Tag zum Markt.

strukturelles Nahrungsmitteldefizit: Es ist einfach nicht genug für alle da. Das gilt für viele Länder Afrikas, und überall liegt es an der Rückständigkeit der Landwirtschaft. Millionen von Subsistenzbauern sind nicht in der Lage, höhere Erträge zu erzielen, weil es ihnen an Investitionskapital und Know-how fehlt, an modernen Anbau- und Zuchtmethoden, Maschinen, Düngemitteln, hochwertigem Saatgut, sparsamen Bewässerungssystemen. Und weil sie keinen Zugang zu Märkten haben. Überdies gehört ihr Land zumeist dem Staat oder wird wie in einem Feudalwesen von herrschsüchtigen traditionellen Führern kontrolliert, deren Untertanen es nur nutzen dürfen und nicht beleihen können.

Als ich im Dürrejahr 2015 durch das Simien-Gebirge im äthiopischen Kernland Amhara fuhr, kam mir das wie ein Ausflug in biblische Zeiten vor. Da rackerte sich das Landvolk mit Furchenstöcken, Feldhauen, Ochsengespannen und Holzpflügen auf staubtrockenen Böden ab, ein Traktor war nur selten zu sehen. Doch die Politiker in der Hauptstadt Addis Abeba halten unbeirrbar an ihrer Industrialisierungsstrategie fest. Sie kommen nur in Wahlkampfzeiten in diese Gegend, und so erkennen nur wenige die Notwendigkeit, dass man die Landwirtschaft mechanisieren und intensivieren muss, um die Produktivität zu steigern. Andererseits verpachtet die Regierung riesige Ländereien an ausländische Konzerne, die im großen Stil Agrarerzeugnisse exportieren – aus einem Land, das in Dürrezeiten Hunderttausende Tonnen Getreide zukaufen muss.

Afrika ist von Einfuhren abhängig geblieben und importiert jedes Jahr Nahrungsmittel im Wert von rund 60 Milliarden Dollar. Dabei könnte der Erdteil eine Kornkammer der Welt sein, denn er hat auch in Zeiten des Klimawandels noch genügend brachliegende Böden, um die eigene Bevölkerung zu versorgen und Überschüsse für den Export zu erwirtschaften. Die nicht genutzte Ackerfläche wird auf 200 Millionen Hektar geschätzt, ein Areal, in dem Deutschland fünfeinhalbmal Platz hätte. Zur Inwertsetzung dieses Potenzials bräuchte der Kontinent eine »grüne Revolution« wie Asien in den 1960er Jahren. Sie würde Arbeit und Wohlstand schaffen, der jungen Generation Lebensperspektiven bieten, die Landflucht und den Druck auf die aus allen Nähten platzenden Millionenstädte mindern. Das setzt allerdings eine durchdachte Agrarstrategie voraus, einen integralen Plan zur Entwicklung des ländlichen Raums, der zuallererst die Schaffung einer funktionierenden Infrastruktur vorsieht: Straßen, Transportmittel, Energieversorgung, Verteilungszentren für Saatgut, Dünger, Maschinen und Gerätschaften, Lager- und Kühlhäuser, landwirtschaftliche Forschungs- und Ausbildungsstätten. So könnten lokale Märkte stimuliert und auf mittlere Sicht verarbeitende Nahrungsmittelindustrien aufgebaut werden, um die Wertschöpfung in den Erzeugerländern zu verankern und Fertigprodukte über neue regionale und globale Lieferketten zu vermarkten.

Leapfrogging heißt auch hier die Losung, und man staunt über die Fülle von digitalen Instrumenten, die bereits heute in der Landwirtschaft eingesetzt werden. Die App mit dem witzigen Namen iCow ermöglicht Kleinbauern, sich über den Brunftzyklus ihrer Kühe, Zuchtmethoden und Tierkrankheiten zu informieren. Twiga Foods und Ninayo fördern die Direktvermarktung, die Produzenten kennen die aktuellen Preise auf den städtischen Großmärkten und lassen sich nicht mehr von Zwischenhändlern übervorteilen. DigiFarm vermittelt Mikrokredite zur Finanzierung von Projekten. ACRE Africa bietet Versicherungen gegen witterungsbedingte Ernteausfälle an. AfriScout hilft Hirten, Wasser und Weideland für ihre Herden zu finden. Hello Tractor ist ein Verleih- und Nutzungssystem für schweres Gerät, das den genossenschaftlichen Maschinenringen in Deutschland und Österreich ähnelt.

Gerade in Afrika böte sich die Chance für eine nachhaltige, klimasmarte, umweltverträgliche Landwirtschaft, die keine gentechnischen Heilsversprechen braucht und nicht den Raubbau der globalen Agroindustrie fortsetzt, den Chemiekrieg auf den Äckern, die naturvernichtende Erzeugerschlacht, die Massentierquälerei. Deswegen muss eindringlich gewarnt werden vor der kapitalkräftigsten Initiative auf diesem Feld, der Alliance for a Green Revolution in Africa (Agra): Sie schlägt unter dem Deckmantel der Philanthropie genau diesen Kurs ein. Agra ist seit 2006 in mehreren afrikanischen Ländern aktiv und unterstützt laut eigener Statistik rund 30 Millionen Kleinbauern, um deren Ernteerträge bis zum Jahr 2020 zu verdoppeln; ihre wichtigsten Geldgeber sind die Bill & Melinda Gates Foundation sowie die Rockefeller Foundation.

Recht schnell stellte sich heraus, dass von diesem Großprojekt das Agrobusiness profitiert, und es ist auch kein Geheimnis, dass der Multimilliardär Bill Gates beträchtliche Aktienanteile an Futtermittel-, Saatgut- und Chemiekonzernen hält, an Giganten wie Cargill, Dow Chemical, Monsanto oder BASF, die die Inputs für Agra liefern, genmanipuliertes Material inklusive. Die Empfänger werden dazu verpflichtet, lizenzierte Hybridsorten, synthetischen Dünger und Pestizide abzunehmen. Das macht sie nicht nur abhängig von ihren »Gönnern« und treibt viele in die Schuldenfalle, sondern verdrängt auch widerstandsfähige, nährstoffreiche Kulturpflanzen wie Süßkartoffeln, Maniok, Fingerhirse oder Sorghum, die seit Menschengedenken angebaut werden. Denn Agra propagiert die »Vorzugskulturen« Mais, Reis und Soja. Nun kann man in den Projektgebieten endlose Monokulturen bewundern, während die Vielfalt traditioneller Nahrungsmittel abgenommen hat. Dann kam das Jahr 2020, und das vollmundig angekündigte Ziel, die Erträge zu verdoppeln, verschwand still und leise von der Webseite der Organisation – es wurde nämlich weit verfehlt.

Grüne Revolution? Durch Agra, einen Verein mildtätiger Großkapitalisten? In den Testländern sprechen zahlreiche zivilgesellschaftliche und kleinbäuerliche Interessengruppen von einem »neokolonialen Programm« und drängen ihre Regierungen, die Kooperation mit Gates & Co. einzustellen. Sie kämpfen für eine agrarökologische Wende. Der Weg bis dahin ist noch weit und steinig, und die kleinen Fortschritte können nicht darüber hinwegtäuschen, dass die große Mehrheit der afrikanischen Bauern und Bäuerinnen kaum vorankommt. Ihre Einkünfte sind gemessen an den Endverbraucherpreisen mickrig, womit wir bei einem strukturellen Hindernis wären: den ungleichen Tauschverhältnissen auf dem Weltmarkt. Man kann das am Handel mit allen unverarbeiteten Rohprodukten durchexerzieren, an Baumwolle, Palmöl, Erdnüssen, Kaffee, Tee oder Kakao. Ein Bauer in der Elfenbeinküste verdient an einer in Deutschland verkauften Tafel Schokolade nur drei bis vier Prozent. »Wir werden systematisch betrogen«, schimpfte ein Landwirt, den ich auf der Insel Bioko in Äquatorialguinea befragte. Er wendete gerade mit einem Holzrechen die Kakaobohnen in einer selbst gebauten Trocknungsanlage, 300 Kilogramm, seine Jahresernte. Dafür erhält er insgesamt 300 000 cfa-Franc, umgerechnet rund 450 Euro. Er verdient also 1,23 Euro am Tag, während Großkonzerne wie Nestlé, Mars oder Ferrero Milliardengewinne mit den veredelten Produkten machen.

Auf vielen westafrikanischen Plantagen werden nur Hungerlöhne gezahlt, oft müssen auch Kinder mitarbeiten. Aktivisten und Aktivistinnen, die sich für fairen Handel einsetzen, geißeln diese moderne Form der Sklaverei. Um so befremdlicher ist es, dass die afrikanischen Kakaoproduzenten – sie fahren sechzig Prozent der Welternte ein! – die Ausbeutung tatenlos hinnehmen und dass sie erst in jüngster Zeit Anstalten machen, ein Kartell zu bilden, um wie die OPEC, die Organisation Öl exportierender Länder, ihre Marktmacht zu bündeln. Man wundert sich auch, warum es die Elfenbeinküste, der größte Lieferant von Kakao, nicht schafft, eine höhere Wertschöpfung zu erzielen. Wie kommt es, dass dort nach sechzig Jahren Unabhängigkeit nur eine kleine Schokofabrik steht?

Natürlich ist alles viel komplizierter. Festzuhalten bleibt die banale Erkenntnis, dass Missstände stets auf das Zusammenspiel von exogenen und endogenen Faktoren zurückzuführen sind und dass Afrika globale Asymmetrien nicht im Alleingang korrigieren kann. Vor allem die Europäische Union müsste im eigenen Interesse ihre Beziehungen zum Nachbarkontinent grundstürzend ändern und ihn nicht mehr wie einen lästigen Weltsozialfall behandeln, von dem nur Bedrohungen ausgehen. Ein paar weitsichtige Politiker, Ökonomen und Fachleute haben das zwar erkannt, doch die Mehrheit der Entscheidungsträger setzt den alten Abwehrkurs fort: Man verstärkt die Festung Europa, um sich Migranten und Flüchtlinge vom Leibe zu halten, und kündigt zaghafte Reformschritte an, die regelmäßig im Sande verlaufen. Die Vorschläge zu Kooperationsabkommen, Investitionsoffensiven oder Hilfspaketen füllen unterdessen ganze Festplatten. Neuerdings wird als ultimative Lösung ein »Marshallplan« angepriesen, selbstverständlich nicht *für*, sondern *mit* Afrika, das klingt weniger paternalistisch.

Vorbild ist das Wiederaufbauprogramm der Amerikaner für das im Zweiten Weltkrieg zerstörte Europa. Afrikanische Wirtschaftsexperten rufen die eigentliche Absicht Washingtons ins Gedächtnis: Die Milliardengeschenke waren ein gigantisches Exportförderungsprogramm für die US-Industrie. Sie befürchten, dass ein Marshallplan für Afrika wieder nur den räuberischen Eliten und ein paar europäischen Unternehmen zugutekommen würde. Wenig Begeisterung löste auch die runderneuerte EU-Afrika-Strategie aus, die im März 2020 mit großem Tamtam präsentiert wurde. Die deutsche Kommissionspräsidentin Ursula von der Leyen gelobte eine »Partnerschaft auf Augenhöhe«, leider fehlten die Partner, denn es wurde offenbar kein einziger Afrikaner konsultiert. Man will unter anderem den Handel und Investitionen ankurbeln, Garantien für erhöhte Entwicklungsfinanzierungen sichern und – welch technokratisches Wortungetüm! – eine »Projektpipeline« aufbauen. Nun liegt also noch ein dickes Konvolut vor, das die ungleiche Geber-Nehmer-Beziehung fortschreibt: Es ist auf die strukturellen Bedürfnisse Europas zugeschnitten und klammert zentrale Herausforderungen wie die handelspolitische Schieflage aus. Andernfalls hätte man ja einräumen müssen, dass der Protektionismus der EU die Wettbewerbsnachteile Afrikas verschärft: Wenn die EU als größter Agrarexporteur der Welt ihre Ausfuhren forciert, fallen automatisch die Weltmarktpreise – und afrikanische Produkte sind noch weniger konkurrenzfähig. Am Ende gilt wohl auch für den jüngsten Aktionsplan aus Brüssel wieder einmal die alte Bauernweisheit: viel Geblök, wenig Wolle.

Die EU ist nach wie vor Afrikas wichtigster Wirtschaftspartner, weit vor den USA und immer noch vor China. Aber Europa habe die großen Transformationen, die derzeit auf dem Nachbarkontinent ablaufen, nicht verstanden, kommentiert der renommierte Ökonom und Afrika-Experte Robert Kappel. Europa will auch nicht verstehen, welche Schäden seine Wirtschaftspolitik auf dem Nachbarkontinent anrichtet. Lange folgte die EU der sogenannten Chicagoer Schule und verschrieb den afrikanischen Regierungen fiskalische Spardiktate, Privatisierung, Deregulierung, Liberalisierung, also die neoliberalen Medikamente der Strukturanpassung, die schon in den 1980er Jahren die geschwächten Patienten noch kränker machten. Seit der Jahrtausendwende lockt Brüssel mit sogenannten Economic Partnership Agreements (EPA), mit Freihandelsabkommen, die auf der gegenseitigen Öffnung der Märkte basieren. Man stelle sich vor, die Engländer würden uns Deutschen die verzwickten Cricket-Regeln erklären und uns dann zu einem Länderspiel herausfordern. Dreimal darf man raten, wer das Match wohl gewinnen wird. So ähnlich ist es mit dem EPAs: Da stehen sich zwei ungleiche Akteure gegenüber, die nach dem Reglement der EU handeln sollen. Die meisten afrikanischen Regierungen haben die verquere Logik der »Wirtschaftspartnerschaftsabkommen« durchschaut, nur eine Handvoll Staaten ist ihnen bislang beigetreten. Denn die Afrikaner bleiben die ewigen Verlierer in diesem Poker: Sie haben außer Rohstoffen und unverarbeiteten Agrargütern wenig anzubieten, zudem werden ihre Exporte durch nichttarifäre Handelshemmnisse eingeschränkt, während die Europäer den afrikanischen Kontinent mit hoch subventionierten Billigwaren überschwemmen, mit Tomatenmark, Milchpulver, Hühnerfleisch und anderen Köstlichkeiten zu Dumpingpreisen, gegen die die einheimischen Erzeuger nicht konkurrieren können.

Einen typischen Fall habe ich in Gambia erlebt, in der Nähe der Ortschaft Farafenni, wo die deutsche Stiftung »Sabab Lou« vorbildliche Gartenbauprojekte fördert. In vier Gemeinden hat man Pflanzgärten mit solarbetriebenen Bewässerungssystemen angelegt, um die Touristenhotels an der Küste mit frischem Gemüse zu beliefern – eine neue Einkommensquelle für 300 Dorffrauen. Sie boten auch auf dem lokalen Markt Feldfrüchte feil, überwiegend Zwiebeln, aber sie wurden ihre Ware nicht los. Denn dort lagen sauber gestapelte Säcke voller Zwiebeln, Marke »Gloriano«, Knollendurchmesser 45 bis 65 Millimeter, alle so formvollendet, als kämen sie aus dem 3-D-Drucker. Sie wurden von libanesischen Händlern aus den Niederlanden importiert. Das Kilo kostete umgerechnet nur 50 Cent, ein Schleuderpreis, den die hiesigen Bäuerinnen trotz niedriger Produktionskosten nicht unterbieten können. Die Folgen des Preisdumpings für überschüssige Agrarprodukte aus Europa sind nicht nur in Gambia verheerend: Irgendwann machen sich Tomatenpflanzer aus Ghana, Viehhalter aus Niger, Hühnerzüchter aus Kamerun oder Fischer aus dem Senegal, die um ihre Existenzgrundlage gebracht wurden, auf den Weg nach Europa.

Diese Beispiele entlarven die Doppelmoral der EU: Sie zerstört durch ihre Handelspolitik, was sie entwicklungspolitisch mühsam aufbaut – und erhöht mithin den Migrationsdruck, den sie eigentlich verringern will. Konsequenzen aus diesem Widersinn will man allerdings nicht ziehen, denn dann müsste man ja den neoliberalen Glaubensdogmen abschwören (an die man sich selber nicht hält) und redliche Handelsregularien einführen. Vor allem aber müsste man die Subventionen abschaffen, die milliardenschweren Finanzspritzen für eine Agrarindustrie, die unermesslichen Schaden anrichtet – ökonomisch, ökologisch und sozial. Doch die Eurokraten, getrieben von einer mächtigen Agrarlobby, machen genau das Gegenteil. Fazit: Eine radikale Reform der Handelspolitik würde Afrika weit mehr nützen als der viel beschworene Paradigmenwechsel in der Entwicklungshilfe, die seit über einem halben Jahrhundert nur dürftige Ergebnisse hervorbringt und in vielen Ländern kontraproduktiv ist. Denn die Almosen beglücken oft nur korrupte Machtcliquen und lähmen, so sie denn überhaupt ankommen, die Eigeninitiative der Empfänger. Die sambische Ökonomin Dambisa Moyo spricht sogar von »Dead Aid«, tödlicher Hilfe. Immerhin hält sie die internationale Hilfsindustrie und ihre mehr als 600 000 Mitarbeiter und Mitarbeiterinnen am Leben. Zyniker sagen: »Brot für die Welt, die Wurst bleibt hier.«

Man könnte dieses Streitthema vertiefen, wir wollen an dieser Stelle nur die entscheidende Lehre aus der Debatte festhalten: Entwicklung lässt sich nicht wie eine Impfkampagne exekutieren. Sie kann nicht von außen aufgepfropft werden, sondern muss von innen kommen, und junge Menschen sind dabei die wichtigste Triebkraft. Doch viele Regierungen Afrikas zerstören deren Zukunftchancen und sehen gleichgültig zu, wie sie frustriert abwandern. Bis dato gab es keinen einzigen Migrationsgipfel der AU, keine nennenswerte Anstrengung eines afrikanischen Staates, den Aderlass zu drosseln. Auch das Bevölkerungswachstum von jährlich 2,7 Prozent ist in den Kreisen der Mächtigen kein Thema. Ihr Motto lautet: Je mehr Einwohner, desto stärker die Nation. Weiter so.

Die gegenwärtigen Herrschaftsverhältnisse in vielen afrikanischen Staaten stimmen alles andere als optimistisch. Autokraten wie Yoweri Museveni in Uganda und Paul Biya in Kamerun oder

Despoten wie Teodoro Obiang Nguema Mbasogo in Äquatorial-
guinea sind an der Macht, seit ich aus Afrika berichte; sie verhin-
dern an der Spitze militärischer Banden jede Veränderung des
Status quo, sprich: der rentenkapitalistischen Beutewirtschaft. Die
Medien würden ihre Aktivitäten respektvoll als Politik beschrei-
ben, nicht als Verbrechen, stellt der südafrikanische Schriftsteller
J. M. Coetzee fest – man kann seinem Befund nur zustimmen.
Hin und wieder wird zwar ein Dauerherrscher gestürzt, Blaise
Compaoré in Burkina Faso, Yahya Jammeh in Gambia, Robert
Mugabe in Simbabwe, zuletzt Umar al-Baschir im Sudan. Doch
viel zu viele kriminelle Staatschefs herrschen unangefochten weiter.
Ich kann es nicht mehr hören, wenn sie auf internationalen Geber-
konferenzen den Rest der Welt für ihre hausgemachte Misere verantwortlich machen, wenn sie um finanziellen Beistand betteln
und blumig über Reformideen schwadronieren, aber weder willens
noch fähig sind, sie zu verwirklichen. Meine journalistische Mentorin Marion Gräfin Dönhoff, die verstorbene Herausgeberin der
Zeit, hat einmal eine simple Lösung vorgeschlagen: Es wäre wohl
am besten für Afrika, wenn man sein politisches Führungspersonal
komplett austauschen würde. Das war natürlich scherzhaft gemeint, verriet aber auch die eurozentrische Gesinnung: Wir sind
nach wie vor davon überzeugt, dass wir die richtigen Rettungs-
pläne für unseren Nachbarkontinent haben.

Auf der Suche nach afrikanischen Gegenentwürfen stößt man
auf ein Buch mit dem Titel *Africa First!*. Der Autor heißt Jakkie
Cilliers, er hat das Institute for Security Studies (ISS) in Pretoria
gegründet, einen der einflussreichsten Think Tanks Afrikas. Seine
faktenreiche Studie enthält wie alle futurologischen Szenarios
zahlreiche Wenns und Abers, und die Vorhersage für die nahe
Zukunft fällt wenig erfreulich aus: In den kommenden zwanzig
Jahren werde sich die Kluft zwischen Afrika und den Wohlstands-
regionen der Welt weiter vertiefen. Die jüngsten Rückschläge un-
terfüttern Cilliers' Prognose. Ausgerechnet im Hoffnungsland

Äthiopien ist ein neuer Bürgerkrieg ausgebrochen; Südafrika befindet sich in einem beunruhigenden Abwärtstrend; Nigeria erweist sich als kaum noch regierbar; in westafrikanischen Krisenländern und neuerdings auch in Mosambik sind islamistische Terrorbewegungen auf dem Vormarsch; gescheiterte Staaten wie Somalia, der Südsudan oder die Zentralafrikanische Republik versinken im Chaos und haben vorerst keinerlei Entwicklungsaussichten. Und man kann nur darüber mutmaßen, welche Verheerungen die Corona-Pandemie auf dem gesamten Kontinent hinterlassen wird.

Erst um die Jahrhundertmitte könnte eine Wende beginnen, glaubt Cilliers, ein afrikanisches Zeitalter, in dem Millionen Menschen aus der Armut befreit werden. Die Trendumkehr sei aber nur durch bessere Regierungsführung und fundamentale Kurskorrekturen in den ökonomischen und sozialpolitischen Kernbereichen zu erreichen. Weder der Westen noch China, noch irgendeine andere Außenmacht werde Afrika entwickeln können. Es klingt wie das Echo einer Formel, die wir schon kennen: »African solutions for African problems«. Der Zukunftsforscher Cilliers lässt keinen Zweifel daran, dass es diese Lösungen ohne umfängliche und stetige Investitionen aus dem In- und Ausland nicht geben wird. Anders ausgedrückt: Der Kontinent kann bei allen Vorbehalten gegen den blinden Fortschrittsglauben auf eines nicht verzichten: auf Wachstum, nachholendes Wachstum.

Auf die Gefahr hin, mich zu wiederholen: Meine Hoffnung ruht auf der Jugend Afrikas. Und auf den Frauen, die trotz der erdrückenden Männerherrschaft in den vergangenen vierzig Jahren enorme emanzipatorische Fortschritte gemacht haben. Ich vertraue auf nachfolgende Generationen, die die Macht der Alten brechen, weitsichtig regieren und den Mut zur Disruption aufbringen, zur Ablösung überkommener Denk- und Handlungsmuster. Die einen Mentalitätswandel befördern, um die kreativen Potenziale der Afrikanerinnen und Afrikaner freizusetzen. Die die

Schnittstellen aus Eigenem und Fremden für die Zukunft nutzbar machen, also auf bewährte Traditionen zurückgreifen und zugleich die Möglichkeiten moderner Technologien ausschöpfen. Die von der demografischen Dividende profitieren, sich aber nicht den Gesetzen eines zerstörerischen Raubtierkapitalismus unterwerfen, sondern selbstbewusst eine panafrikanische Marktwirtschaft aufbauen. Vielleicht wird eines Tages sogar die Vision einer »Green Economy« Wirklichkeit. Vielleicht nimmt die von den Afrotopisten proklamierte »zivilisatorische Wende« zur Rettung unseres verwirrten Planeten gerade in Afrika ihren Ausgang – in einem Erdteil, dem man das beim Stand der Dinge am allerwenigsten zutraut.

»Die Revolution, die es auf den Weg zu bringen gilt, ist eine spirituelle«, schreibt Felwine Sarr, »und es scheint uns, dass die Zukunft der Menschheit davon abhängt.« Große Worte, eine Nummer kleiner würde auch schon reichen: Avanti, Afrika, geh du voran!

WAS BLEIBT?

Von den Schwierigkeiten, über Afrika zu schreiben

Am Ende kehre ich noch einmal zurück in den Januar 1993, als wir nach Afrika übersiedelten. Bei der Zwischenlandung in Lissabon kreuzte in der Transitzone des Humberto-Delgado-Flughafens Meryl Streep unseren Weg. Meine Lieblingsschauspielerin hatte die Hauptrolle in *Jenseits von Afrika* gespielt, dem wohl berühmtesten Schmachtfetzen über den Kontinent, der auf einem Roman der dänischen Baroness Tanja Blixen basiert. *Afrika, dunkel lockende Welt* lautet der Titel der deutschen Übersetzung. Auf Antje und mich wartete zwar keine Farm mit Kaffeeplantage, aber wir deuteten die zufällige Begegnung als gutes Omen: Unsere neue Heimat Südafrika würde uns freundlich aufnehmen. Auffällig war, dass in diesem Monumentalfilm die schwarzen Männer wenig zu sagen hatten (schwarze Frauen spielten ohnehin keine Rolle). Sie blieben Komparsen, sprachlos wie Freitag, der »Eingeborene«, den Robinson Crusoe gerettet hatte – oder vielmehr dieser ihn. So steht es in einer Neufassung dieses Klassikers der Aufklärung durch den südafrikanischen Literaturnobelpreisträger John Maxwell Coetzee. In dessen Version war Freitag die Zunge abgeschnitten worden; der »edle Wilde« konnte seine Geschichte nicht erzählen.

Jenseits von Afrika steht in dieser Tradition. Hollywood eben, dachte ich. So nimmt man in Europa den »schwarzen Kontinent« seit dem Beginn der Neuzeit wahr: Als sprachloses Paradies, in dem hauptsächlich gelacht, getrommelt und getanzt wird. Oder umgekehrt als »Herz der Finsternis«, das von unberechenbaren, gewalttätigen, vorzeitlichen Kräften durchpulst wird. Wie könnten ausgerechnet Journalisten und Journalistinnen, die nach der

Faustregel »good news is no news« über Kriege und Krisen berichten, den eurozentrischen Blick ablegen? Was kommt schon dabei heraus, wenn junge, wohlgenährte, überwiegend weiße Männer über Armut und Not schreiben? Sie tigern durch einen riesigen Erdteil und produzieren die immer gleichen Geschichten, viel Empathie, ein bisschen Abenteuer, stets mit literarischem Anspruch, aber im Einheitsstil der Journalistenschulen und selten von tieferen Kenntnissen über Afrika getrübt. Und wir alle, der Autor inklusive, führen im Kopfgepäck scheinbar allgemeingültige Werte mit, die unser abendländisches Denken codiert hat: Demokratie, Rechtsstaat, Marktwirtschaft, Aufklärung, Fortschritt, Individualismus und so weiter. Was wir für universell halten, verstellt unseren Blick auf die Lebenswirklichkeit der afrikanischen Menschen. Wir ordnen sie einfach ein in unser Weltbild. Der schwedische Kulturwissenschaftler Stefan Jonsson bringt dieses Dilemma auf den Punkt: »Die Verdammten dieser Erde warten immer vor der Schwelle unseres Wahrnehmungsvermögens.«

Selbst in wohlmeinenden Reportagen schreiben die Stereotype mit. »Fass!« stand über einem Text, der in einem großen Nachrichtenmagazin erschien; er handelte von einem deutschen Polizisten, der im Ostkongo belgische Bluthunde für den Kampf gegen Wilderer abrichtet. Die Afrikaner treten dabei ausschließlich als Statisten auf, alle bleiben namenlos und stumm; nur bei der Beerdigung eines kongolesischen Rangers murmelt ein Priester »Worte in einer Bantusprache«. Das ist ungefähr so, als würde ein afrikanischer Reporter schreiben, dass die Deutschen in einer indogermanischen Sprache reden. Und wenn der Kriminalkommissar aus dem Bergischen Land »Wahnsinn!« ruft, wird man an »Das Grauen! Das Grauen!« in Joseph Conrads *Herz der Finsternis* erinnert.

Richtig peinlich wird es, wenn notorisch betroffene Aktivisten durch Afrika reisen, um die globalen Ungerechtigkeiten zu geißeln. Wenn sie beim Anblick der Blechhütten, Wasser schleppenden Frauen und rotznasigen Kindern schwärmen, dass sie angekommen sind, echt jetzt. Wenn sie von Ubuntu faseln, vom afrikanischen Gemeinschaftsgeist, den ihnen eine afrozentrische Flachpfeife als ultimative Lösung der Weltkrise verkauft hat. Wenn sie sich einbilden, endlich die Alltagswirklichkeit von Afrikanern und Afrikanerinnen nachempfinden zu können, und dann anfangen, das neue, astrale, alternative Lebensgefühl zu feiern, die Selbstfindung, die Herzensgüte der Menschen, den Eros der Landschaft, in der sogar der Sex noch intensiver wird. Derartiger Schwulst wird dann über Twitter oder Instagram auf die Endgeräte in aller Welt verbreitet. Noch unerträglicher fallen die Weisheiten aus dem konservativen Lager aus; ein langjähriger Korrespondent erklärte einer barbiepuppenphaften »Beauty-Influencerin«, dass »der Afrikaner«, also der Eingeborene als solcher, nicht vorankomme, weil er in der Vergangenheit verharre und es keine Straßen und Banken gebe. Aber auch fortschrittliche Kollegen, die vor lauter Solidarität mit den »Ärmsten der Armen« barfuß recherchieren, bedienen unbewusst jene Wahrnehmungsraster, die sie eigentlich entlarven und überwinden wollen. Nehmen wir *die tageszeitung*, das Zentralorgan der links-grünen Weltanschauung, das überall rassistische Einstellungen wittert und anderen Medien gern vorwirft, nur oberflächlich und mit Vorurteilen behaftet über Afrika zu berichten. Gleichzeitig finden sich in keiner zweiten Zeitung so viele Artikel, die den Erdteil als Ort der Gewalt und des Schreckens erscheinen lassen.

Nun ist es keineswegs so, dass ich von Klischees frei wäre, auch nach Jahrzehnten in Afrika nicht. Denn sie sind quasi in unsere europäische DNA eingeschrieben, und manchmal merkt man erst später, dass man ihnen aufgesessen ist. Ich hatte zum Beispiel keine Bedenken, in schlecht gewartete Maschinen afrikanischer Fluglinien einzusteigen. Aber mit zunehmendem Alter warf ich vor dem Abflug prüfende Blicke ins Cockpit; saß dort ein weißer Kapitän, war ich beruhigt. Ich zweifelte an den Fähigkeiten schwarzer Piloten – das nach einem misstrauischen Richter aus Kenia benannte Njonjo-Syndrom räumte übrigens auch ein gewisser Nelson Mandela ein. Eine andere Episode: An der Fleischtheke schnitt ein schwarzer Metzger fachgerecht Schnitzelstücke ab, und ich sagte zu Antje:»Siehste, geht doch.« Meine Frau reißt gelegentlich Witze darüber: So redet also der berühmte Korrespondent über die Afrikaner.

Oft habe ich mich gefragt, ob es schon eine rassistische Mikroaggression ist, wenn mich die Gleichgültigkeit, Verantwortungslosigkeit, der Leichtsinn oder die Dummheit mancher dunkelhäutigen Menschen wütend machte. Etwa der Taxifahrer, der mit der Zigarette im Mundwinkel sein Auto betankt, während unten das Benzin wieder herausplätschert. Oder die dickbramsige Amtsleiterin, die jeden Bittsteller wie einen minderwertigen Menschen abbügelt. Oder die stinkfaule Rezeptionistin, die sich nie gefragt hat, welche Firmen in ihrem Bürogebäude residieren. Oder der arrogante Minister, der in der ersten Klasse hockt, Champagner trinkt und die Flugbegleiterinnen anpöbelt. Oder der Dorfpolizist, der einen für ein fiktives Vergehen bestraft und das Bußgeld in die eigene Tasche steckt. Manchmal bin ich aus der Haut gefahren, ließ schräge Sprüche raus – und bekam prompt zu hören:»You have an attitude«, im Klartext: Du bist ein Rassist. Bei solchen Vorfällen kam mir hin und wieder das zynische Kürzel in den Sinn, das britische Kollegen verwenden: AWA,»Africa Wins Again«.

Diesen Zynismus wollte ich überwinden und ganz anders über mein Berichtsgebiet schreiben, unvoreingenommen, einfühlsam, engagiert. Wie Bruce Chatwin, Paul Theroux oder Ryszard Kapuściński. Ich glaubte, die einfachen Leute viel besser verstehen zu können: Sieben von zehn Afrikanern und Afrikanerinnen leben von der kleinteiligen Landwirtschaft, und ich war in bescheidenen Verhältnissen auf einem Bergbauernhof aufgewachsen. Aber schon bald musste ich feststellen, dass das eine Selbsttäuschung war und dass auch mein großes Vorbild Kapuściński neue Legenden schuf: sein Buch *König der Könige*, in dem er die Agonie des äthiopischen Kaisers Haile Selassie kolportierte, war zwar eine schillernde Parabel der Macht, hatte aber mit den tatsächlichen Ereignissen wenig zu tun. Zudem wurde mir die Anmaßung bewusst, als Einzelkämpfer über einen unübersichtlichen Kontinent mit 54 Staaten berichten zu wollen, ganz abgesehen davon, dass man in der Heimatredaktion jenseits von Kriegen, Krisen und Katastrophen herzlich wenig Interesse an Afrika zeigte. Dann war da noch das Problem der Verständigung, der interkulturellen Kommunikation, wie die Ethnologen sagen. In Afrika werden über 2000 Sprachen gesprochen, ich beherrsche keine einzige davon. Meine Recherchen basierten auf den aufgezwungenen Kolonialsprachen, Englisch gut, Französisch schwach, Portugiesisch gar nicht, Deutsch nur in Namibia. Ein typisches Exempel der Begrenztheit lieferte das Interview mit einer äthiopischen Bäuerin. Sie erzählte in Wolaytta, einer omotischen Sprache, von ihrem harten Leben, ihre Tochter übersetzte ins Amharische, mein Dolmetscher gab es auf Englisch weiter, ich übertrug es ins Deutsche. Am Ende hätte ich gerne gewusst, wie weit das in meinem Notizbuch Aufgeschriebene dem tatsächlich Gesagten entsprach. Zweites Beispiel für kulturelle Barrieren: Bei einem Report über traditionelle Frauenehen in Tansania hätte ich ohne meine afrikanische Begleiterin, eine engagierte Feministin, wenig bis nichts zu diesem Thema erfahren. Denn eine schwarze Frau spricht mit einem weißen Mann nicht über Sexualität.

Sprachliche Defizite und gesellschaftliche Barrieren münden in den erkenntnistheoretischen Zweifel, ob man soziale Wirklichkeit überhaupt objektiv abbilden kann. Ich habe versucht, nach bestem Wissen und Gewissen über Afrika zu schreiben und Zerrbilder zu überwinden, aber letztlich sind es immer nur Annäherungen: Es könnte so sein, es könnte aber auch anders sein.

Eines aber kann ich mit Bestimmtheit sagen: Ich habe die »Traurigkeit« Afrikas, von der V. S. Naipaul in seinem großartigen

Roman *An der Biegung des großen Flusses* spricht, nie empfunden. Zwar begegneten mir immer wieder Menschen, die traurig, niedergeschmettert oder verzweifelt waren, aber das lag am Unglück, in das sie das Schicksal gestürzt hatte, an Krieg, Flucht oder Hunger. Wenn man überhaupt so etwas wie eine Grundgestimmtheit eines Erdteils postulieren kann, dann trifft genau das Gegenteil zu: Afrikaner und Afrikanerinnen erschienen mir zumeist als lebensfrohe, heitere, offenherzige, humorvolle Menschen. Sie feiern selbst in düsteren Tagen das Leben. Als in Liberia die Ebola-Epidemie ausbrach und die Friedhöfe überfüllt waren, sah ich eine Hochzeitsgesellschaft durch die Straßen fahren, singend, mit wehenden bunten Bändern. Diese Eigenschaften habe ich vermisst, wenn ich auf Urlaub in Deutschland war, in einem oft griesgrämigen, unzufriedenen, mit sich hadernden Wohlstandsland.

Um gleich dem Verdacht der Romantisierung Afrikas vorzubeugen, muss auch die dunkle Seite erwähnt werden, die Unmenschlichkeit. Die Schlächter beim Genozid in Ruanda, die keinerlei Schuld und Reue empfinden; die Führer faschistischer Milizen in Burundi oder an der Elfenbeinküste; der Warlord in Südsudan; der unterdessen erwachsene Kindersoldat in Gulu, Uganda, der als »Offizier« der Lord Resistance Army – Joseph Konys religiöser Terrortruppe – zahllose Menschen ermordet hat, und all die anderen Täter, mit denen ich gesprochen habe.

Unter ihnen waren auch Typen wie Prince Yormie Johnson, ein Wendehals, der behauptete, sich durch religiöse Erleuchtung vom Schwerstverbrecher in einen guten Menschen verwandelt zu haben. Er gab mir 2011 eine »Audienz« in seinem Haus in Payneville, Monrovia. Vorher sah ich mir ein abscheuliches Video an, das am 9. Oktober 1990 nach dem Sturz des liberianischen Präsidenten Samuel Doe gedreht worden war und auf den Märkten Westafrikas zirkulierte. Es zeigt, wie Rebellen unter der Regie ihres Kommandeurs Johnson den Diktator verhören und bestialisch zu Tode schinden. Johnson trägt Kampfkluft, an seiner Brust baumeln zwei Handgranaten. »Was hast du mit dem Geld des liberianischen Volkes gemacht?«, fragt er das Opfer, während er eine Dose Budweiser-Bier kippt. Vor ihm kauert ein halb nackter, blutüberströmter Mann, der um Gnade fleht. »Verarsch mich nicht!«, brüllt Johnson. Er befiehlt, Doe die Ohren abzuschneiden, und zwingt ihn, sie zu essen. In der Nacht darauf erlag der Gefolterte seinen Verletzungen.

Prince Johnson streckte mir grinsend die Hand entgegen, ich fühlte mich überrumpelt – und schüttelte sie. Es gibt ein Foto von der Begrüßung, irgendwie ist mir bis heute unwohl, wenn ich es anschaue. Niemand weiß, wie viele Unschuldige Johnson massakriert hat, er wurde nie für seine Verbrechen bestraft. Er war jetzt Senator im liberianischen Oberhaus und Präsidentschaftskandidat, im verwahrlosten Nationalmuseum von Monrovia konnte man einen seiner Militärstiefel besichtigen, von seinen Bluttaten wollte er nichts mehr wissen. »Man sollte nicht in der Vergangenheit herumbohren«, sagte Johnson, »damals war Bürgerkrieg, wir haben das Land befreit.« Dr. Jekyll alias Mr. Hyde. Die beschwörenden Gesten, der aggressive Gesichtsausdruck, die zischenden Worte – plötzlich erkannte ich hinter der Maske des Geläuterten jenes Scheusal wieder, das auf dem Foltervideo zu sehen war.

Ruchlose Kriegsfürsten wie Prince Johnson haben die Stereotype verfestigt, die sich die Außenwelt von Afrika macht. Seinerzeit beschrieben deutsche Zeitungen Liberia als Schlachthaus oder Bluthölle. Derartige Etikettierungen werden unbewusst auf den gesamten Erdteil übertragen, als sei Afrika der Schauplatz der allerschlimmsten Grausamkeiten, die mitunter sogar die Menschheitsverbrechen Stalins, Pol Pots, Maos oder der Nazis in den Schatten stellen. Allein, es gibt keine Sonderstellung Afrikas, appetitive Aggression, die Lust am Morden, ist universell, überall auf der Welt finden wir Prince Johnsons. Es ist ein in Jahrhunderten eingeübter Reflex, Afrika das Erzböse zuzuschreiben, das gehört zum rassistischen Menschenbild, das wir von seinen Einwohnern konstruiert haben. Ich habe dessen Ursprünge ausführlich beschrieben in meinem Buch *Wir Herrenmenschen*. Es handelt vom rassistischen Erbe, das die deutsche Kolonialgeschichte hinterlassen hat.

Auch ich tappte gelegentlich in Wahrnehmungsfallen, und die unheimlichen Begegnungen sind nicht spurlos an mir vorübergegangen, vor allem ein Zusammentreffen, das mich beinahe das Leben gekostet hat. Es ereignete sich Anfang 2015 in Mosambik, als ich versuchte, einen sogenannten Kingpin zu befragen, den Chef einer Wildererbande. Dessen Anhänger, eine Horde von aufgehetzten Halbstarken, nahmen den Fotografen, den Übersetzer und mich in einem abgelegenen Dorf gefangen, sie verdächtigten uns, Spione aus Südafrika zu sein, die ihren dort wegen mehrfachen Mordes gesuchten Boss festnehmen wollten. Beim Verhör in der örtlichen Polizeistation, die von einem Kollaborateur in Uniform geleitet wurde, drohten die »Leibwächter«, uns umzubringen. Navara, der Kingpin, trat ganz nah an mich heran und bellte: »Ich hasse euch Weiße!« Der Satz ging mir durch Mark und Bein, eine abgrundtiefe Angst erfasste mich. So etwas hatte ich in meiner gesamten Korrespondentenzeit noch nie erlebt: Ein afrikanischer Mann schleudert mir seinen rassistischen Hass ins Gesicht. Wir hatten verdammt viel Glück, unversehrt davonzukommen. Aber Navaras teuflischer Blick verfolgte mich wochenlang, und ich brauchte zum ersten und einzigen Mal psychologischen Beistand. Ich überwand das Trauma, indem ich lernte, das Geschehen von der Hautfarbe zu entkoppeln und Navara nicht als schwarzen Unhold zu internalisieren, sondern als gemeinen Verbrecher.

Unvergesslich bleiben zwei Ereignisse in den 1990er Jahren. Es war das Jahrzehnt, in dem zeitgleich der schönste Traum und der furchtbarste Alptraum in der postkolonialen Geschichte Afrikas wahr wurden: der Untergang der Apartheid und der Völkermord in Ruanda. Im Frühjahr 1994, während wir am Kap den ersten schwarzen Präsidenten Nelson Mandela feierten, wurden im Herzen des Kontinents 800 000 Menschen abgeschlachtet – und die

Der berühmteste Befreiungskämpfer des 20. Jahrhunderts: Die Begegnung mit Nelson Mandela, dem ersten schwarzen Präsidenten Südafrikas, war die Sternstunde in meiner Zeit als Afrika-Korrespondent. Ich traf ihn im September 1995 in seiner Kapstädter Residenz Genadendal zum Interview und war so aufgeregt, dass mir die erste Frage nicht mehr einfiel. Also fragte Mandela mich: »Wie alt war eigentlich Adenauer, als er Bundeskanzler wurde?«

Völkergemeinschaft sah tatenlos zu. Die meisten von uns Korrespondenten hatten den Genozid nicht kommen sehen, ich werfe mir meine Ahnungslosigkeit bis heute vor.

Am 5. Dezember 2013 starb Nelson Mandela. Sein Leichnam wurde vor den Union Buildings aufgebahrt, dem Sitz der südafrikanischen Regierung, den einst die britischen Kolonialherren hoch über der Hauptstadt Pretoria errichtet hatten. Ich gehörte zu einer der ersten Gruppen, die an dem auf einem marmornen Katafalk aufgebahrten Plexiglassarg vorbeidefilieren durften. Mandelas Antlitz wirkte wächsern, die Gesichtszüge seltsam ausdrucklos; die Haut war unnatürlich geglättet und aufgehellt. Ich verharrte einen Augenblick und flüsterte »Hamba kahle, Madiba!« – Adieu, großer, alter Mann. Dann ging ich wie in Trance weiter. Die Begegnungen mit dem ersten schwarzen Präsidenten Südafrikas waren die absoluten Höhepunkte meiner Zeit in Afrika, und der Abschied von ihm war einer der bittersten Momente. Dieser Mann hatte die größte Menschenrechtsbewegung aller Zeiten ausgelöst, sein hasszerfressenes Land von der Apartheid in die Demokratie geführt und die weiße Herrschaft in Afrika beendet. Er habe wie Odysseus den »Mythos vom Triumph des menschlichen Willens« verkörpert, schrieb Anthony Sampson in einer Biografie. Mandela war eine Projektionsfigur, in der die Menschheit ihre universellen Ideale erkannte, die Gleichheit aller Menschen, die Utopie von der Weltfamilie.

In die Trauer um »Madiba« mischte sich die Erinnerung an mein Versagen in Ruanda. Man braucht wohltuende Erfahrungen und starke Gegenbilder, um solche Tiefpunkte zu überwinden. Ich kenne Kollegen, die in Afrika den Glauben an die Menschlichkeit verloren haben – ich habe ihn auf diesem Kontinent gefunden: in der Willkommenskultur der Afrikaner und Afrikanerinnen, in ihrer Bereitschaft zu teilen, auch wenn sie selbst wenig haben, in ihrer Improvisationskunst und Resilienz, also der Fähigkeit, die schlimmsten Krisen zu überwinden. In Afrika werden

Formen des Gemeinsinns gepflegt, die wir längst verlernt haben, und viele Kulturen besitzen eine seltene Kraft, die Kraft der Versöhnung. Aber am stärksten beeindruckt – und oft auch mitgerissen – hat mich die überschäumende Lebensfreude. Die Urwucht der Musik, das Lachen, die Naturgötter und Schöpfungsmythen, der Amor fati – es ist nur eine kleine Auswahl von Geschenken, die mir Afrika gemacht hat.

Was bleibt nach vierzig Jahren auf einem wundervollen, widersprüchlichen Kontinent? Tausend Bilder, Erinnerungen, Begegnungen, erheiternde Erlebnisse, niederschmetternde Erfahrungen. Ich hatte das Privileg, mit 23 Staatsoberhäuptern oder Regierungschefs zu sprechen, mit Demokraten, Diktatoren und Kleptokraten von Nelson Mandela über Robert Mugabe bis zu Mswati III. von Eswatini, dem letzten absolutistischen Herrscher Afrikas; unter den Exzellenzen war allerdings nur eine einzige Frau, Ellen Johnson Sirleaf, die Präsidentin Liberias. In der Regel brachten die Interviews wenig neue Erkenntnisse, oft musste ich mir haarsträubende Lügen anhören. Viel aufschlussreicher waren die Gespräche mit Regimegegnern, die ihr Leben riskierten, mit Nuhu Ribadu in Nigeria und Zitto Kabwe in Tansania zum Beispiel, oder mit dem Korruptionsbekämpfer John Githongo in Kenia. Und es waren immer wieder Frauen, deren Furchtlosigkeit mich faszinierte, Juristinnen wie Beatrice Ngwenya in Harare, Uno Katjipuko-Sibolile in Windhoek oder Thuli Madonsela, die nationale Ombudsfrau Südafrikas. Ich habe berichtet über Bürgerkriege, Staatsstreiche, Glaubenskonflikte, Hungersnöte, tödliche Epidemien, Massenfluchten und Naturkatastrophen, und manchmal, wenn ich Opfer der Gewalt und des Elends befragte, kam mir der Beruf des Journalisten unanständig vor.

Doch die Scham war vorbei, sobald ich wieder in das ganz normale, friedliche Alltagsleben eintauchte und mich mit Bäuerinnen, Hirten, Geschichtenerzählern, Dorfältesten oder Unternehmerinnen unterhielt. Ich vergaß mein Weiß-Sein, wenn ich

Gedanken mit Philosophen, Schriftstellern und Künstlerin austauschte, mit Nuruddin Farah, Wole Soyinka, António Ole, Romuald Hazoumè, Achille Mbembe und dem viel zu früh verstorbenen Sozialwissenschaftler Neville Alexander. Und wenn mich der Pessimismus zu überwältigen drohte, gab es zur rechten Zeit Menschen, die ihn mir mit ihrem unerschütterlichen Lebensmut austrieben. Da war mein an den Rollstuhl gefesselter Freund Joseph Makapan, der ein Behindertenzentrum im Johannesburger Armenviertel Alexandra leitete. Und Jusu Jarka in Freetown, Sierra Leone, dem Rebellen beide Unterarme abgehackt hatten. Und der stets heitere Souleymane Guenggueng, der von den Schergen des tschadischen Despoten Hissène Habré schwer gefoltert wurde. Und Nolusineliso Manciya, eine Mezzosopranistin, die in Nyanga, einem elenden Kapstädter Township, ein winziges Häuschen mit ihrer Großfamilie teilte; bei einem Besuch sang sie »Mon Cœur s'ouvre à ta voix«, eine Arie aus der Oper *Samson et Dalila*. Es klang wie ein unerschütterliches Dennoch.

Die Aufzählung mag wie Namedropping anmuten, aber ich nehme an dieser Stelle meinen Dank vorweg: Jede einzelne Person hat mir die afrikanische Welt nähergebracht, von jeder habe ich unendlich viel über den Kontinent gelernt, über Politik, Geschichte und Kultur, Religionen und Glaubensrituale, Traditionen und soziale Systeme, über Mythen und das Alltagsleben. Mitunter bildete ich mir ein, ich würde in der afrikanischen Zeit leben und langsamer altern, aber auch das war natürlich eine Illusion, die mir immer dann bewusst wurde, wenn mich die Leute »Madala« nannten, ein Wort aus der Sprache isiZulu, das »alter Mann« bedeutet.

Und trotzdem blieb auch nach Jahrzehnten dieses nagende Ungenügen. Ich verspürte es, wenn ich in verstaubten Universitätsbüros altehrwürdigen Professoren mit zerknitterten Krawatten gegenübersaß und sie von der Vielfalt ihres Erdteils erzählen hörte. Dann fragte ich mich oft: Was wissen wir schon über Afrika?

ANHANG

DANK

An Esto Mollel, Zitto Kabwe, Uno Katjipuka-Sibolile, Nuhu Ribadu, Nyanga Tshabalala und all die afrikanischen Freundinnen und Freunde, die bereits im letzten Kapitel namentlich erwähnt wurden.

An meine Mentorin Marion Gräfin Dönhoff und den Altbundeskanzler Helmut Schmidt, die mich als Herausgeber der *Zeit* mit Rat und Tat unterstützten.

An den ehemaligen Bundespräsidenten Horst Köhler, der mich in den Kreis seiner afrikapolitischen Berater berief und Zugänge zu afrikanischen Staatschefs und einflussreichen Persönlichkeiten öffnete.

An die Auslandsredaktionen der Wochenzeitung *Die Zeit* und des Nachrichtenmagazins *Der Spiegel*, die es mir ermöglichten, viele Jahre aus Afrika zu berichten.

An das Magazin *Geo*, das neben langen Reportagen aus Afrika auch meine Geschichte über die Musik der Tonga veröffentlicht hat.

An meine Kollegen Bram Vermeulen, Stephen Laufer, Fritz Schaap, Bernd Dörries und Adrian Kriesch, die dieses Buch kritisch begleiteten. Und an den Wissenschaftsredakteur Ulrich Bahnsen, den Ko-Autor des Kapitels über die San.

An die Fotografinnen und Fotografen Ilvy Njiokiktjien, Ricci Shryock, Henner Frankenfeld, Stefan Kleinowitz, Pascal Maitre, Axel Nordmeier, Toby Selander und Rainer Unkel, mit denen ich auf Recherche so manches Abenteuer erlebte.

An die afrikanischen Fixer, Helferinnen und Helfer, ohne deren Ortskenntnisse und Kontaktvermittlungen wir Korrespondenten oft aufgeschmissen wären. Namentlich sei Paul Mben aus Mali erwähnt, der im Frühjahr 2021 bei einem tragischen Unfall ums Leben kann.

An die Wissenschaftler und Afrika-Experten Peter Androsch, Asfa-Wossen Asserate, Rudolf Blauth, Jakkie Cilliers, Peter Eigen, Ulf Engel, Harald Ganns, Peter Häussler, Robert Kappel, Achille Mbembe, Andreas Mehler, Konrad Melchers, Walter Michler, Stefan Mair, Rupert Neudeck, Rainer Tetzlaff et al., deren Expertisen neue Horizonte erschlossen.

An Konrad Purreiter, stellvertretend für unsere Gruppe, die 1980 das Solidaritätsprojekt in Longido durchgeführt hat.

An meinen langjährigen Freund Martin Gütter, der mit seinem Humor und seiner Improvisationskunst der beste Reisegefährte war.

An Jens Dehning, Elisabeth Schmitten, Annette Baur und die Mitarbeiter und Mitarbeiterinnen des Siedler Verlages.

An die umsichtige Lektorin Ditta Ahmadi.

An Kaiman Hammer und Jost Dörken für die »Jägerstube« im Schwarzwald, wo ein Großteil dieses Buches niedergeschrieben wurde.

Und ganz besonders an Antje, die mich auf meiner langen Afrika-Reise begleitet hat, und an unseren Sohn Leo, der im Jahr 2000 in Johannesburg auf die Welt kam.

LITERATUREMPFEHLUNGEN

Ansprenger, Franz: *Politische Geschichte Afrikas im 20. Jahrhundert*, München 1992

Appiah, Kwame Anthony: *Der Kosmopolit*, München 2007

Chabal, Patrick, und Jean Pascal Daloz: *Africa Works. Disorder as Political Instrument*, Oxford 1999

Cilliers, Jakkie: *Africa First! Igniting a Growth Revolution*, Johannesburg 2020

Comaroff, Jean und John L.: *Theory From the South*, Boulder 2012

Cooper, Brenda, und Robert Morrell (Hg.): *Africa-Centred Knowledges. Crossing Fields & Worlds*, Rochester 2014

Davidson, Basil: *Africa in History*, New York 1995

French, Howard W.: *China's Second Continent*, New York 2015

Grill, Bartholomäus: *Ach, Afrika. Berichte aus dem Inneren eines Kontinents*, München 2012

Grill, Bartholomäus: *Wir Herrenmenschen. Unser rassistisches Erbe: Eine Reise in die deutsche Kolonialgeschichte*, München 2019

Harding, Leonhard: *Geschichte Afrikas im 19. und 20. Jahrhundert*, München 1999

Hirsbrunner, Stefanie, und Christian Walther: *Afrika: Radikal neu denken?*, Frankfurt am Main 2016

Kabou, Axelle: *Et si l'Afrique refusait le développement?*, Paris 1991

Kaps, Alisa, u. a.: *Äthiopien: Vom Hungerland zum Hoffnungsträger*, Berlin 2018

Klingholz, Reiner, u. a.: *Afrikas demographische Vorreiter*, Berlin 2019

Klingholz, Reiner, u. a.: *Schnell, bezahlbar, nachhaltig. Wie in Afrika große Entwicklungssprünge möglich werden*, Berlin 2020

Malala, Justice: *We Have Now Begun Our Descent*, Johannesburg 2015

Marx, Christoph: *Geschichte Afrikas. Von 1800 bis zur Gegenwart*, Paderborn 2004

Mbeki, Moeletsi: *Architects of Poverty*, Johannesburg 2009

Mbembe, Achille: *On the Postcolony*, Berkeley 2001

Mbembe, Achille: *Kritik der schwarzen Vernunft*, Berlin 2014

Meredith, Martin: *The State of Africa*, Johannesburg 2005

Moyo, Dambisa: *Dead Aid*, London 2009

Müller, Gerd: *Unfair! Für eine gerechte Globalisierung*, Hamburg 2017

Myburgh, Pieter-Louis: *Gangster State*, Kapstadt 2019

Olver, Crispian: *How to Steal a City*, Johannesburg 2017

Pauw, Jacques: *The President's Keepers*, Kapstadt 2017

Perry, Alex: *In Afrika. Reise in die Zukunft*, Frankfurt am Main 2018

Reader, John: *Africa. A Biography of the Continent*, London 1998

Reybrouck, David van: *Kongo*, Berlin 2012

Sampson, Anthony: *Mandela. The Authorised Biography*, New York 1999

Sarr, Felwine: *Afrotopia*, Berlin 2019

Shikwati, James: *Reclaiming Africa*, Nairobi 2004

Sparks, Allister: *The Mind of South Africa*, New York 1990

Waberi, Abdourahman A.: *In den Vereinigten Staaten von Afrika*, Hamburg 2007

BILDNACHWEIS

Im Text

Kleinowitz Stefan: 9 u., 9 o., 33, 37, 125, 129, 247
Laif: 109, 113, 117 (Till Müllenmeister)
Nordmeier, Alex: 27
Privatarchiv Grill: 47, 69, 105, 193, 201, 209, 217, 267
Shryock, Ricci: 159, 175, 183
Torgovnik, Jonathan: 85
Visum: 137, 149 (Panos Pictures/Pascal Maitre)

Im Farbbildteil

Etter, Daniel: 2 o.
Frankenfeld, Henner: 6 o.
Gütter, Martin: 3 o.
Kleinowitz, Stefan: 5 u.
Laif: 3 u. (Till Müllenmeister)
Privatarchiv Grill: 2 u., 4, 5 o., 7
Privatarchiv Purreiter: 1
Shryock, Ricci: 6 u.
Visum: 8 (Panos Pictures/Pascal Maitre)

NAMENSVERZEICHNIS

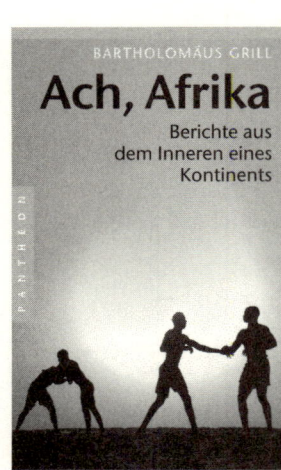

BARTHOLOMÄUS GRILL

Ach, Afrika

Berichte aus
dem Inneren eines
Kontinents

PANTHEON

Eine leidenschaftliche Liebeserklärung an die afrikanische Welt

Afrika ist ein Kontinent voller Widersprüche, geprägt durch die reiche Vorstellungswelt seiner Menschen, ihre sozialen Regeln und Rituale, ihre Träume und Tabus, ihre Machtstrukturen und Glaubenssysteme. Diese Welt erscheint oft roh und gewalttätig, dann wieder zeitlos heiter und gelassen. Bartholomäus Grill hat sie uns mit diesem Buch erschlossen.

»Spannend und sehr lesenswert. Besonders weil Grill es versteht, abwechselnd als Reporter anschaulich und packend mitten aus dem Geschehen zu berichten, und dann mit der nötigen Distanz als Analytiker, die Probleme des Kontinents unter die Lupe zu nehmen.«
Deutsche Welle

»Eine absolut empfehlenswerte Lektüre für alle.«
AFRICA live

»Das beste deutschsprachige Afrika-Buch der vergangenen Jahre.«
Kulturspiegel

www.pantheon-verlag.de

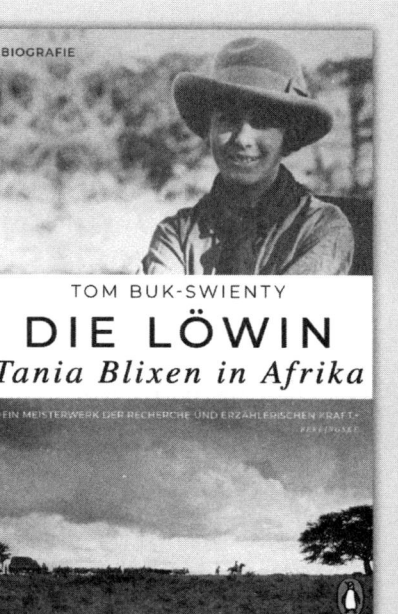

Tom Buk-Swienty
DIE LÖWIN
*Tania Blixen in
Afrika*

Die dramatische Geschichte von Tania Blixen, die als erste Frau eine Kaffeeplantage betreibt und mit »Jenseits von Afrika« Ruhm erlangt

Tom Buk-Swienty zeichnet das vielschichtige Bild einer Frau, die mit Leidenschaft ihren Traum lebt, im kolonialen Kenia mit der Karen Coffee Company das erste weiblich geführte afrikanische Großunternehmen gründet, als wahre »Löwin«, wie sie bald genannt wird, Dürren, Krankheiten und Kriegen trotzt und dann, nach Dänemark zurückgekehrt, zu einer der bedeutendsten Schriftstellerinnen des 20. Jahrhunderts avanciert. Die höchst abenteuerliche Lebensgeschichte von Tania Blixen, deren mit Meryl Streep in der Hauptrolle verfilmtes Memoir »Jenseits von Afrika« ein Weltbestseller wurde, ist zugleich die erste große Biografie seit Jahrzehnten. Durchgängig illustriert mit teils exklusivem Bildmaterial